U0527940

敦煌经部文献合集
第十四集

主编
张涌泉

国家出版基金项目
上海图书馆等国家大型典籍出版工程

善䇞

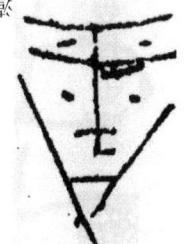

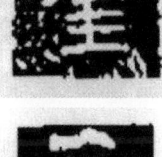

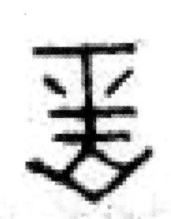

【釋】

《說文》：善，吉也。从誩从羊。

从誩不从言，且競不譱，从善不譱，
善为之行，生於上，从二；名於後，
義在王中挀；今譱卽以譱之屬皆从
善。

【案】

《說文》：善，古文善。

漢銘·內黃朱亥泥区漢鏡

漢銘·隃麋侯家门

漢銘·蜀郡盌二

漢銘·竹邨畾

漢銘·十五年上器三

漢銘·霊手祐官中行燥襃

○蜀守善

醳㝬·九年相邦呂不韋戈

醳㝬·二年寺工䢦戈

隸·孫律 7

隸·孫律十八種 68

○課上参布卹

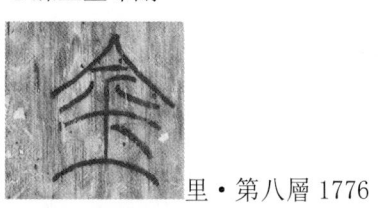

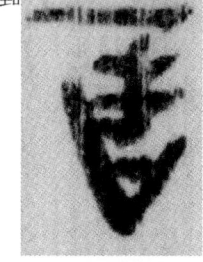

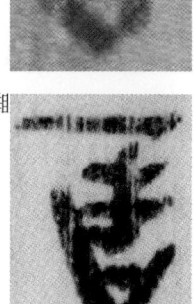

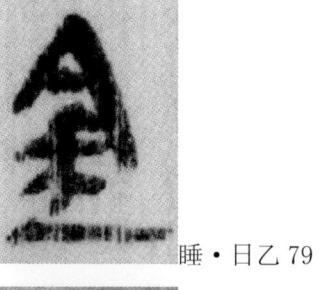

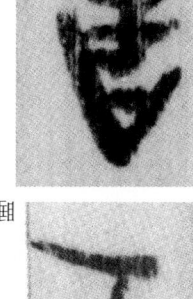

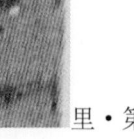

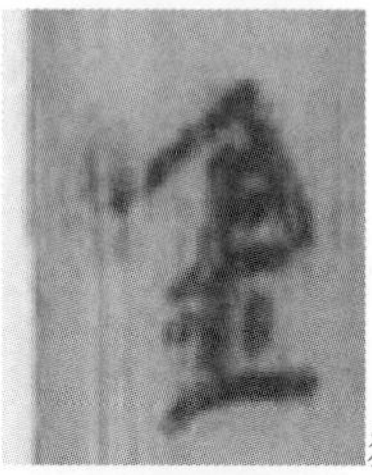

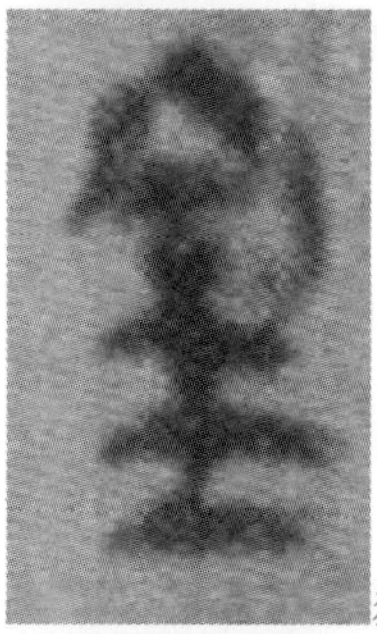

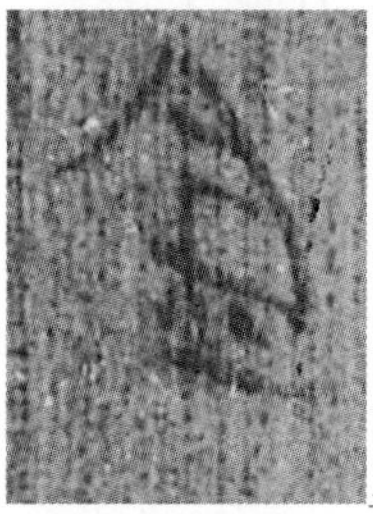

甲・第八層 1776

甲・第八層 171

鳴簋 77_83

○卡參（老）祝陳

鳴簋 101_136

鳴簋 109_135/304

鳴簋 177_65 上

睡・甲日 90

睡・日乙 79

綴・鰍 83

綴・戶等簋 36

甲・第六層 18

甲・第八層 454

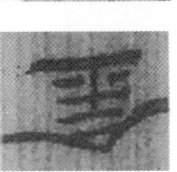

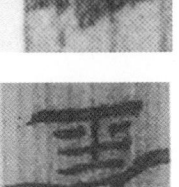

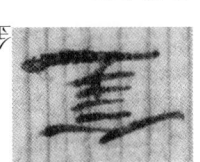

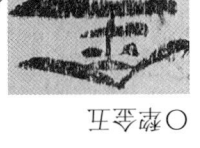

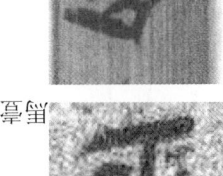

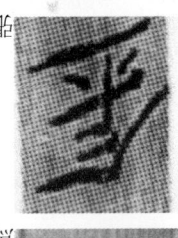

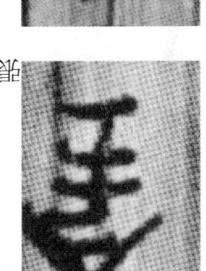

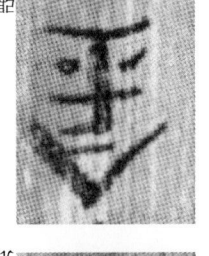

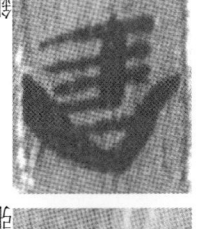

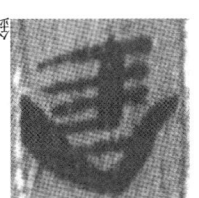

銀雀 1702
雅·夏敦書 28
雅·羅羅 26
雅·泰山書 176
雅·鮮碑 52
銀雀 245_266
居延 12_79下
銀雀 1935
○藥字金闕
北雅·柔子 143
敦煌闕 0852A
金闕 T07:022A
金闕 T30:004
○荀子金闕
金闕 T06:004
金闕 T06:009
○丙丞金闕
武·王杖 1

第十四卷

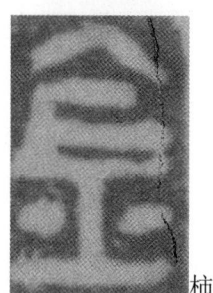

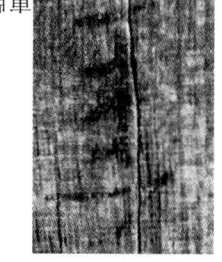

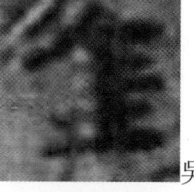

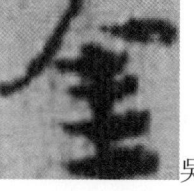

○桓姿私印
漢南北朝印風
○椿姿私印
漢印文字徵
○安崖嬰薄言
西秦龜南薄印彖
○安蔡嬰薄言
西秦龜南薄印彖
○安藤私印
漢印文字徵
漢代吳印譜
6378

東牌牘 078 背
○從瓦姿畢米中
吕關簡乙·四一·六八
吕關簡乙·五七·五七一
○從姿冊田十町
羅代印勾封泥
廿世紀羅印三·GP
秦化印風
秦化印風

第十四卷

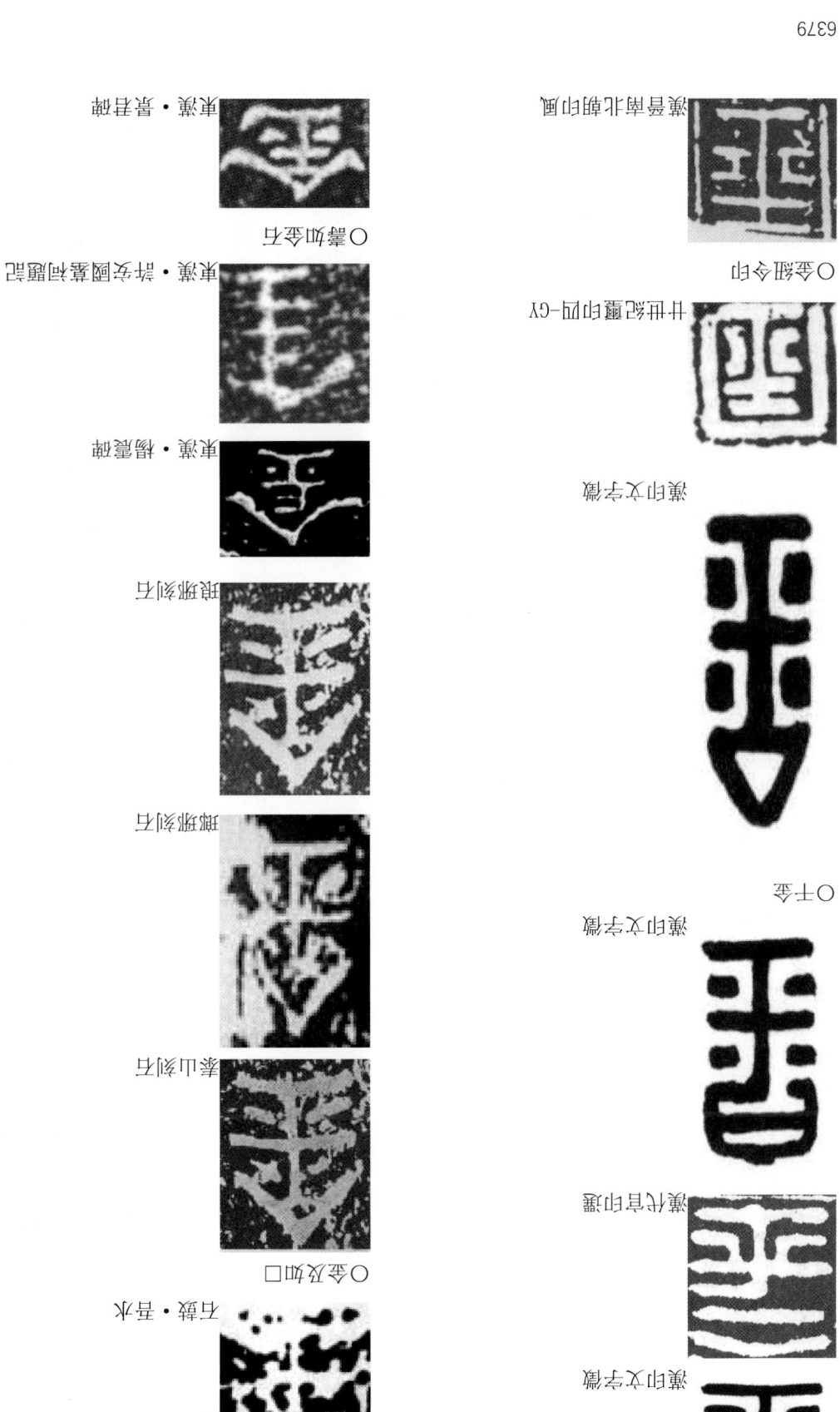

○金鄉丞印

石經・君

○金及印□

華山刻石

泰山刻石

泰山刻石

漢・楊量碑

漢・梁家園蒼頡廟碑記

○潘印多爿

漢・曹全碑

漢代吏印譜

漢印文字徵

○寸坠

漢印文字徵

廿世紀璽印四-6X

○金釗谷印

漢晉南北朝印風

6379

【雩】

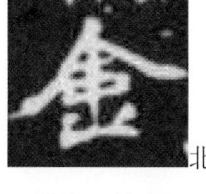

《說文》：雩，夏祭也。从雨于聲。

○雩(鄘)水　　唐武 246_277

○新妝雲鬟披墜者
　北魏·寇遵考妻王氏墓誌

○康令姿雲臻
　東魏·建寧令寇演墓誌

○雲臻玉席
　北魏·寇演墓誌

○翊新雲鬟中二畫
　北魏·山徽墓誌

○駐婉雲片
　北魏·元熙墓誌

○雩捲畫中
　東魏·昌樂王元誕墓誌

○柳雩花院葉河
　北魏·元譿墓誌

○柳雲花院阿
　北魏·唐耀伯

○雩垂十一

○雲開雨濟
　北魏·劉阿素墓誌

○雲行雨施
　北魏·元顯墓誌

○雩鑾容治諸
　北魏·寇治墓誌

○雲鑾水溢天下
　北魏·朝明相墓

○雲鑾水溢天下

第十四卷

張·金布律436
○采銀租之縣官

銀貳1697
○金當銀昭

敦煌簡0563A
○付水銀二斤

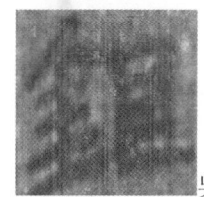

吳簡嘉禾·五·四六七
○潘銀佃田三町

吳簡嘉禾·四·一七九
○潘銀佃田八町

漢印文字徵
○史銀

漢印文字徵
○王銀私印

漢印文字徵
○史銀印信

西晉·張朗誌
○咸佩銀艾

北魏·秦洪誌

北魏·劉華仁誌

北齊·唐邕刻經記

【鐐】

《說文》：鐐，白金也。从金尞聲。

漢印文字徵

○房鐐私印

【鋈】

《說文》：鋈，白金也。从金，芙省聲。

睡·法律答問 110

○薪而鋈足

【鉛】

《說文》：鉛，青金也。从金㕣聲。

馬貳 75_144/殘片 3 十殘片 1

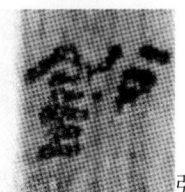

○以鉛傅

張·錢律 197

○折及鉛錢也

北魏·元仙誌

○鉛童伺戶

北齊·司馬遵業誌

○銀鉛遂辯

【錫】

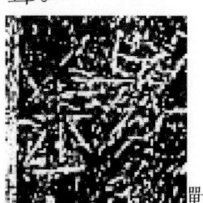

《說文》：錫，銀鉛之間也。从金易聲。

戰晚·王四年相邦張義戈

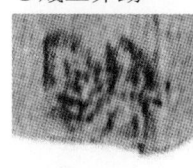

○賤工卯錫

里·第八層 2227

○請銅錫

馬壹 16_11 下\104 下

馬貳 34_30 上

敦煌簡 1223

敦煌簡 0047

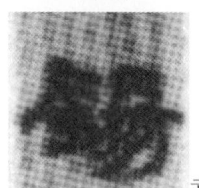

○十人錫泉

武·儀禮甲《服傳》58

武·甲《少牢》19

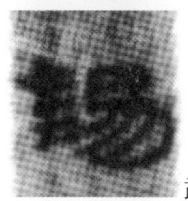

武·甲《燕禮》2

漢印文字徵

漢印文字徵

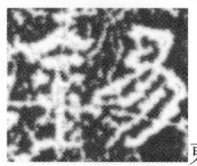

東漢·北海相景君碑陽

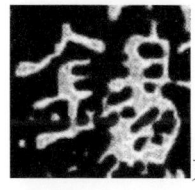

東漢·楊震碑

東漢·孔彪碑陽

○申錫鑒思

三國魏·三體石經春秋·隸書

三國魏·三體石經春秋·篆文

三國魏·三體石經春秋·古文

西晉·管洛誌

北魏·元子直誌

○錫字攸同

北魏·王僧男誌

北魏·鄴乾誌

東魏·趙胡仁誌

北齊·張海翼誌

【鈏】

《說文》：鈏，錫也。从金引聲。

【銅】

《說文》：銅，赤金也。从金同聲。

漢銘·安成家鼎

漢銘·承安宮鼎二

漢銘·成山宮渠斗

漢銘·駘蕩宮壺

漢銘·陽信家銅鍾

漢銘·平都主家鍾

漢銘·一石鍾

漢銘·南陵鍾

漢銘·中山內府銅鑊

漢銘·敬武主家銚

漢銘·孝文廟甋鋞

漢銘·慮俿尺

漢銘·陶陵鼎一

漢銘·漢春信家銅斗

漢銘·雎棫陽鼎

漢銘·迎光宮鼎蓋

漢銘·孝武廟鼎

漢銘·濕成鼎

漢銘·張氏鼎蓋

漢銘·刺廟鼎一

漢銘·壽成室鼎二

漢銘·壽成室鼎一

漢銘·永始乘輿鼎一

漢銘·上林銅鼎一

漢銘·上林鼎二

漢銘·陶陵鼎一

漢銘·椒林明堂銅錠三

漢銘·長安銷

漢銘·熒陽宮小口鐙

漢銘·延壽宮高鐙

漢銘·萬歲宮高鐙

漢銘·駘蕩宮高鐙

漢銘·平陽家高鐙

漢銘·建昭行鐙

漢銘·長安下領宮行鐙

漢銘·苦宮行燭定

漢銘·御銅卮錠二

獄·猩敲案48

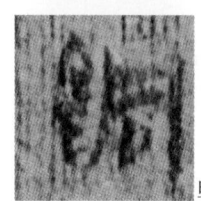

里·第八層2227
○買鐵銅租質入錢貨

馬貳10_33

張·秩律455

敦煌簡1824B
○矢銅鏃百完

金關T21：061

廿世紀璽印三-GP
○楚采銅丞

漢印文字徵

漢印文字徵

歷代印匋封泥

歷代印匋封泥

○楚采銅丞

漢晉南北朝印風

○銅城護軍章

北魏·山徽誌

北魏·元徽誌

北魏·元保洛誌

【鏈】

《說文》：鏈，銅屬。从金連聲。

【鐵】

《說文》：鐵，黑金也。从金戴聲。

【銕】

《說文》：銕，鐵或省。

【銕】

《說文》：銕，古文鐵从夷。

睡·秦律十八種 86

○金及鐵器

睡·秦律雜抄 23

○右采鐵

睡·日甲《詰》40

○鐵椎

獄·數 158

○段（煅）鐵一鈞

里·第八層 454

○采鐵

馬貳 112_66/66
○鐵鬻并煮之

張·奏讞書 165
○甚美鐵盧（爐）

敦煌簡 2231
○把弦鐵

金關 T30:152
○和鐵柱年廿五

吳簡嘉禾·五·一七八
○鄧鐵佃田七町

廿世紀璽印三-GP
○鐵兵工丞

廿世紀璽印三-GP
○齊鐵官長

廿世紀璽印三-GP

廿世紀璽印三-GY

歷代印匋封泥

漢印文字徵
○䘝鐵公

漢印文字徵

漢代官印選

漢晉南北朝印風

北魏·元廠誌

北魏·楊舒誌

北齊·石佛寺迦葉經碑

○墮鐵輪地獄

【鍇】

《說文》：鍇，九江謂鐵曰鍇。从金皆聲。

里·第八層1191

○公士鍇

秦代印風

秦代印風

漢印文字徵

○任鍇

漢印文字徵

漢印文字徵

○孫鍇

【鉴】

《說文》：鑒，鐵也。一曰彎首銅。从金攸聲。

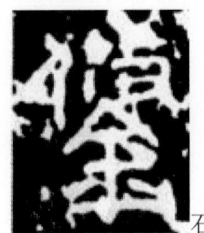

石鼓・田車

○鋚勒馬

【鏤】

《說文》：鏤，剛鐵，可以刻鏤。从金婁聲。《夏書》曰："梁州貢鏤。"一曰鏤，釜也。

漢銘・陽信家鉐鏤

漢銘・陽信家鉐鏤

秦文字編 1930

漢印文字徵

○鏤方右尉

北魏・元文誌

北魏・李超誌

○式鏤沉石

北魏・楊胤誌

○銜珠鏤沙

北魏・元演誌

○故鏤石標美

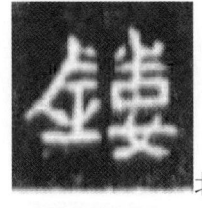

北魏・元囧誌

○鏤金誌石

北魏・元簡誌

北齊・馬天祥造像

○自非鏤像污形

北周·時珍誌

【鐄】

《說文》：鐄，鐵屬。从金黃聲。讀若熏。

【銑】

《說文》：銑，金之澤者。一曰小鑿。一曰鐘兩角謂之銑。从金先聲。

北魏·元順誌

北齊·赫連子悅誌

○媲金山之銑出

【鑒】

《說文》：鑒，剛也。从金臤聲。

【鑗】

《說文》：鑗，金屬。一曰剥也。从金黎聲。

【錄】

《說文》：錄，金色也。从金彔聲。

漢銘·建武卅二年弩䥷

里·第八層 493

○布計錄

敦煌簡 1992

○詣署錄致

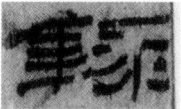

金關 T30:059A

○移囚錄一編

東牌樓 019

北壹·倉頡篇 46

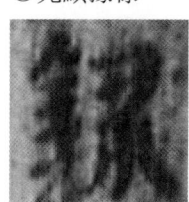

○光顯豫祿

吳簡嘉禾·五·九五三

○鄧錄佃田三町

漢印文字徵

○錄聚采執姦

東漢・曹全碑陽

北魏・元繼誌

北魏・王誦妻元氏誌

北齊・赫連子悅誌

【鑄】

《說文》：鑄，銷金也。从金壽聲。

春早・秦公鼎
○乍(作)鑄用鼎

春早・秦公鼎
○乍(作)鑄用鼎

漢銘・駘蕩宮壺

漢銘・安定軍庫鼎

漢銘・安定軍庫鼎

里・第八層 454
○錢鑄段（鍛）

北壹・倉頡篇 62
○鑄冶容鑲

廿世紀璽印三-GP

○右鑄

廿世紀璽印三-SY

○鑄循

漢印文字徵

○鑄未青

漢印文字徵

○鑄循

漢印文字徵

○齊鑄長

漢印文字徵

○鑄應

北魏·元延明誌

北齊·柴季蘭造像

○練木同於鑄鐵

【銷】

《說文》：銷，鑠金也。从金肖聲。

漢銘·銷鼎

漢銘·銷鼎

獄·質日 353

○申宿銷己未戊午

里·第八層 453

馬壹 43_42 上

馬貳 83_298/284

○炙銷(消)以和

張·金布律 437

東漢·朝侯小子殘碑

東魏·劉幼妃誌

○桂樹銷華

北齊·斛律氏誌

【鑠】

《說文》：鑠，銷金也。从金樂聲。

銀貳 2022

○火則鑠之

東漢·李昭碑

○卒懿鑠勒

東漢·楊統碑陽

北魏·李超誌

北魏·山暉誌

【鍊】

《說文》：鍊，治金也。从金柬聲。

晉·黃庭內景經

○制鍊七魄

【釘】

《說文》：釘，鍊鉼黃金。从金丁聲。

漢銘·隆慮家連釘

漢銘·廣陵服食官釘一

漢銘·廣陵服食官釘一

馬壹 12_68 下

○涉滅釘（頂）凶

金關 T01:016

吳簡嘉禾·五·四六六

漢印文字徵

○桓釘

漢印文字徵

○崔釘私印

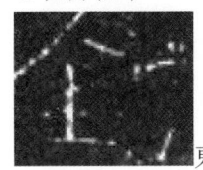

東晉·潘氏衣物券

○故幹釘五枚

【錮】

《說文》：錮，鑄塞也。从金固聲。

漢銘·元延鈁

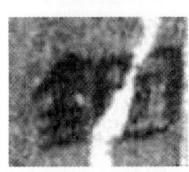

馬壹 37_33 下

張·賊律 38

張·奏讞書 66

○臣妾錮勿令以爵賞

金關 T24:245

○爰書錮臧縣廷令

漢印文字徵

○樂鋼

北魏·席盛誌

【鑲】

《説文》：鑲，作型中腸也。从金襄聲。

北壹·倉頡篇 62

○鑄冶容鑲

漢印文字徵

○滕鑲

【鎔】

《説文》：鎔，冶器法也。从金容聲。

北壹·倉頡篇 61

○贅拾鋏鎔

北魏·于纂誌

【鋏】

《説文》：鋏，可以持冶器鑄鎔者。从金夾聲。讀若漁人荚魚之荚。一曰若挾持。

張·奏讞書 165

○磬鋏

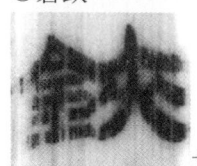

北壹·倉頡篇 61

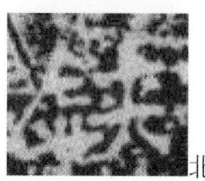

北齊·報德像碑

○不假長鋏之謡

【鍛】

《説文》：鍛，小冶也。从金段聲。

馬貳 91_456/446

○取鍛鐵者

金關 T23:980

○肩水鍛工卒名安樂

【鋌】

《説文》：鋌，銅鐵樸也。从金廷聲。

馬貳 81_267/254

○滑夏鋌令血出穿地

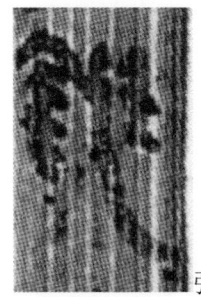

張·遣策 36

○鋌一

銀壹 352

○无首鋌唯（雖）

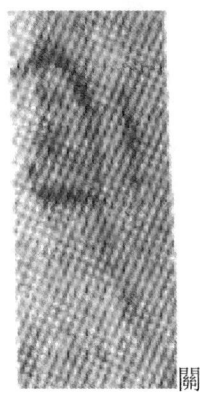

關沮·蕭·遣冊 22

○金鋌一

秦文字編 1930

【鐃】

《說文》：鐃，鐵文也。从金曉聲。

【鏡】

《說文》：鏡，景也。从金竟聲。

馬貳 244_264

○長壽鏡衣一

北壹·倉頡篇 35

○鏡爾比疏

北魏·寇偘誌

北魏·郭顯誌

北魏·叔孫協及妻誌

○志真鏡玉

鏡 北魏·元嵩誌

鏡 北齊·□弘誌

鏡 北周·高妙儀誌

【銘】

《說文》：銘，曲銘也。从金多聲。一曰駑鼎，讀若擿。一曰《詩》云"佟兮佟兮"。

【鈃】

《說文》：鈃，似鍾而頸長。从金开聲。

【鍾】

《說文》：鍾，酒器也。从金重聲。

鍾  漢銘·南陵鍾

鍾 漢銘·新中尚方鍾

鍾 漢銘·中私府鍾

鍾  漢銘·家官鍾

鍾 漢銘·中山內府鍾一

鍾 漢銘·清河大后中府鍾

鍾 漢銘·河間食官鍾

鍾 漢銘·"木+夲"林明棠銅錠三

鍾  漢銘·扶侯鍾

鍾 漢銘·新嘉量一

漢銘・南宮鍾

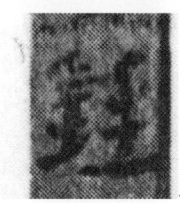

敦煌簡 0536
○□鍾政

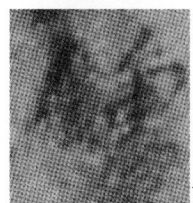

東牌樓 007
○卒番鍾隨踵

廿世紀璽印三-GP
○樂府宮鍾

漢印文字徵
○令鍾私印

漢印文字徵

東漢・夏承碑
○君鍾其美

北魏・元壽妃麹氏誌

北魏・元願平妻王氏誌
○寔靈所鍾

北魏・□伯超誌
○哲人是鍾

北魏・元誘誌
○鏗鏘鼓鍾（鐘）

北魏・薛伯徽誌
○特所鍾重

北魏・蘭將誌
○慶鍾遐胤

東魏・元均及妻杜氏誌
○釁鍾（鐘）王室

北齊·婁黑女誌

【鑑（鑒）】

《說文》：鑑，大盆也。一曰監諸，可以取明水於月。从金監聲。

漢銘·上林銅鑑八

漢銘·上林銅鑑一

北貳·老子145

○除玄鑑能毋有疵虖

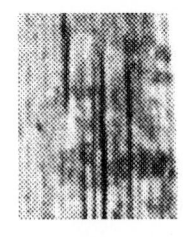

敦煌簡0926

○文鑒

東漢·北海太守爲盧氏婦刻石

○神祇可鑒

東漢·孔彪碑陽

○申錫鑒思

東漢·西岳華山廟碑陽

○周鑒於二代

西晉·趙氾表

○神鑒孔明

西晉·郭槐柩記

北魏·元子正誌

北魏·元顯魏誌

○水鏡所鑒

北魏·元鑒誌

○諱鑒字紹達

北魏·元弼誌

○鑒茲既鏡

北魏·寇臻誌

○鑒（監）安遠府諸軍事

東魏·元寶建誌

北齊·高湝誌

【鐈】

《說文》：鐈，似鼎而長足。從金喬聲。

【鐆】

《說文》：鐆，陽鐆也。從金隊聲。

【銒】

《說文》：銒，溫器也。圜直上。從金开聲。

【鑴】

《說文》：鑴，瓽也。從金巂聲。

【鑊】

《說文》：鑊，鑴也。從金蒦聲。

漢銘·中山內府銅鑊

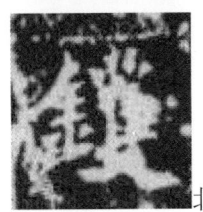

北魏·溫泉頌

○而揚湯沸於楚鑊

【鍑】

《說文》：鍑，釜大口者。從金复聲。

漢銘·孝文廟甗鍑

馬貳91_457/447

○以鍑煮

張·遣策31

○甗鍑各一

漢印文字徵

○王鍑

【鏊】

《說文》：鏊，鍑屬。从金敖聲。

漢銘·十六年鏊

馬貳 215_9

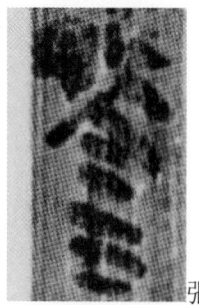

○四以鏊熬并

張·遣策 26

○金鏊一

敦煌簡 0137

○逐以鏊達僵尺浮

【錪】

《說文》：錪，朝鮮謂釜曰錪。从金典聲。

【銼】

《說文》：銼，鍑也。从金坐聲。

馬壹 144_18/192 上

○銼（挫）元（其）兌（銳）

東魏·蔡儁斷碑

○振武銼銳

【鑐】

《說文》：鑐，銼鑐也。从金羸聲。

【鉶】

《說文》：鉶，器也。从金荊聲。

【鎬】

《說文》：鎬，溫器也。从金高聲。武王所都，在長安西上林苑中，字亦如此。

漢銘·酈偏鼎

北周·王通誌

【鑢】

《説文》：鑢，溫器也。一曰金器。从金廬聲。

【銚】

《説文》：銚，溫器也。一曰田器。从金兆聲。

漢銘·陽信家熨銚

漢銘·敬武主家銚

馬壹 175_47 上

○苟一夭（夾）如銚

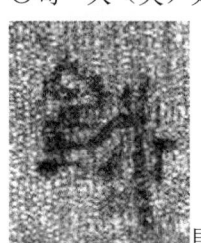

馬貳 87_383/373

○以金銚熰桑炭燛

張·奏讞書 114

○史銚謂毛

敦煌簡 2185

○銷匜銚釭

【鎣】

《説文》：鎣，酒器也。从金，罃象器形。

【甖】

《説文》：甖，罃或省金。

【鐎】

《説文》：鐎，鐎斗也。从金焦聲。

漢銘·孫氏家鐎

漢銘·富平侯家溫酒鐎

漢銘·中尚方鐎斗

【鋗】

《説文》：鋗，小盆也。从金肙聲。

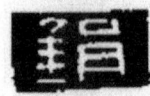

漢銘•上林昭臺廚銅鋗

漢銘•富平侯家鋗

漢銘•中山內府銅鋗三

漢銘•中山內府銅鋗二

漢銘•中山內府銅鋗一

漢銘•長安鋗

漢銘•橐泉鋗一

馬壹 37_28 下

馬壹 36_26 上

北貳•老子 192

北壹•倉頡篇 19

○沓誷鋒鍵

北齊•元始宗誌

○關鍵仁義

北齊•婁黑女誌

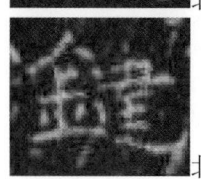

北齊•司馬遵業誌

【鐕】

《說文》：鐕，鼎也。从金朁聲。讀若朁。

【鍵】

《說文》：鍵，鉉也。一曰車轄。从金建聲。

【鉉】

《說文》：鉉，舉鼎也。《易》謂之鉉，《禮》謂之鼏。从金玄聲。

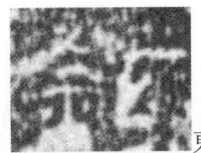

東漢・孔彪碑陽

○金鉉利貞

北魏・元信誌

北魏・元纂誌

北周・崔宣默誌

○既毗鼎鉉

【鉻】

《説文》：鉻，可以句鼎耳及鑪炭。从金谷聲。一曰銅屑。讀若浴。

【鋬】

《説文》：鋬，器也。从金，熒省聲。讀若銑。

【鑯】

《説文》：鑯，鐵器也。一曰鑴也。从金韱聲。

【錠】

《説文》：錠，鐙也。从金定聲。

漢銘・御銅厄錠二

漢銘・御銅厄錠一

漢銘・陽信家銅錠

漢銘・椒林明棠銅錠四

漢銘・駘蕩宮高鐙

【鐙】

《説文》：鐙，錠也。从金登聲。

漢銘・萬歲宮高鐙

漢銘・桂宮鴈足鐙

漢銘・建昭鴈足鐙一

漢銘・長安下領宮行鐙

漢銘·長安下領宮高鐙

【鏶】

《說文》：鏶，鍱也。从金集聲。

【鍓】

《說文》：鍓，鏶或从咠。

【鍱】

《說文》：鍱，鏶也。从金葉聲。齊謂之鍱。

【鏟】

《說文》：鏟，鏶也。一曰平鐵。从金產聲。

【鑪】

《說文》：鑪，方鑪也。从金盧聲。

漢銘·陽信家常臥銅溫手鑪

漢銘·陽信家銅提鏈鑪

馬貳 144_12

○龍持鑪

北魏·元肅誌

○□斯鑪炭

北魏·尉氏誌

○金鑪滅煙

【鏇】

《說文》：鏇，圜鑪也。从金旋聲。

【鐻】

《說文》：鐻，器也。从金豦聲。

【鑪】

《說文》：鑪，煎膠器也。从金虜聲。

【釦】

《說文》：釦，金飾器口。从金从口，口亦聲。

里·第八層 269

○陽里釦伐閱

里·第八層背 138

6406

第十四卷

○令史釦行廟

【錯】

《說文》：錯，金涂也。从金昔聲。

漢銘·上林鼎三

張·奏讞書 50

○爲昌錯告不孝

銀壹 409

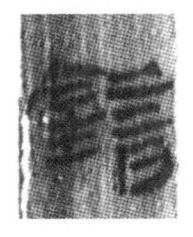

銀貳 1169

○使相錯也

北貳·老子 36

敦煌簡 2179B

○木有錯因事政爲

金關 T23:878

○徒屬錯逐捕反虜陳

武·甲《特牲》40

北壹·倉頡篇 12

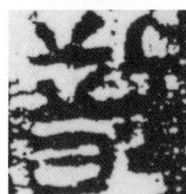

○闠閈錯氂

歷代印匋封泥

○宮錯

秦代印風

○帶錯

廿世紀璽印三-SP

○宮錯

6407

漢印文字徵
〇公孫錯

漢印文字徵

漢印文字徵

漢印文字徵
〇陳錯

漢印文字徵

漢印文字徵

漢晉南北朝印風

東漢・離石畫像石墓題記

東漢・孔彪碑陽

〇如列宿之錯置

東漢・樊敏碑

〇舉直錯枉

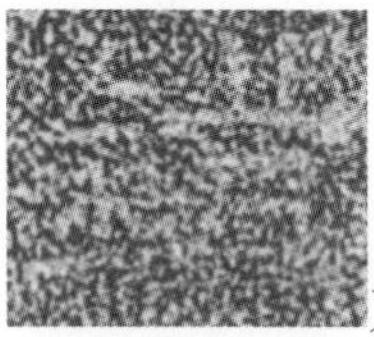

東漢・王舍人碑

〇天時錯謬

北魏・姚伯多碑

〇綺錯盡窮巧之制

北魏・元壽安誌

東魏·劉懿誌

東魏·元悰誌

○風俗雜錯

北齊·高阿難誌

○□開綠錯

【鋤】

《説文》：鋤，鉏鋤也。从金御聲。

【鋙】

《説文》：鋙，鋤或从吾。

【錡】

《説文》：錡，鉏鋤也。从金奇聲。江淮之閒謂釜曰錡。

漢銘·長安下領宮行鐙

漢銘·長安下領宮高鐙

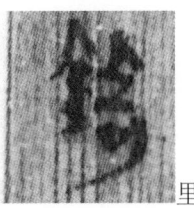

里·第八層背 1563

○宜利錡以來敵手

廿世紀壐印三-SY

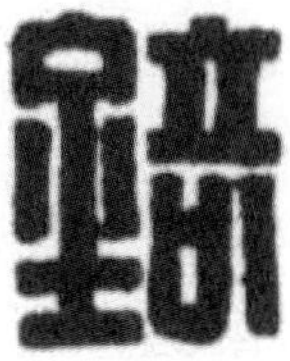

漢印文字徵

漢印文字徵

漢印文字徵

漢印文字徵

漢印文字徵

漢印文字徵

漢印文字徵

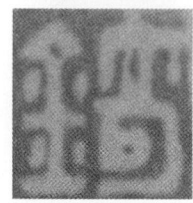

柿葉齋兩漢印萃
○錡□私印

東漢·買田約束石券
○錡初卿

東漢·買田約束石券
○錡中都

西魏·柳敬憐誌
○不潔錡宮

【鎬】

《說文》：鎬，郭衣鍼也。从金高聲。

【鈦】

《說文》：鈦，綦鍼也。从金术聲。

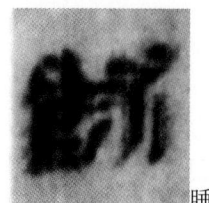

睡·法律答問 86
○錐若箴（針）鈦

張·奏讞書 177
○來冠鈦（鶟）冠

【鍼】

《說文》：鍼，所以縫也。从金咸聲。

銀壹 898
○鍼線（綫）之事

北魏·元新成妃李氏誌

【鈹】

《說文》：鈹，大鍼也。一曰劍如刀裝者。从金皮聲。

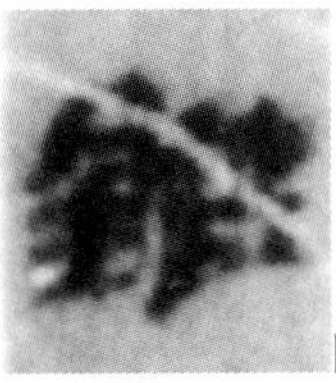
睡·法律答問 85

○鈹戟

【鎩】

《說文》：鎩，鈹有鐔也。从金殺聲。

馬貳 259_12/21

○執短鎩

【鈕】

《說文》：鈕，印鼻也。从金丑聲。

【玒】

《說文》：玒，古文鈕从玉。

東魏·李祈年誌

○預卜獲鈕

【銎】

《說文》：銎，斤釜穿也。从金巩聲。

【鈭】

《說文》：鈭，鈭錍，釜也。从金此聲。

東魏·劉雙周造塔記

○過神鈭

【錍】

《說文》：錍，鈭錍也。从金卑聲。

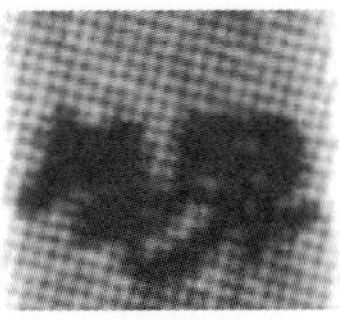
武·甲《泰射》4

○鼓朔錍（鼙）在

【鏨】

《說文》：鏨，小鑿也。从金从斬，斬亦聲。

東魏·廉富等造義井頌

○鏨石斑交

【鐫】

《說文》：鐫，穿木鐫也。从金雋聲。一曰琢石也。讀若瀸。

【鑿】

《說文》：鑿，穿木也。从金，糳省聲。

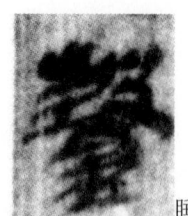

睡·日甲《除》4
○實事鑿井
銀壹882 
○為鑿四達
北貳·老子148 
○鑿戶牖
敦煌簡1147 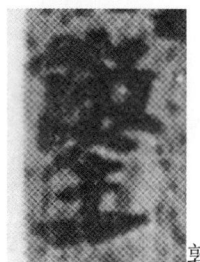
○錐鑿各一
東漢·析里橋郙閣頌 
○緣崖鑿石
東漢·石門頌 
○禹鑿龍門

東漢·石門頌
○鑿通石門

北魏·元繼誌
○故鑿誌埏陰

北齊·爾朱元靜誌
○尋熊鑿山之巧

【銛】

《說文》：銛，鍤屬。从金舌聲。讀若棪。桑欽讀若鐮。

馬壹149_72/246下
○用之銛為上

馬壹102_156
○用之銛龐為上勿美

銀壹 837

○長鑯銛十六尺

【鈗】

《說文》：鈗，岊屬。从金允聲。

【鈨】

《說文》：鈨，岊屬。从金危聲。一曰瑩鐵也。讀若跛行。

【鏊】

《說文》：鏊，河內謂岊頭金也。从金敞聲。

【錢】

《說文》：錢，銚也。古田器。从金戔聲。《詩》曰："庤乃錢鎛。"

漢銘·聖主佐宮中行樂錢

睡·秦律十八種 68

睡·效律 13

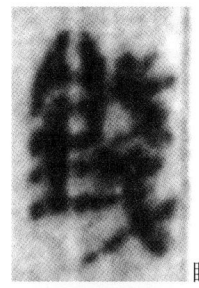

睡·封診式 39

關·日書 225

獄·數 205

獄·芮盜案 77

里・第八層 13

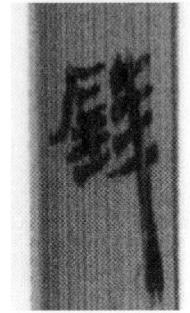

馬貳 249_312

○金錢

張・興律 403

○罰有日及錢數者

張・奏讞書 223

張・奏讞書 176

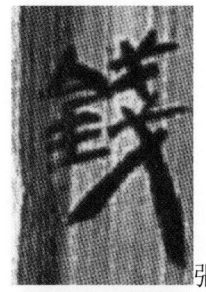

張・算數書 62

敦煌簡 1462

○如寶錢中

敦煌簡 1407

○出錢九十二

金關 T03:100

○賦錢九十七萬

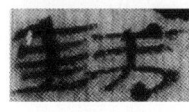

金關 T30:145

○入錢萬九千九百

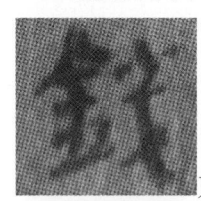

東牌樓 012

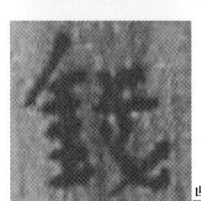

吳簡嘉禾・四・一

吳簡嘉禾・四・一〇〇

〇收錢卅七

吳簡嘉禾・五・五七一

〇不收錢

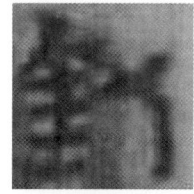

吳簡嘉禾・五・五〇七

〇不收錢

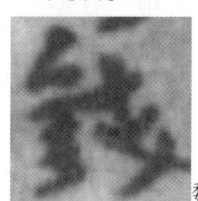

魏晉殘紙

〇賈錢二

廿世紀璽印三-GP

廿世紀璽印三-SP

漢晉南北朝印風

漢印文字徵

漢印文字徵

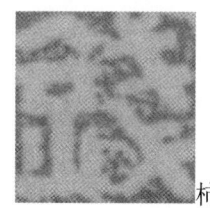

柿葉齋兩漢印萃

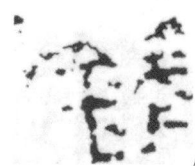

歷代印匋封泥

〇技巧錢丞

東漢・張遷碑陰

東漢・西狹頌

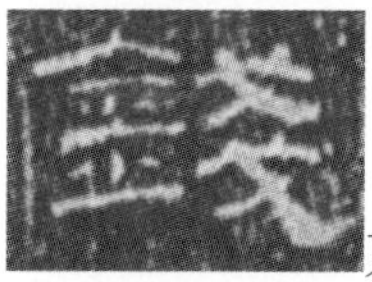

東漢・乙瑛碑

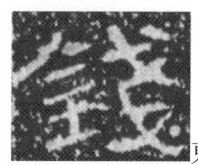

東漢・元嘉元年畫像石題記一

北魏·檀賓誌

【鑋】

《說文》：鑋，大鉏也。从金矍聲。

【鈐】

《說文》：鈐，鈐鏅，大犂也。一曰類相。从金今聲。

北壹·倉頡篇 12

北魏·元液誌

北齊·司馬遵業誌

【鏅】

《說文》：鏅，鈐鏅也。从金隋聲。

北壹·倉頡篇 12

○隁闉鈐鏅閮悝

【鏺】

《說文》：鏺，兩刃，木柄，可以刈艸。从金發聲。讀若撥。

馬貳 279_242/13

○鐘鏺

【鈾】

《說文》：鈾，相屬。从金，蟲省聲。讀若同。

【鉏】

《說文》：鉏，立薅所用也。从金且聲。

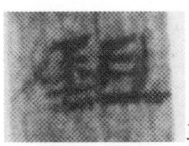

敦煌簡 0028

漢印文字徵

○鉏壽

漢印文字徵

東漢·樊敏碑

○務鉏民穢

【鑼】

《説文》：鑼，相屬。从金罷聲。讀若嫣。

【鎌】

《説文》：鎌，鍥也。从金兼聲。

【鍥】

《説文》：鍥，鎌也。从金契聲。

【鉊】

《説文》：鉊，大鐮也。从金召聲。鎌謂之鉊，張徹説。

【銍】

《説文》：銍，穫禾短鎌也。从金至聲。

秦代印風

廿世紀璽印三-GP

○銍邑之印

漢印文字徵

東漢·校官碑

○沛國銍趙勳

【鎮（鎭）】

《説文》：鎭，博壓也。从金眞聲。

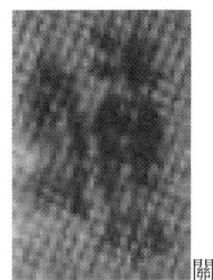

關·曆譜31

○卯宿鎮上

廿世紀璽印三-SY

○劉鎮

柿葉齋兩漢印萃

漢印文字徵

○孫鎮私印

漢印文字徵

○鎮南軍假司馬

漢晉南北朝印風

○鎮遠將軍章

廿世紀璽印四-GY

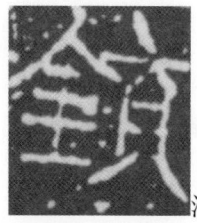

漢晉南北朝印風

○鎮北將軍章

漢晉南北朝印風

○王鎮

東漢・冠軍城石柱題名

○汝南許鎮長秋

三國魏・曹真殘碑

○鎮西將軍

東晉・張鎮誌

○吳張鎮字義遠之

北魏・司馬金龍墓表

北魏・元熙誌

北魏·爾朱紹誌

北魏·元恭誌

○是綏是鎮

東魏·李祈年誌

北齊·高肅碑

○至乃龍山作鎮

北齊·乞伏保達誌蓋

【鉆】

《說文》：鉆，鐵銸也。从金占聲。一曰膏車鐵鉆。

【銸】

《說文》：銸，鉆也。从金耴聲。

【鉗】

《說文》：鉗，以鐵有所劫束也。从金甘聲。

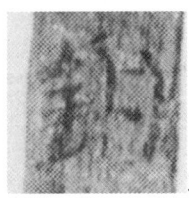

敦煌簡 0789

○鉗首

金關 T08:011

○鉗城旦口

漢印文字徵

○李鉗齊印

漢晉南北朝印風

○臣鉗齊

東漢·洛陽刑徒磚

○丘髡鉗王勤

東漢·洛陽刑徒磚

○梁國下邑髡鉗趙仲

東漢·熹平元年墓石

【鈦】

《說文》：鈦，鐵鉗也。从金大聲。

【鋸】

《説文》：鋸，槍唐也。从金居聲。

銀壹 474

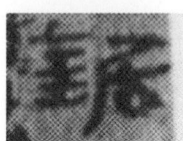

○亦勝鋸齒

敦煌簡 0812

○二人鋸門板

【鐕】

《説文》：鐕，可以綴著物者。从金朁聲。

【錐】

《説文》：錐，銳也。从金隹聲。

睡・法律答問 86

○錐若筴針

馬貳 283_277/271

○一錐畫廣尺二寸

銀壹 411

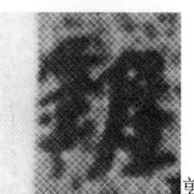

○刃以錐行

敦煌簡 1147

○斤斧錐鑿各一

金關 T06:171

○錐一卩

北齊・報德像碑

北齊・雋敬碑

○錐囊自現

【鑱】

《説文》：鑱，銳也。从金毚聲。

【銳】

《説文》：銳，芒也。从金兌聲。

【剡】

《説文》：剡，籒文銳从厂、剡。

6420

馬壹46_66下

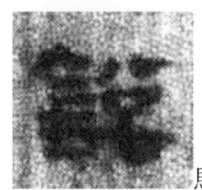

馬壹45_64上

馬貳77_169/156

張·賊律27

晉·大中正殘石

北魏·楊舒誌

○銳情典誥

【鏝】

《說文》：鏝，鐵杇也。从金曼聲。

【槾】

《說文》：槾，鏝或从木。

【鑽】

《說文》：鑽，所以穿也。从金贊聲。

馬壹81_27

○而羽鑽臣也

三國魏·曹真殘碑

北魏·元鑽遠誌

北魏·元龍誌

【鑢】

《說文》：鑢，錯銅鐵也。从金慮聲。

【銓】

《說文》：銓，衡也。从金全聲。

西晉·魯銓表

北魏·元璨誌

○渠閣銓才

東魏·李憲誌

【銖】

《說文》：銖，權十分黍之重也。从金朱聲。

漢銘·五銖多成泉範

張·金布律 438

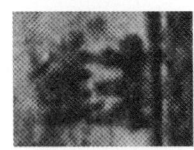

○五分銖

敦煌簡 1408

○十八銖

金關 T23∶859

○銖臾半

東漢·餘草等字殘碑

○未學分銖之

東漢·簡陽畫像石棺題榜

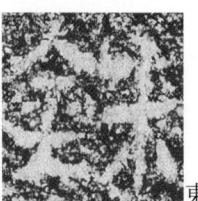

○柱銖

東漢·宋伯望買田刻石右

【鋝】

《說文》：鋝，十銖二十五分之十三也。从金寽聲。《周禮》曰："重三鋝。"北方以二十兩爲鋝。

【鍰】

《說文》：鍰，鋝也。从金爰聲。《罰書》曰："列百鍰。"

【錙】

《說文》：錙，六銖也。从金甾聲。

漢印文字徵

○秦錙

北齊·徐之才誌

○戒錙壇之盛迥

【錘】

《說文》：錘，八銖也。从金垂聲。

睡·秦律十八種 130

○脂二錘攻閒完

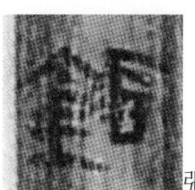

張·賊律 27

○鐵銳錘

【鈞】

《說文》：鈞，三十斤也。从金勻聲。

【銞】

《說文》：銞，古文鈞从旬。

秦代·麗山園鐘

漢銘·梁鍾

漢銘·西"俠"鍾

漢銘·乘輿缶

漢銘·光和斛二

漢銘·楚鍾

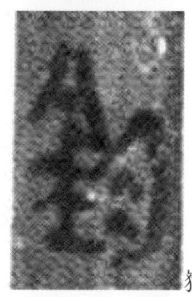

獄·為吏 82

獄·數 80

○斤一鈞

里·第八層 218

○石一鈞

馬壹 90_254

馬貳 272_165/185

〇一鈞一笥

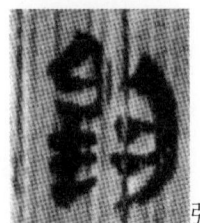

張·引書 40

張·引書 48

〇之不鈞

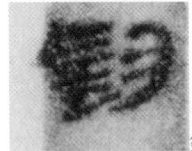

銀壹 266

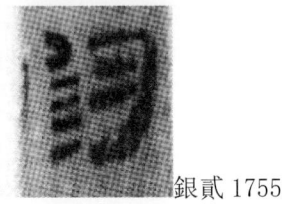

銀貳 1755

〇日夜鈞以戰客勝攻

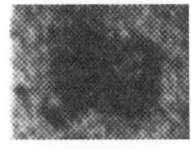

敦煌簡 2066

〇茭一鈞

金關 T22:093

〇許鈞年卅七

廿世紀璽印二-SY

秦代印風

漢印文字徵

北魏·于纂誌

東魏·趙秋唐吳造像

【釟】

《說文》：釟，兵車也。一曰鐵也。《司馬法》："晨夜內釟車。"从金巴聲。

【鐲】

《說文》：鐲，鉦也。从金蜀聲。軍法：司馬執鐲。

【鈴】

《説文》：鈴，令丁也。从金从令，令亦聲。

東漢・孟孝琚碑

○鈴下任緤

北齊・劉悅誌

○鈴閣旦啓

【鉦】

《説文》：鉦，鐃也。似鈴，柄中，上下通。从金正聲。

北魏・馮季華誌

○鉦笳徒響

【鐃】

《説文》：鐃，小鉦也。軍法：卒長執鐃。从金堯聲。

馬貳 258_10/11

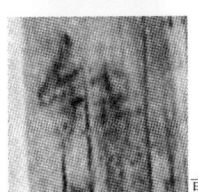

東牌樓 003 背

○唐鐃等

北魏・元壽安誌

【鐸】

《説文》：鐸，大鈴也。軍法：五人爲伍，五伍爲兩，兩司馬執鐸。从金睪聲。

漢銘・官鐸

睡・日甲《詰》33

○鐸梟（譟）之則

馬貳 258_10/11

○鐃鐸各一

漢印文字徵

東漢·曹全碑陽

北魏·元繼誌

西魏·鄧子詢誌

北齊·宋敬業造塔

○鐸嚮從風

【鎛】

《說文》：鎛，大鐘，淳于之屬，所以應鐘磬也。堵以二，金樂則鼓鎛應之。從金薄聲。

【鏞】

《說文》：鏞，大鐘謂之鏞。從金庸聲。

東魏·馮令華誌

○道被笙鏞

【鐘】

《說文》：鐘，樂鐘也。秋分之音，物種成。從金童聲。古者垂作鐘。

【銿】

《說文》：銿，鐘或從甬。

春早·秦公鎛

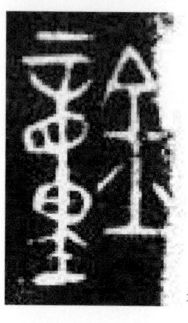

春早·秦公鐘

○龢鐘靈音

漢銘·朝陽少君鍾

漢銘·中山內府鍾二

漢銘·椒林明堂銅錠三

第十四卷

6426

漢銘・常山食官鍾

漢銘・南皮侯家鍾

漢銘・陽信家銅鍾

漢銘・祝阿侯鍾

漢銘・一石鍾

漢銘・陽朔四年鍾

漢銘・平都主家鍾

睡・秦律十八種 125

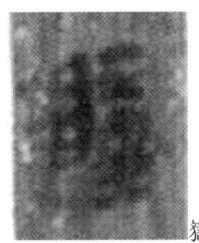

○懸鍾虞（虡）

嶽・占夢書 5

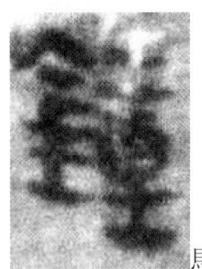

○鍾吉壬癸夢行

馬壹 114_25\428

○鍾鼎

馬貳 261_35/51

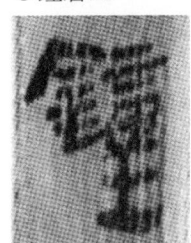

○鍾磬三

銀貳 1779

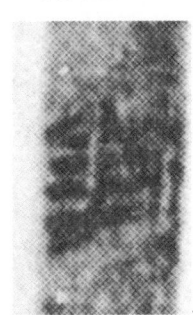

○奏黃鍾

敦煌簡 2185

○銅鍾鼎鍘

歷代印匋封泥
○左樂雍鐘
廿世紀璽印三-GP 
○左樂雖鐘
漢晉南北朝印風 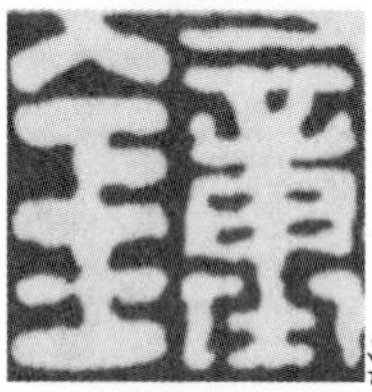
柿葉齋兩漢印萃 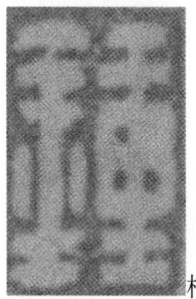
柿葉齋兩漢印萃 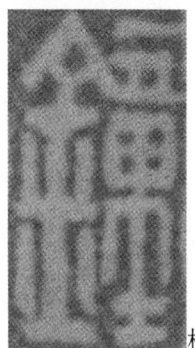
○鐘青決

漢印文字徵
漢印文字徵 
漢晉南北朝印風 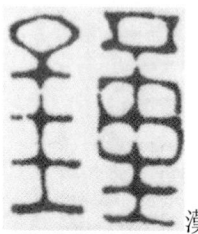
○大利鐘長紿
東漢・楊著碑陽
東漢・肥致碑 
○著鐘連天
東魏・蔡儁斷碑 
北齊・高阿難誌

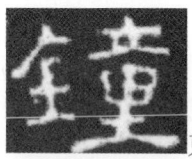

【鈁】

《說文》：鈁，方鐘也。从金方聲。

漢銘·賈氏家鈁

漢銘·中山內府鈁一

漢銘·元始鈁

漢銘·建平鈁

漢銘·元延鈁

馬貳 241_221

【鎛】

《說文》：鎛，鎛鱗也。鐘上橫木上金華也。一曰田器。从金尃聲。《詩》曰："庤乃錢鎛。"

【鍠】

《說文》：鍠，鐘聲也。从金皇聲。《詩》曰："鐘鼓鍠鍠。"

【鎗】

《說文》：鎗，鐘聲也。从金倉聲。

秦公大墓石磬

〇鍴鎗

懷后磬

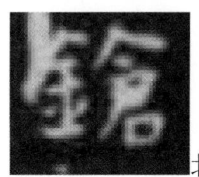

北魏·元延明誌

【鏓】

《說文》：鏓，鎗鏓也。一曰大鑿，平木者。从金悤聲。

【錚】

《說文》：錚，金聲也。从金爭聲。

【鏜】

《說文》：鏜，鐘鼓之聲。从金堂聲。《詩》曰："擊鼓其鏜。"

【鏗】

《說文》：鏗，金聲也。从金䡖聲。

讀若《春秋傳》曰"鞮而乘它車"。

【鐔】

《説文》：鐔，劍鼻也。从金覃聲。

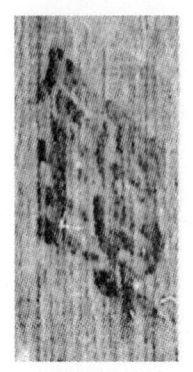

里·第八層 1373

○鐔成

馬貳 279_233/32

○象金首鐔

敦煌簡 1069

○鐵鐔劍百

北壹·倉頡篇 13

○鄒祁緁鐔幅芒

廿世紀璽印三-GY

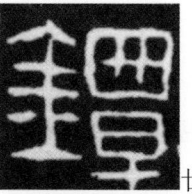

○鐔成令印

廿世紀璽印三-GY

○鐔成長印

漢印文字徵

○鐔棣

漢印文字徵

【鏌】

《説文》：鏌，鏌釾也。从金莫聲。

【釾】

《説文》：釾，鏌釾也。从金牙聲。

【鏢】

《説文》：鏢，刀削末銅也。从金票聲。

【鈒】

《說文》：鈒，鋌也。从金及聲。

【鋌】

《說文》：鋋，小矛也。从金延聲。

【鈗】

《說文》：鈗，侍臣所執兵也。从金允聲。《周書》曰："一人冕，執鈗。"讀若允。

【鉈】

《說文》：鉈，短矛也。从金它聲。

馬壹 175_47 上
○夾如鉈其下流血

馬貳 68_16/16
○□煎鉈（施）之

懷后磬
○□□鉈鉈

【鏦】

《說文》：鏦，矛也。从金從聲。

【鏒】

《說文》：鏒，鏦或从参。

【錟】

《說文》：錟，長矛也。从金炎聲。讀若老聃。

【鋒】

《說文》：鋒，兵耑也。从金逢聲。

漢印文字徵
○前鋒司馬

漢印文字徵
○虎步挫鋒司馬

漢印文字徵
○折鋒校尉

廿世紀璽印四-GY

漢晉南北朝印風

○前鋒司馬

漢晉南北朝印風

○前鋒司馬

東漢·趙寬碑

○冒突鋒刃

北魏·元恭誌

○鋒刃相交

北魏·元維誌

○辭翰鋒出

北魏·穆纂誌

○若乃鋒談電飛

北周·盧蘭誌

○鋒鏑交横

北周·乙弗紹誌

○磨礪鋒鍔

【錞】

《說文》：錞，矛戟柲下銅，鐏也。从金𦎫聲。《詩》曰："叴矛沃錞。"

【鐏】

《說文》：鐏，柲下銅也。从金尊聲。

【鏐】

《說文》：鏐，弩眉也。一曰黄金之美者。从金翏聲。

【鍭（鏃）】

《說文》：鍭，矢。金鏃翦羽謂之鍭。从金矦聲。

里·第八層 1260

敦煌簡 1824B

○矢銅鍭百完

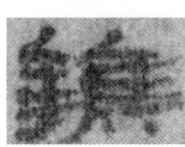

金關 T21:061

○矢銅鍭百

【鏑】

《說文》：鏑，矢鋒也。从金啇聲。

北魏·元顥誌

○罄於鋒鏑

北周·盧蘭誌

○鋒鏑交橫

南朝宋·明曇憘誌

○身介妖鏑

【鎧】

《說文》：鎧，甲也。从金豈聲。

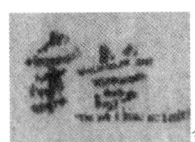

金關 T28:011

○革鎧鞮瞀各一傳詣

十六國北涼·沮渠安周造像

○法師法鎧

北魏·尹祥誌

【釬】

《說文》：釬，臂鎧也。从金干聲。

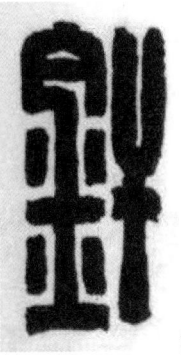

漢印文字徵

○李釬

【錏】

《說文》：錏，錏鍜，頸鎧也。从金亞聲。

【鍜】

《說文》：鍜，錏鍜也。从金叚聲。

【鐧】

《說文》：鐧，車軸鐵也。从金閒聲。

【釭】

《說文》：釭，車轂中鐵也。从金工聲。

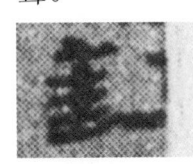

敦煌簡 1840

○車用釭

北魏·元秀誌

北魏·宇文永妻誌

○蘭釭長晦

北魏·元詮誌

【銴】

《說文》：銴，車樘結也。一曰銅生五色也。从金折聲。讀若誓。

【鈘】

《說文》：鈘，乘輿馬頭上防釳。插以翟尾、鐵翮，象角。所以防綱羅鈘去之。从金气聲。

【鑾】

《說文》：鑾，人君乘車，四馬鑣，八鑾鈴，象鸞鳥聲，和則敬也。从金，从鸞省。

石鼓·鑾車

三國魏·何晏磚誌

○金鑾受享兮

北魏·元悌誌

○陪玉鑾之盛禮

北魏·慈慶誌

○淹留鑾駕

【鉞】

《說文》：鉞，車鑾聲也。从金戉聲。《詩》曰："鑾聲鉞鉞。"

馬壹131_17下\94下

○出其鏘鉞

東漢·白石神君碑

北魏·元彝誌

北魏·元懌誌

北魏・元懷誌

東魏・王令媛誌

○假黃鉞

東魏・高盛碑額

北周・高妙儀誌

○假黃鉞

【鍚】

《説文》：鍚，馬頭飾也。从金陽聲。
《詩》曰："鉤膺鏤鍚。"一曰鍱，車輪鐵。

【銜】

《説文》：銜，馬勒口中。从金从行。銜，行馬者也。

里・第八層 2030
○來窯銜有它皋

秦代印風
○醫銜

漢印文字徵

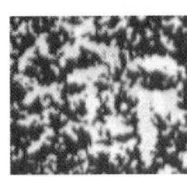

東漢・武氏石室祥瑞圖題字
○則銜其尾

東漢・鮮于璜碑陽
○銜命二州

北魏・檀賓誌

北魏・楊胤誌

北齊・張海翼誌
○銜絲展誥

【鑣】

《説文》：鑣，馬銜也。从金麃聲。

【艫】

《說文》：觿，鑣或从角。

北魏·侯剛誌

○頓我神鑣

【鉣】

《說文》：鉣，組帶鐵也。从金，劫省聲。讀若劫。

春早·秦政伯喪戈之二

○東方市鉣用逸宜

【鈇】

《說文》：鈇，莝斫刀也。从金夫聲。

春中·仲滋鼎

○良𤰔黃盛

里·第五層 7

○四尋鈇

東魏·李憲誌

○南專鈇鉞

【鈎】

《說文》：鈎，鈎魚也。从金勺聲。

銀壹 412

○所以鈎戰也

北壹·倉頡篇 29

○陷阱鍋鈎

北魏·楊舒誌

○破僞鈎城而還

【銍】

《說文》：銍，羊箠耑有鐵。从金埶聲。讀若至。

【鋃】

《說文》：鋃，鋃鐺，瑣也。从金良聲。

【鐺】

《說文》：鐺，鋃鐺也。从金當聲。

漢印文字徵

〇郭鐳

【鋂】

《說文》：鋂，大瑣也。一環貫二者。从金每聲。《詩》曰："盧重鋂。"

【鍡】

《說文》：鍡，鍡鑸，不平也。从金畏聲。

【鑸】

《說文》：鑸，鍡鑸也。从金壘聲。

【鎎】

《說文》：鎎，怒戰也。从金氣聲。《春秋傳》曰："諸侯敵王所鎎。"

【鋪】

《說文》：鋪，箸門鋪首也。从金甫聲。

馬壹 86_154

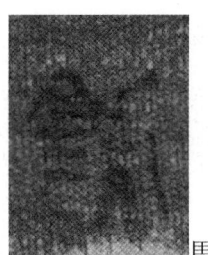

馬貳 90_448/438

〇瓦赤鋪中

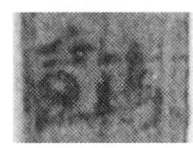

敦煌簡 1387

〇鋪時表通

【鐉】

《說文》：鐉，所以鉤門戶樞也。一曰治門戶器也。从金巽聲。

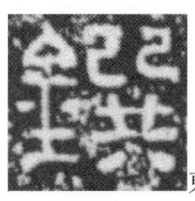

東漢・西狹頌

〇鐉山浚瀆

東漢・西狹頌

〇鐉燒破析

【鈔】

《說文》：鈔，叉取也。从金少聲。

【鎪】

《說文》：鎪，以金有所冒也。从金沓聲。

第十四卷

漢印文字徵

○欒鐕印

【錯】

《說文》：錯，斷也。从金昏聲。

【鉻】

《說文》：鉻，鬀也。从金各聲。

【鐔】

《說文》：鐔，伐擊也。从金亶聲。

【鏃】

《說文》：鏃，利也。从金族聲。

北魏·席盛誌

【鈌】

《說文》：鈌，刺也。从金夬聲。

【鍬】

《說文》：鍬，利也。从金欶聲。

【鎯】

《說文》：鎯，殺也。

【鐕】

《說文》：鐕，業也。賈人占鐕。从

金昏聲。

【鉅】

《說文》：鉅，大剛也。从金巨聲。

漢銘·鉅平鼎

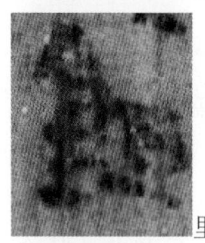

里·第八層 439

○鉅劍一

張·脈書 19

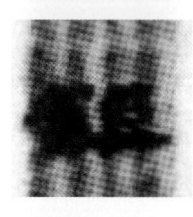

金關 T31∶093

武·甲《泰射》41

○右鉅（巨）指

北壹·倉頡篇 67

6438

秦代印風

廿世紀璽印三-GP

○鉅鹿之印

歷代印匋封泥

漢印文字徵

○魏鉅適印

漢代官印選

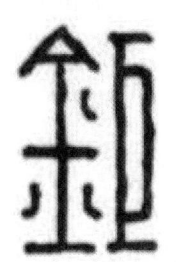

漢印文字徵

漢印文字徵

漢印文字徵

漢印文字徵

漢印文字徵

○矦鉅志

漢印文字徵

○鉅平狐古

漢晉南北朝印風

東漢·孔宙碑陰

【鉅】

東漢·成陽靈臺碑

○鉅鹿大守

東漢·開通褒斜道摩崖刻石

三國魏·霍君神道

西晉·羊祜誌

北齊·常文貴誌

北齊·斛律氏誌

【鎕】

《說文》：鎕，鎕銻，火齊。从金唐聲。

【銻】

《說文》：銻，鎕銻也。从金弟聲。

【鈋】

《說文》：鈋，吪圜也。从金化聲。

【錞】

《說文》：錞，下垂也。一曰千斤椎。从金敦聲。

【鍒】

《說文》：鍒，鐵之耎也。从金从柔，柔亦聲。

【錭】

《說文》：錭，鈍也。从金周聲。

【鈍】

《說文》：鈍，錭也。从金屯聲。

東漢·立朝等字殘碑

○砥鈍厲頑

【鈦】

《說文》：鈦，利也。从金忄聲。讀若齊。

【錗】

《說文》：錗，側意。从金委聲。

【鑺】

《說文》：鑺，兵器也。从金瞿聲。

【銘】

《說文》：銘，記也。从金名聲。

戰晚・四十年上郡守起戈

○丞銘工隸臣

東漢・開母廟石闕銘

○表碣銘功

東漢・尹宙碑額

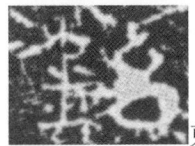

東漢・張遷碑陽

○銘勒萬載

北魏・王悅及妻郭氏誌

北魏・元朗誌

○元公之墓誌銘

北魏・元侔誌

北魏・元舉誌蓋

東魏・元光基誌蓋

東魏・李玄誌蓋

西魏・和照誌蓋

○魏故恒州刺史和照銘

北齊・元始宗誌蓋

北齊・李雲誌蓋

北周・崔宣靖誌

○巍故廣平王開府祭酒崔宣靖墓誌之銘

北周・馬龜誌

北周・崔宣靖誌蓋

○崔宣靖墓誌之銘

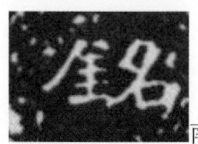

南朝宋・明曇憘誌

【鎖】

《說文》：鎖，鐵鎖，門鍵也。从金貨聲。

北魏・元天穆誌

○戴筆鎖闈

北齊・張海翼誌

○陪遊鎖闈

【鈿】

《說文》：鈿，金華也。从金田聲。

【釧】

《說文》：釧，臂環也。从金川聲。

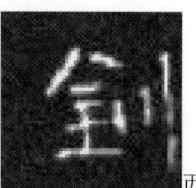

西魏・柳敬憐誌

○織紝組釧

【釵】

《說文》：釵，笄屬。从金叉聲。本只作叉，此字後人所加。

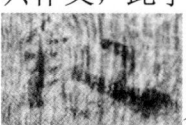

金關 T24:025

○固釵工

漢印文字徵

○陳釵之印

北魏・宋景妃造像

○自割釵帶

【釽】

《說文》：釽，裂也。从金、爪。

【針】

東魏・杜文雅造像

北齊・石佛寺迦葉經碑

北齊·婁黑女誌
○女業擅於針繡

【釟】

馬壹5_31上
○不亡匕（釟）腸（齦）

【鋂】

廿世紀璽印三-GY
○鋂

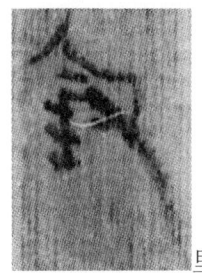

【釸】

里·第八層566
○吳釸鋂

【鈯】

武·甲《特牲》49

武·甲《少牢》12

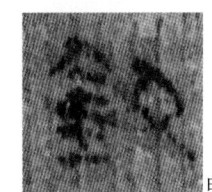

【釖】

里·第八層795
○□釖二

馬壹114_17\420

張·賊律27

【鉡】

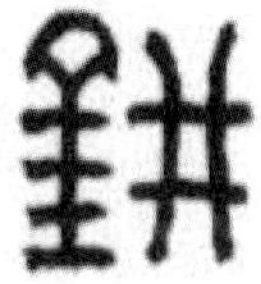

漢印文字徵
○鉡僣私印

【鉢】

廿世紀璽印二-GP
○湯都司徒鉢

6443

歷代印匋封泥
○左司馬聞（門）訇信鉌

〖鈘〗

北魏・元嵩誌
○旌鈘（鉞）再臨

〖銁〗

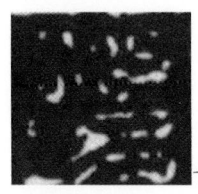

廿世紀璽印三-SY
○銁龍印信

〖釴〗

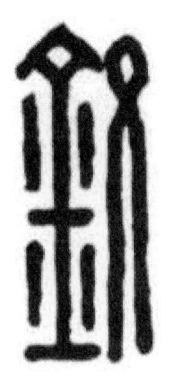

漢印文字徵
○釴□

〖鈚〗

馬貳 236_167
○鈚（匕）六

〖鉢〗

東魏・程哲碑
○程鉢字洪根

北齊・道常等造像
○減割衣鉢之資

〖鉀〗

漢銘・于蘭家銅鉀

北魏・元彧誌

北魏・元曄誌
○至於貫鉀臨危

西魏・法超造像
○罷兵休鉀

【鉀】

北齊·雲榮誌

○鉀冑是衣

【鈇】

武·甲《泰射》41

○君之弓鈇(矢)

【銎】

漢銘·楊子贛銅銎

【鈺】

敦煌簡 0852A

○金鈺百廿

【鈄】

漢銘·成山宮渠斗

漢印文字徵

○湛鈄之印

【鋋】

東魏·元鷙誌

○交戟耀鋋

【銙】

金關 T30:094A

○時衣銙複襜褕縑單

【銑】

馬貳 98_3

○銑昏(昬)清

【鎣】

春早·秦公鐘

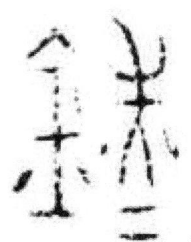

○惡(靈)音鎣(鐄)鎣(鐄)

春晚·秦公鎛

○惡(靈)音鎣(鐄)鎣(鐄)

春早·秦公鐘
○霝(靈)音鏚(徵)鐄(徵)

春早·秦公鐘
○霝(靈)音鏚(徵)鐄(徵)

春早·秦公鎛
○霝(靈)音鏚(徵)鐄(徵)

〖鉤〗

東魏·王僧誌
○幽鉤永閉

〖銗〗

漢銘·陽信家銗鐷

漢銘·陽信家銗鐷

〖鉿〗

馬壹 105_61\230
○柔多鉿爲故欲善如

〖鍣〗

漢印文字徵
○署信亮

〖鈱〗

金關 T04:089
○居延鈱庭里薛安世

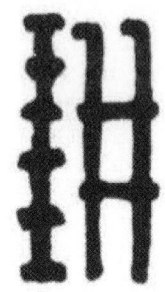

漢印文字徵
○鈱建印

〖鋅〗

東晉·潘氏衣物券
○故璹鋅釵

〖鉌〗

里·第八層 566

○吳鉌

〖鉥〗

北魏·元廞誌

○怨結折鉥

〖鋰〗

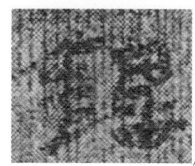

居·EPT51.477

○相鋰放蔡

〖鋤〗

北魏·兄弟姊妹造像

○釋伏守同心鋤

〖鋥〗

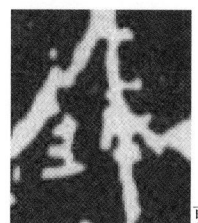

東晉·溫式之誌

○次息鋥之

〖鋡〗

張·脈書 65

○鋡（餘）謹當視脈之過

〖銳〗

銀貳 1827

○閉鑄銳（管）篿

〖鍐〗

漢印文字徵

○王鍐私印

〖鋻〗

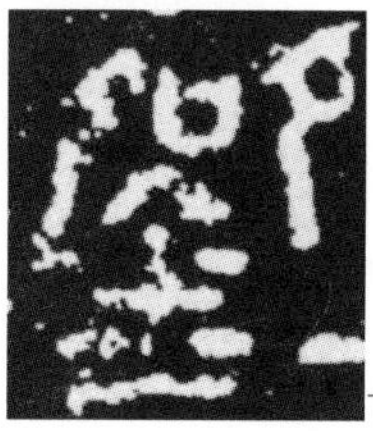

廿世紀璽印二-GP

○去市區鋻

〖錂〗

漢印文字徵

○錂祈印信

【鎙】

春晚・秦公鎛

○鎙（鎮）靜

春晚・秦公簋

○鎙（鎮）靜

秦公大墓石磬

【錕】

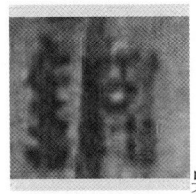

吳簡嘉禾・四・三八九

○勇錕佃田六町

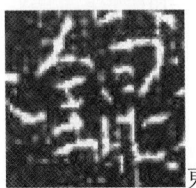

東晉・潘氏衣物券

○故銀錕一雙

【鋼】

北魏・元延明誌

北魏・張安世造像碑

○宅合金鋼

【鍋】

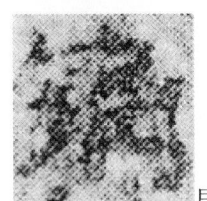

居・EPT5.243

○隊鍋泉

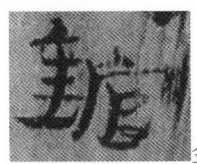

【舘】

金關 T27:010

○投舘各二

【鎽】

漢銘・建武卅二年弩䑽

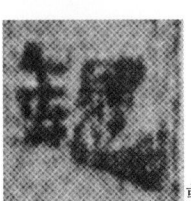

【鎴】

敦煌簡 0687

○一傷毋鎴

【鍔】

第十四卷

6448

【鍔】

北齊・赫連子悅誌

○鋒鍔橫生

北周・乙弗紹誌

○磨礪鋒鍔

【錫】

獄・猩敞案 48

○買銅錫冗募樂一男

馬貳 241_221

○貴（續）錫(錫)塗其

【鍉】

金關 T24:716

○鍉矢二稾

【鍬】

北魏・元靈曜誌

○祕宮鍬蘭

【錸】

馬貳 36_56 上

○材中有細錸(線)

馬貳 33_8 下

○元（其）中有細錸(線)

【鐺】

北壹・倉頡篇 29

○陷阱鐺鈞

【鍴】

廿世紀璽印二-GP

○易安都王鍴

秦公大墓石磬

○鍴鎗

【鐫】

6449

東漢・楊統碑陽

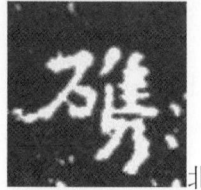

北魏・侯義誌

○鐫石銘記

北魏・元彝誌

北魏・胡明相誌

北魏・堯遵誌

○鐫功

北魏・元誘妻馮氏誌

東魏・元延明妃馮氏誌

○玄石宜鐫

東魏・王偃誌

○鐫石題徽

東魏・趙紹誌

○乃鐫石勒美

北齊・暈禪師等造像

○是以刊金鐫石

北周・崔宣靖誌

【鏂】

漢銘・張端君酒鏂

【鏗】

北魏・元徽誌

北魏・元純陀誌

【鏕】

東漢・尹宙碑

○分趙地爲鉅鏕

北魏・和醜仁誌

北魏・王悦及妻郭氏誌

○徂鏕已翻

北魏・秦洪誌

○妻鉅鏕取鍾葵

北魏・元瑵誌

○迴鏕勝母如已哉

北齊・法懃塔銘

【鋖】

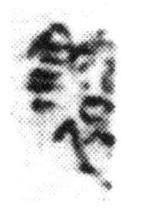

秦文字編 1938

【鋒】

北壹・倉頡篇 19

○迣沓譋鋒鍵

【鏘】

馬壹 132_27 上\104 上

○出亓（其）鏘（斨）鉞

漢印文字徵

○孫鏘之印

北魏・秦洪誌

北魏・元誘誌

東魏·元悰誌

北齊·雲榮誌

○鏘金響玉

〖鐔〗

漢銘·熒陽宮小□鐙

〖鐨〗

廿世紀璽印二-SY

○秦鐨

〖錕〗

漢銘·昆陽乘輿鼎

漢銘·置鼎

漢銘·濕成鼎

漢銘·濕成鼎

〖鑌〗

北魏·李媛華誌

○照耀簪鑌（鈿）

〖鐥〗

馬壹3_4上

○初九鐥（錯）履（禮）往无咎

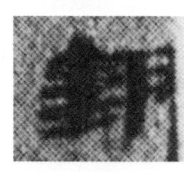

〖鐦〗

敦煌簡1840

○用釭鐦費

〖鐖〗

漢銘·建安元年鐖

漢銘・永和二年鐖

漢銘・永元六年鐖

漢銘・建武卅二年弩鐖

馬壹 110_174\343
○鐖（幾）而知之

銀壹 836
○三造鐖（機）弩

【鐶】

里・第八層 410
○金釪鐶四

晉・黃庭内景經
○太上隱鐶八文瓊

【鐱】

金關 T30:137
○鐱一

【鐝】

北齊・裴子誕誌
○翻嗟鐝羽

【鐥】

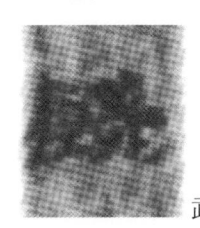

武・甲《少牢》7
○溉（摡）甑鐥（甗）

【鏞】

北齊・劉悅誌
○并道播笙鏞

【鑰】

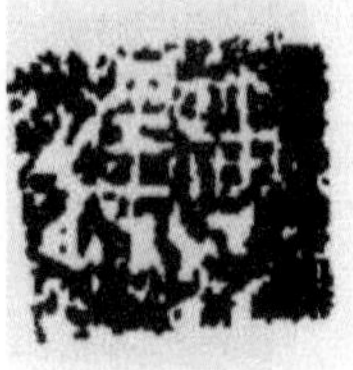

漢銘・漢建武鑰

【鑷】

金關 T23:615
○箭鑷一二十囗

开部

【开】

《説文》：开，平也。象二干對構，上平也。凡开之屬皆从开。徐鉉曰："开但象物平，無音義也。"

東漢・禮器碑陰
○魯开煇景（景）高二百

勺部

【勺】

《説文》：勺，挹取也。象形，中有實，與包同意。凡勺之屬皆从勺。

馬壹 80_25
○齊善勺（趙）必容

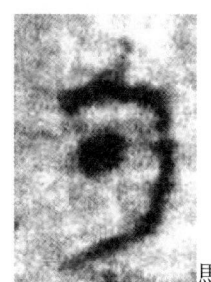

馬壹 80_12
○勺（趙）怒

馬貳 228_85
○脛勺一器

武・甲《特牲》33
○東加勺南柄枋

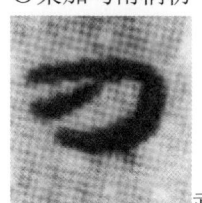

武・甲《少牢》13
○取二勺于匪（篚）

漢印文字徵
○蓮勺鹵督印

漢印文字徵
○蓮勺鹵鹹督印

6454

漢晉南北朝印風
○試守蓮勺令印

東漢・倉頡廟碑側
○蓮勺左鄉

東漢・倉頡廟碑側
○蓮勺任參

東漢・倉頡廟碑側
○蓮勺楊□

【与】

《説文》：与，賜予也。一勺爲与。此与與同。

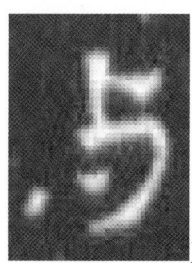

東漢・司馬芳殘碑額

東晉・爨寶子碑

北魏・王翊誌
○終愈与善

北魏・封昕誌

北魏・奚智誌

北魏・韓顯宗誌

東魏・淨智塔銘
○咸與企仰

几部

【几】

《說文》：几，踞几也。象形。《周禮》五几：玉几、雕几、彤几、鬃几、素几。凡几之屬皆从几。

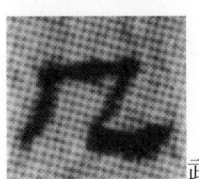

武·甲《特牲》7

武·甲《有司》6

○几宿（縮）

東漢·史晨前碑

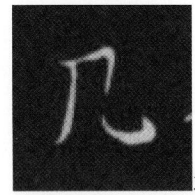

○俯視几筵

北魏·王誦誌

○几帳

北魏·侯掌誌

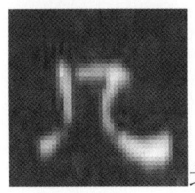

○几杖

北周·叱羅協誌

○奉侍几筵

【凭】

《說文》：凭，依几也。从几从任。《周書》："凭玉几。"讀若馮。

北魏·張正子父母鎮石

○凭陵幽宫

【凥】

《說文》：凥，處也。从尸得几而止。《孝經》曰："仲尼凥。"凥，謂閒居如此。

【処】

《說文》：処，止也。得几而止。从几从夊。

【處】

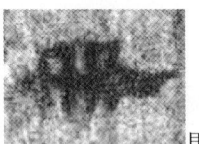

《說文》：處，処或从虍聲。

馬壹 41_19 上

○処尊思卑

睡·法律答問 125

○刑者處隱官

睡·日甲《詰》41

○如席處

睡·日甲《詰》60

○恙氣處之

關·日書 260

○所道入者及臧（藏）處

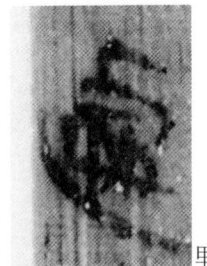

里·第六層 5

○令佐處未出計

里·第八層 1490

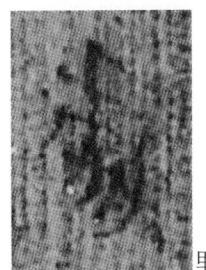

○彼死處與敵共走倉

里·第八層背 173

○中佐處以來端發

馬壹 83_91

○好處於齊

馬壹 13_2 上\95 上

○從陵處則雷

馬貳 130_42

○地陽處久見日所使

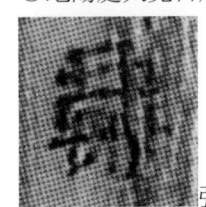

張·行書律 267

○便處

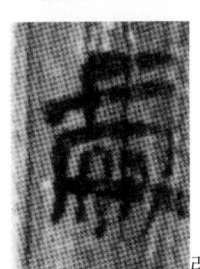

張·奏讞書 101

○見處曰守枂

張·蓋盧 11

○舉何處何去

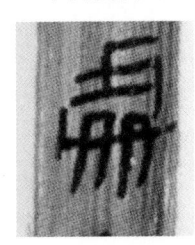

張·脈書 24

○牖而處病甚

銀壹 432
○處敵之教一

銀貳 1161
○處軍不免於患善者

北貳・老子 190
○館燕處超

金關 T31:064
○顯見處令

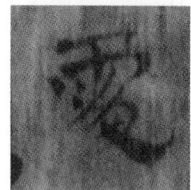

東牌樓 035 背
○讀客處空貧無緣自

吳簡嘉禾・四・三五一
○廿一處合一頃

廿世紀璽印二-GP
○西處

歷代印匋封泥
○頻陽工處

秦代印風
○楊高處

漢印文字徵
○處德

漢印文字徵
○陳處私印

漢印文字徵
○處君翼

漢印文字徵
○處信

漢印文字徵
○處長笯

漢印文字徵
○戎處私印

漢印文字徵
○闕印安處

石鼓・汧殹
○鰈鯉處之

東漢・桐柏淮源廟碑
○處正好禮

東漢・許阿瞿畫像石題記
○神靈獨處

東漢・曹全碑陽
○或處武都

東漢・楊子輿崖墓題記
○所處穴

東漢・石門闕銘
〇因處廣漢

西晉・成晃碑額
〇晉故處士

北魏・元顯俊誌蓋
〇魏故處士

【凰】

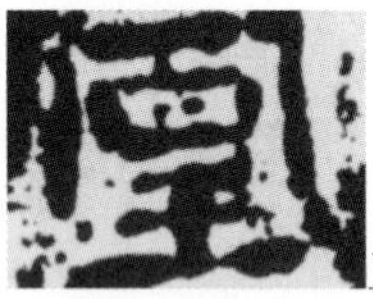

三國吳・買冢城磚
〇鳳凰山巓

【梵】

北魏・元華光誌
〇乃枕衰梵

北魏・劉阿素誌
〇梵梵哲人

北魏・元鑒誌
〇梵鼇斯怙

東魏・張玉憐誌
〇子女梵稚

【虪】

張・奏讞書152
〇得虪視氏

且部

【且】

《說文》：且，薦也。从几，足有二橫，一其下地也。凡且之屬皆从且。

春早・秦公鐘

春晚・秦公鎛

春早·秦公鐘

春早·秦公鎛

西晚·不其簋

春晚·秦公簋

睡·法律答問 115
○乃聽且未斷

睡·為吏 12

睡·日乙 191

獄·識劫案 129

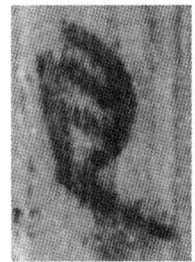

里·第八層 2008

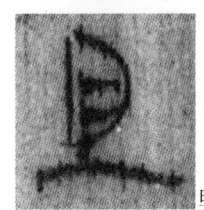

里·第八層 558
○辰前且在□

里·第八層背 771

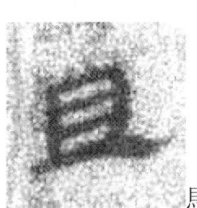

馬壹 44_37 下

馬壹 5_21 上
○且枕（訛）人（入）

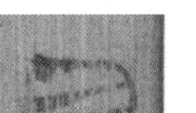

馬貳 213_21/122
○上之摩且距也

第十四卷

張・奏讞書 138
○南郡且來復治

張・蓋盧 41

張・算數書 131

銀壹 776
○下及且傅（附）

銀貳 1765
○後者且及吏

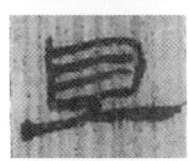

北貳・老子 87

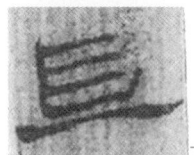

北貳・老子 87

敦煌簡 0078

敦煌簡 0130

金關 T24:728A

金關 T03:054B
○願且復給三斗

金關 T24:073A

東牌樓 034 背
○今日且日日菱久唯

漢晉南北朝印風
○故且蘭徒丞

第十四卷

廿世紀璽印三-GY

漢印文字徵

〇笵且

漢印文字徵

秦公大墓石磬

詛楚文·巫咸

東漢·曹全碑陽

東漢·楊震碑

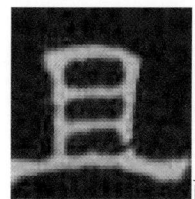

西晉·臨辟雍碑

東魏·道寶碑記

【俎】

《說文》：俎，禮俎也。从半肉在且上。

睡·法律答問 27
〇置豆俎鬼前未徹

銀貳 2086
〇先俎（祖）棄之

武·甲《特牲》28
〇邊俎入執

武·甲《少牢》35
〇設俎牢

武·甲《有司》18
〇俎于羊

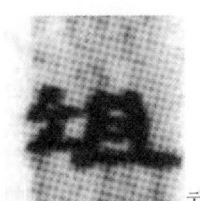

武·甲《有司》12

○俎羊

秦代印風

廿世紀璽印三-SY

○段可俎印

漢印文字徵

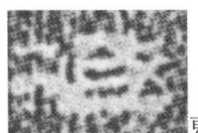

東漢·三公山碑

○陳其鼎俎

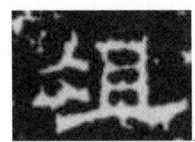

三國魏·孔羨碑

北魏·元純陀誌

北魏·寇猛誌

北魏·寇臻誌

北魏·元暐誌

北齊·刁翔誌

北齊·赫連子悅誌

【覰】

《說文》：覰，且往也。从且虡聲。

【𧪜】

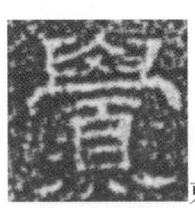

東漢·趙寬碑

○徒占浩亹

東漢·趙寬碑

○金城浩亹人也

第十四卷

6464

斤部

【斤】

《説文》：斤，斫木也。象形。凡斤之屬皆从斤。

戰晚或秦代·梡陽鼎

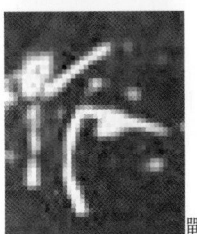

戰晚或秦代·梡陽鼎

戰晚·邵宮和

戰晚·咸陽四斗方壺

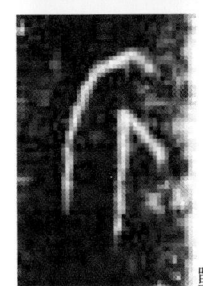

戰晚·三年詔事鼎

北魏·宋靈妃誌

○亹亹德音

北魏·伏君妻旮雙仁誌

○莫不亹亹躬爲

北魏·伏君妻旮雙仁誌

○莫不亹亹躬爲

北魏·于景誌

○亹亹時英

北魏·元暐誌

○日新亹亹

東魏·崔鷫誌

○亹々泱風

秦代・麗山園鐘

秦代・始皇十六斤銅權四
〇十六斤

秦代・始皇詔八斤權二

秦代・旬陽壺

漢銘・永始三年乘輿鼎

漢銘・熒陽鼎

漢銘・陽信家鋶鏤

漢銘・平息侯家鼎

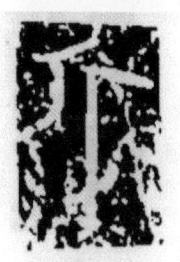

漢銘・第廿平陽鼎

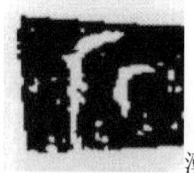

漢銘・螯屋鼎

漢銘・鏊車宮鼎一

漢銘・平陽鼎蓋

漢銘・臨菑鼎

漢銘・一合鼎

漢銘・中山內府銅鐎

漢銘·壽成室鼎一

漢銘·陽信家銅鍾

漢銘·上林鼎二

漢銘·上林鼎一

漢銘·安陵鼎蓋

漢銘·元始鈁

漢銘·六斤十兩匜

漢銘·山陽邸鐙

漢銘·陽泉熏鑪

漢銘·十六年鍪

睡·秦律十八種 91

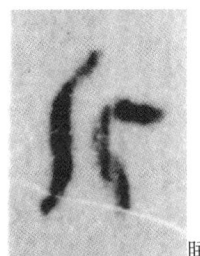

睡·效律 6

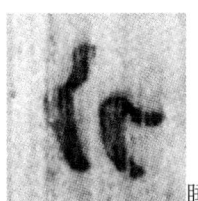

睡·封診式 82

嶽·數 80

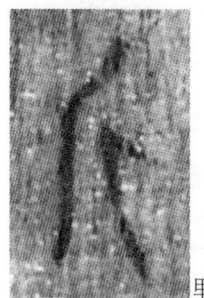

里・第八層 1097

里・第八層 1433

○斤所

馬壹 98_73

馬貳 247_295

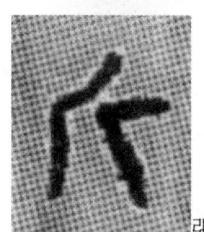

張・賜律 282

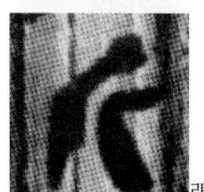

張・算數書 74

敦煌簡 0780B

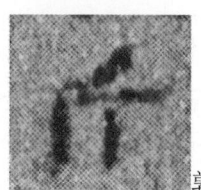

○財五斤

敦煌簡 2075

金關 T06:109

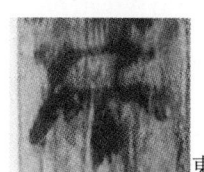

東牌樓 112

○肪十斤

廿世紀璽印三-GP

○計斤丞印

漢印文字徵

十六國北涼・沮渠安周造像

北魏·元弘嬪侯氏誌

東魏·元鷙妃公孫甑生誌

北齊·崔昂誌

【斧】

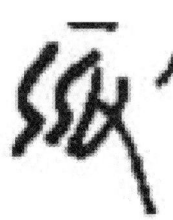

《說文》：䩗，斫也。从斤父聲。

戰晚·八年蜀東工戈

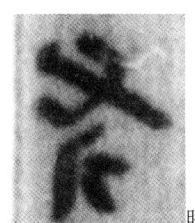

睡·封診式57

○中類斧腦

關·病方372

獄·田與案205

馬壹13_83上

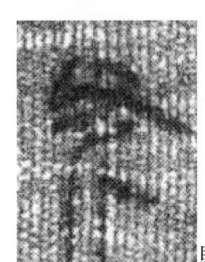

馬貳79_218/205

○斧斬若即操布

銀壹971

銀貳1703

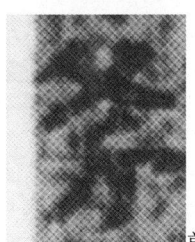

敦煌簡1147

第十四卷

金關 T24:592

○各廿斧柯皆長六口

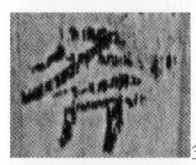

金關 T10:381

廿世紀璽印三-GY

漢印文字徵

漢印文字徵

漢晉南北朝印風

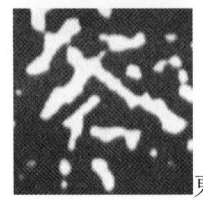

東漢·西岳神符鎮墓石

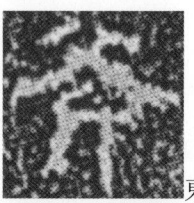

東漢·白石神君碑

東漢·熹平石經殘石五

北魏·元乂誌

北魏·元子直誌

北齊·崔德誌

北齊·高顯國妃敬氏誌

【斨】

《說文》：斨，方銎斧也。从斤爿聲。
《詩》曰："又缺我斨。"

【斫】

《說文》：斫，擊也。从斤石聲。

睡·語書 12

○斫以視（示）險

漢印文字徵

○斫須子卿

【斪】

《說文》：斪，斫也。从斤句聲。

【斸】

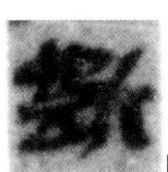

《說文》：斸，斫也。从斤屬聲。

【斳】

《說文》：斳，斫也。从斤、盟。

【劃】

《說文》：劃，斳或从畫从丮。

睡·法律答問 66

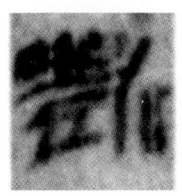

○殺人且斳（鬭）

睡·日甲《星》85

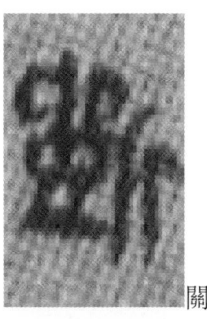

○以生子喜斳（鬭）

關·日書 190

嶽·數 213

○斳之入材

馬壹 174_34 下

馬壹 144_39/213 上

馬貳 32_13 上

張·脈書 54

銀壹 805

○以斲辯入圍上

銀貳 995

○斲（斷）之无資

北貳·老子 102

○大匠斲也

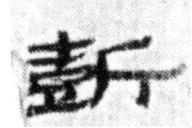

金關 T07:063

○星內財下必斲

東漢·劉平國崖刻石下

○八月一日始斲山石

北魏·馮邕妻元氏誌

東魏·李挺誌

○破琴息斲（斷）

北齊·韓山剛造像

○斲石歸況

南朝宋·石騳銘

○既刉既斲

【釿】

《説文》：釿，劑斷也。从斤、金。

【所】

《説文》：所，伐木聲也。从斤戶聲。《詩》曰："伐木所所。"

漢銘·陽信家溫酒器一

漢銘·河東鼎

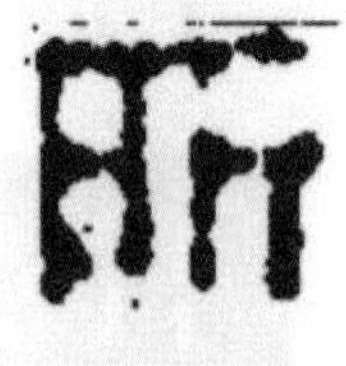

漢銘·官律所平器

漢銘·陽信家溫酒器一

睡·秦律十八種 140

睡·秦律雜抄 42
○及所爲敢令爲它

睡·法律答問 125
○及親所智（知）

睡·封診式 69
○所即視

睡·爲吏 24

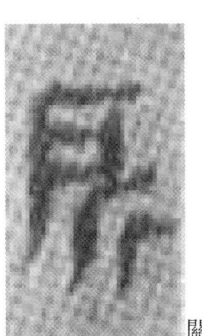

關·日書 209

獄·爲吏 44

獄·占夢書 3

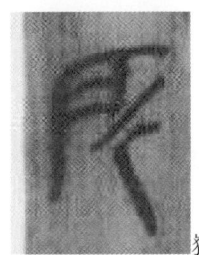

獄·猩敞案 56
○敞所時（蒔）

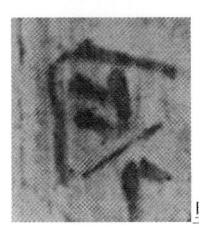

里·第五層 19
○畏害所□

里·第八層 78

馬壹 176_51 下
○所指乃有功迎

馬壹 173_36 上

○其所之候（侯）

馬壹 81_47

○欲用所善王筍（苟）

馬貳 243_243

馬貳 32_17 上

○秬莛所臧（藏）樸

張・具律 95

張・奏讞書 29

張・算數書 75

張・引書 2

銀壹 295

銀貳 1277

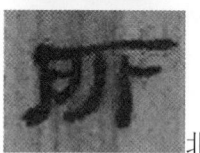

北貳・老子 173

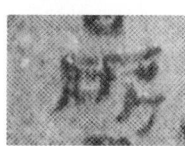

○無所歸

敦煌簡 0687

○步昌所假留署

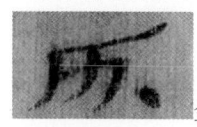

金關 T14:034

○治所長安

金關 T22:020

○毋爲所□

金關 T05:083

○候所

武・儀禮甲《士相見之禮》10

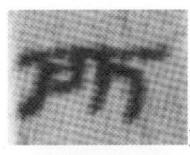

武·儀禮甲《服傳》20

武·甲《特牲》42

武·王杖5

○復毋所與

東牌樓133

○難付所勑

魏晉殘紙

○所能申答

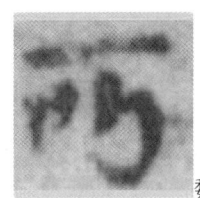

魏晉殘紙

○丈夫所在

漢印文字徵

○所況之印

漢印文字徵

漢印文字徵

漢印文字徵

漢印文字徵

○所春

漢印文字徵

○所閎私印

第十四卷

漢晉南北朝印風

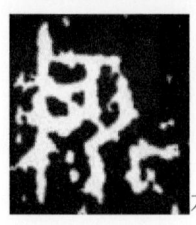

石鼓・作原

○為所遊優

瑯琊刻石

○始皇帝所為也

新莽・襄盜刻石

東漢・西岳華山廟碑陽

東漢・張遷碑陽

東漢・成陽靈臺碑

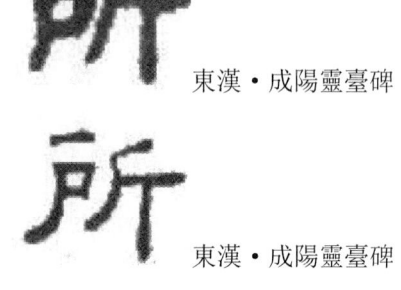

東漢・成陽靈臺碑

東漢・張景造土牛碑

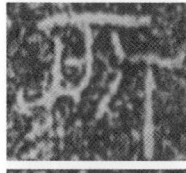

東漢・石門頌

東漢・許安國墓祠題記

東漢・西岳華山廟碑陽

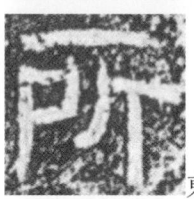

東漢・從事馮君碑

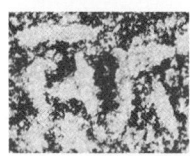

東漢・宋伯望買田刻石右

○立冢民無所建租

東漢・石門頌

東漢・楊震碑

○所在先陽春以布化

東漢・太室石闕銘

東漢・永平四年畫像石題記

東漢・孟孝琚碑

東漢・從事馮君碑

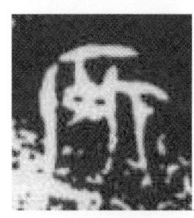

三國魏・三體石經春秋・古文

○公朝于王所

三國魏・三體石經尚書・隸書

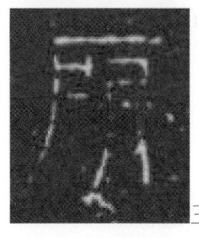

三國魏・三體石經尚書・篆文

○乃非民所訓非天所□

北魏・吳屯造像

○所託生

北魏・源延伯誌

○唯命所之

北魏・靜度造像

○所生七世師僧

北魏・元寶月誌

○所謂君子不器

北魏・元寶月誌

○爲清河文獻王所攝養

北魏・元誨誌

○式遏所寄

北魏・王悅及妻郭氏誌

北魏・楊阿紹造像碑

○所生父母

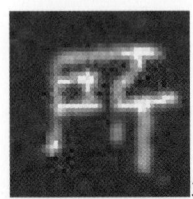

北魏·元懌誌

北魏·元寧誌

○挽歌之所哽咽

北魏·元敷誌

○終於治所

北魏·李榘蘭誌

○贊治所憑

北魏·皮演誌

北魏·奚智誌

○遂因所居

北魏·寇臻誌

○凡所逕歷

北魏·元弘嬪侯氏誌

○所以傳續幽遐

北魏·長孫子澤誌

東魏·元均及妻杜氏誌

東魏·元均及妻杜氏誌

東魏·成休祖造像

○所求而願成

北齊·道明誌

○乃見其所於陸真之山

北齊·惠藏靜光造像

○所願如是

【斯】

《説文》：斯，析也。从斤其聲。《詩》曰："斧以斯之。"

6478

秦代・元年詔版五

秦代・元年詔版二

馬壹 107_100\269

馬貳 134_13/68

○爲䗪（蜂）斯飛（蜚）

北貳・老子 127

金關 T31:102A

武・儀禮甲《服傳》7

北壹・倉頡篇 73

漢印文字徵

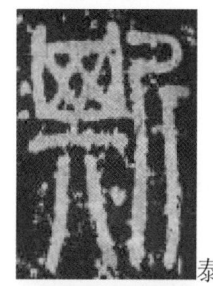

泰山刻石

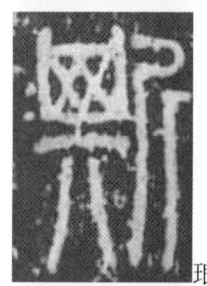

琅琊刻石

琅琊刻石

○臣斯

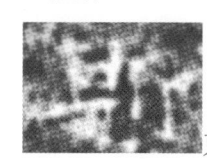

東漢・行事渡君碑

東漢・西狹頌

東漢·衛尉卿衡方碑

○聞斯行諸

北魏·元悌誌

北魏·元詮誌

北魏·元寶月誌

東魏·元悰誌

北齊·李難勝誌

北齊·唐邕刻經記

○斯文必傳

北齊·赫連子悅誌

【斳】

《說文》：斳，斬也。从斤昔聲。

【斷】

《說文》：斷，截也。从斤从𢇍。𢇍，古文絕。

【𠸿】

《說文》：𠸿，古文斷从皂。皂，古文叀字。《周書》曰："𠸿𠸿猗無他技。"

【㫁】

《說文》：㫁，亦古文。

睡·法律答問208

○或未斷及將長令二

睡·為吏29

○斷割不刖（劇）

獄·癸瑣案3

里・第八層 1054

馬壹 137_62 下/139 下

馬壹 98_81

○大匠斷（斳）也

馬貳 68_17/17

○以續斷根

張・具律 102

○毋得斷獄

張・奏讞書 154

○斷蒼梧守

銀壹 242

○甲不斷環涂途

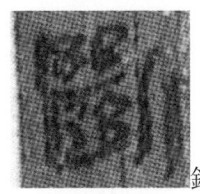

銀貳 1765

金關 T31:149

金關 T21:245

東牌樓 055 背

○斷絕往來

北壹・倉頡篇 39

魏晉殘紙

○道斷絕仕

東漢・樊敏碑

○五五斷仁

東漢・石門頌
西晉・石尠誌 
西晉・石定誌 
北魏・元子直誌 

○先王練石斷鼇

北魏・元引誌

○風斷氣谷

北魏・吐谷渾璣誌

○傷馨馥之斷嚮

東魏・王僧誌

○路斷人行

東魏・廣陽元湛誌

○斷獄以情

【斷】

《説文》：斷，柯擊也。从斤𠧱聲。

【新】

《説文》：新，取木也。从斤亲聲。

戰晚・新鄭虎符

漢銘・新銅丈

漢銘・新嘉量二

漢銘・新常樂衛士飯幘

漢銘・陶陵鼎二

睡・編年記 7
○七年新城陷

睡・秦律十八種 31

睡・效律 20

睡・秦律雜抄 18

睡・封診式 83
○純新殹（也）

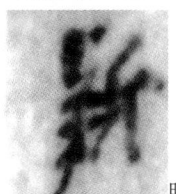

睡・日甲 115
○製新衣必死

睡・日甲《稷辰》26
○被新衣

關・病方 314

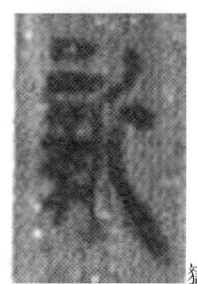

獄・占夢書 14
○未已新憂

獄・數 108

獄・學為偽書案 220

里・第八層 1206
○涪陵新里公士㺊

馬壹 90_252

馬貳 112_61/61

馬貳 205_31

○新氣爲壽

張・秩律 448

張・奏讞書 157

張・引書 41

○端以新纍縣（懸）

銀壹 582

○於新曼（慢）

北貳・老子 179

金關 T02:071

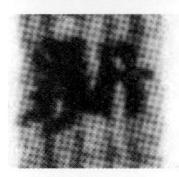

武・甲《燕禮》50

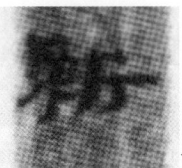

○管新宮

武・甲《泰射》38

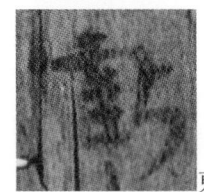

○管新宮

東牌樓 101

○書佐新忠傯

吳簡嘉禾・五・八〇〇

○新唐丘縣吏

廿世紀璽印二-SP

6484

廿世紀璽印二-GP

○新城邦

歷代印匋封泥

○咸新安盼

歷代印匋封泥

○新城邦

歷代印匋封泥

歷代印匋封泥

歷代印匋封泥

秦代印風

○新□

廿世紀璽印三-GP

漢晉南北朝印風

漢晉南北朝印風

漢晉南北朝印風

漢晉南北朝印風

漢晉南北朝印風

漢代官印選

歷代印匋封泥

漢印文字徵

漢印文字徵

○新成甲

漢印文字徵

漢晉南北朝印風

柿葉齋兩漢印萃

漢印文字徵

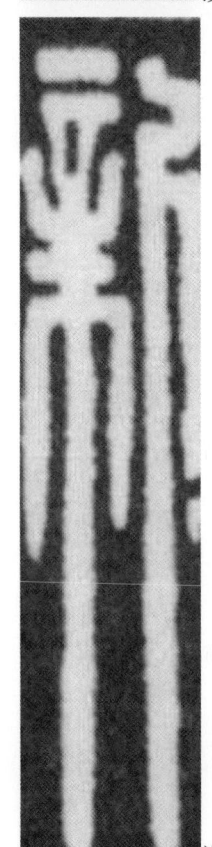

漢晉南北朝印風

○曹新婦白疏

漢晉南北朝印風

○新成甲

漢晉南北朝印風

漢晉南北朝印風

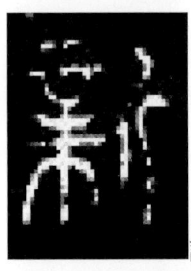

詛楚文・巫咸

東漢・西岳華山廟碑陽

東漢・白石神君碑

東漢・張遷碑陽

東漢・成陽靈臺碑

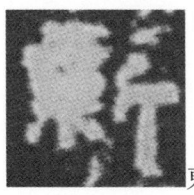

東漢・鮮于璜碑陽

○遺愛日新

東晉・筆陣圖

北魏・許和世誌

北齊・感孝頌

○新除特進使持節

【斦】

《說文》：斦，二斤也。从二斤。

〖舌〗

馬壹271_5上\11上

○舌濩（汗）浴（谷）

馬壹258_1上\27上

○昏居毋死之

〚靳〛

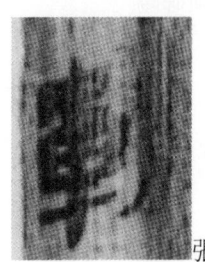

張·算數書143

○靳（蘄）都下

銀壹565

○宗靳（祈）福

斗部

【斗】

《説文》：𪔅，十升也。象形，有柄。凡斗之屬皆从斗。

戰晚·三年詔事鼎

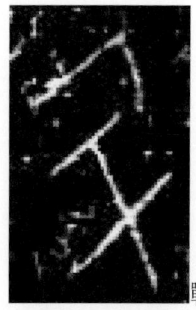

戰早·中𢆶鼎

戰晚·高陵君鼎

漢銘·□陽殘器

漢銘·右丞宮鼎

漢銘·張氏鼎

漢銘·壽成室鼎一

漢銘·雲陽鼎

漢銘·外黃鼎

漢銘·泰官鼎

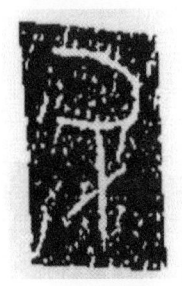

漢銘·臨菑鼎

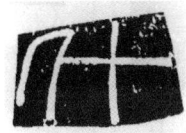

漢銘·長楊鼎二

漢銘·大司農權

漢銘·中山內府鈁一

漢銘·元始鈁

漢銘·中山內府銅鑊

漢銘·中尚方鐎斗

漢銘·陽周倉鼎

漢銘·廢丘鼎蓋

漢銘·第十三鼎

漢銘·陶陵鼎二

漢銘·上林鼎一

睡·秦律十八種 50

睡·效律 47

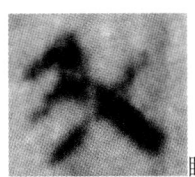

睡·日甲《玄戈》49

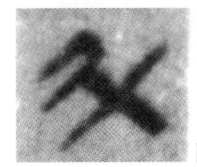

睡·日甲 5

睡·日乙 100
關·日書 199 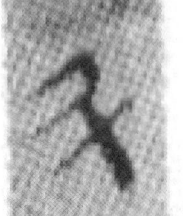
嶽·為吏 19 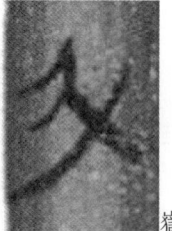
嶽·數 109 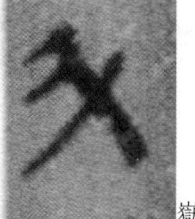
里·第八層 63 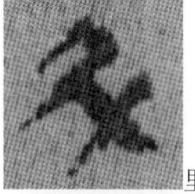
馬壹 270_11 欄 
馬壹 124_43 上 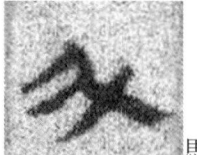
馬貳 118_163/162 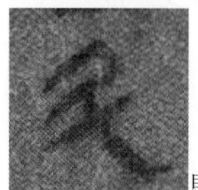

張·賜律 293
張·奏讞書 176 
張·算數書 127 
銀壹 943 
銀貳 2015 
○凡斗月
孔·門 289 
○七星斗牽牛
敦煌簡 0337 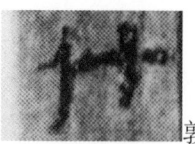
○星瓓斗十月食
金關 T10：166 
○粟八斗

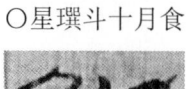

金關 T03∶099

○米七斗

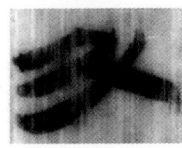

北壹·倉頡篇 55

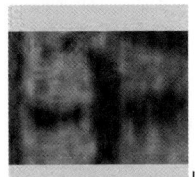

吳簡嘉禾·五·一三六

○斛八斗

吳簡嘉禾·二一一七

○斛五斗

吳簡嘉禾·五·五五

○斛四斗

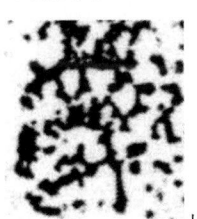

廿世紀璽印三-GP

○常御三斗

歷代印匋封泥

○張壽斗

漢印文字徵

○斗睦子家丞

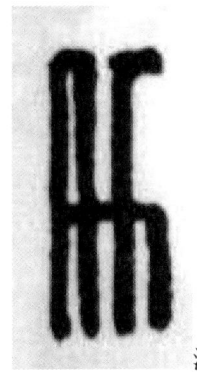

漢印文字徵

○孫斗

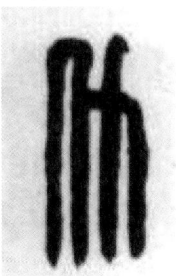

漢印文字徵

○董斗

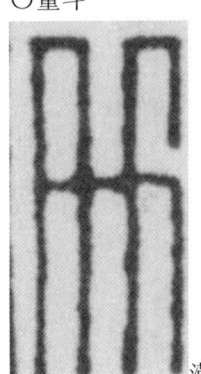

漢晉南北朝印風

○任斗

漢晉南北朝印風

○任斗印信

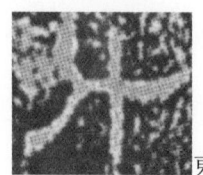

東漢・白石神君碑

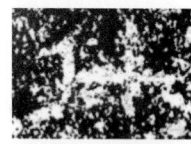

○粟斗五錢

東漢・祀三公山碑

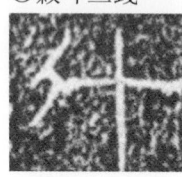

○穀斗三錢

東漢・石門頌

○上順斗極

東漢・禮器碑

○以斗言教

北魏・元龍誌

北魏・元昭誌

北魏・元乂誌

北魏・元欽誌

○崇峰共斗極齊峻

北魏・陶浚誌

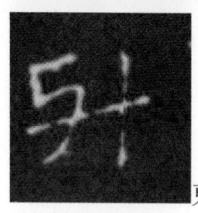

東魏・叔孫固誌

○玉斗殆喪

北齊・報德像碑

【斛】

《說文》：斛，十斗也。从斗角聲。

漢銘・大司農平斛

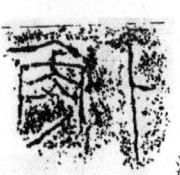

漢銘・涇倉平斛

漢銘・光和斛二

漢銘・平都犁斛

漢銘・新嘉量一

敦煌簡 0246

金關 T21：122

○米一斛

吳簡嘉禾・四・七八

○米二斛

吳簡嘉禾・五・五〇〇

○米一斛

吳簡嘉禾・四・一三九

廿世紀璽印二-GP

○京斛

漢印文字徵

○申徒斛印

十六國前燕・元璽四年磚

○清酒七百斛

北魏・元詮誌

北魏・王蕃誌

北魏・慈慶誌

北齊・斛律昭男誌蓋

○斛律夫人墓誌銘

北齊·劉悅誌

○斛律咸陽

北齊·斛律氏誌

北齊·斛律氏誌蓋

○斛律氏墓誌銘

【斝】

《說文》：斝，玉爵也。夏曰琖，殷曰斝，周曰爵。从吅从斗，冂象形。與爵同意。或說斝受六斗。

【料】

《說文》：料，量也。从斗，米在其中。讀若遼。

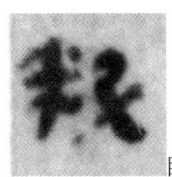

睡·秦律十八種194

○官縣料者

睡·效律11

○縣料而不備者

張·效律351

○及縣料而不備者

三國魏·受禪表

○料敵用兵

北魏·染華誌

○料隔清濁

【斞】

《說文》：斞，量也。从斗臾聲。《周禮》曰："桼三斞。"

【斡】

《說文》：斡，蠡柄也。从斗倝聲。楊雄、杜林說，皆以爲軺車輪斡。

漢印文字徵

6494

東魏·元均及妻杜氏誌
○斡運如流

東魏·妻李黶華誌
○陵谷斡流

【魁】

《説文》：魁，羹斗也。从斗鬼聲。

漢銘·大吉田器

漢銘·大吉田器

馬貳 18_12 上

張·奏讞書 116
○獄魁都從軍不訊

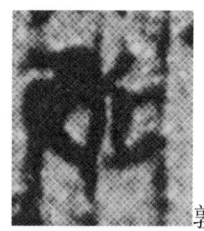

敦煌簡 1968A
○□八魁

金關 T21:178
○黄魁疾都里

武·日忌木簡甲 1
○河魁

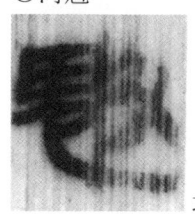

北壹·倉頡篇 67
○嬐嬌營魁鉅圜

漢印文字徵
○勮魁矦相

漢印文字徵
○矦魁之印

漢印文字徵

漢印文字徵

○桓魁

東漢・石門頌

○奉魁承杓

北魏・元融誌

北魏・李璧誌

北魏・韓震誌

○兼其姿貌魁偉

北齊・婁黑女誌

南朝齊・劉覬買地券

【斠】

《說文》：斠，平斗斛也。从斗冓聲。

【斟】

《說文》：斟，勺也。从斗甚聲。

北壹・倉頡篇 22

○飽斟掇䇿譙觸聊

東漢・尚博殘碑

○斟酌仁義

西晉・臨辟雍碑

○斟酌道德之原

北魏・元宥誌

○攸殖攸斟

北魏・和邃誌

○未有斟養

北魏・伏君妻昝雙仁誌

○斟善乃行

北魏·元乂誌

北魏·于纂誌

北魏·侯掌誌

北魏·山暉誌

【斜】

《説文》：䣂，杼也。从斗余聲。讀若荼。

北貳·老子185

○道也斜（餘）

廿世紀璽印三-GY

北魏·元誨誌

○斜漢晚傾

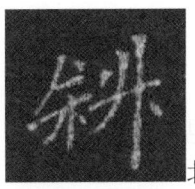

北魏·元茂誌

○泛水斜琴

北齊·韓裔誌

北齊·朱曇思等造塔記

○斜塵煙際

北齊·司馬遵業誌

○長平斜鄰戎藪

北齊·元賢誌

○斜湊秦隴

【斛】

《説文》：斛，挹也。从斗臾聲。

【料】

《説文》：料，量物分半也。从斗从半，半亦聲。

【斢】

《説文》：斢，量溢也。从斗旁聲。

第十四卷

【虊】

《說文》：虊，枓滿也。从斗䜌聲。

【斣】

《說文》：斣，相易物，俱等爲斣。从斗蜀聲。

【䴷】

《說文》：䴷，斛旁有䴷。从斗厎聲。一曰䆝也。一曰利也。《尔疋》曰："䴷謂之疌。"古田器也。

【升】

《說文》：升，十龠也。从斗，亦象形。

春晚・秦公簋

〇一斗七升

戰晚或秦代・梡陽鼎

戰中・商鞅量

戰晚・咸陽四斗方壺

〇斗少半升

戰晚・高陵君鼎

漢銘・乙亥鼎

漢銘・壽成室鼎二

漢銘・菑川太子家鑪

漢銘・晉壽升

漢銘・新量斗

漢銘・上林量

漢銘·常浴盆二

漢銘·容一石九斗八升盆

漢銘·新常樂衛士飯幘

漢銘·安陵鼎蓋

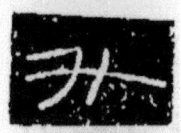

漢銘·平陽鼎

漢銘·安陵鼎蓋

漢銘·頻鼎

漢銘·陽周倉鼎

漢銘·藍田鼎

漢銘·置鼎

漢銘·衛少主鼎

漢銘·王后中宮鼎

漢銘·宣曲鼎

漢銘·偃鼎

漢銘·平陽鼎

睡·秦律十八種 181

睡·效律 5

睡·日甲《詰》45

關·病方 315

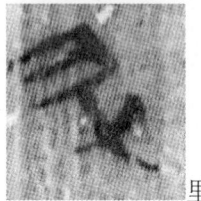

獄·數 5

里·第八層 1905

里·第八層背 172

○一四升見

馬貳 280_252/243

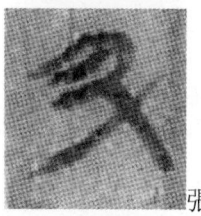

張·賜律 292

張·算數書 127

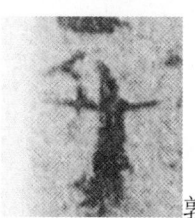

敦煌簡 2120B

○斗四升

金關 T09:237

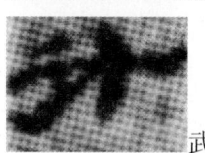

武·儀禮甲《士相見之禮》13

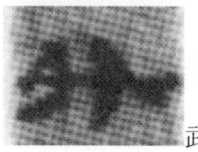

武·儀禮甲《服傳》53

○十五升陶（抽）

武·甲《特牲》31

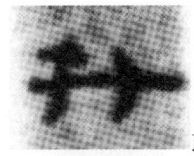

武·甲《少牢》30

武·甲《有司》16

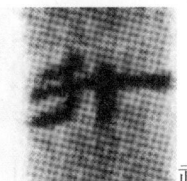

武·甲《燕禮》43

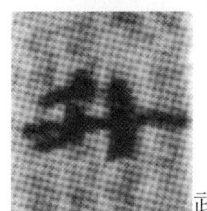

武·甲《泰射》10

武·柩銘考釋2

〇伯升之柩

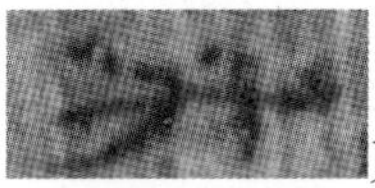

東牌樓 005

吳簡嘉禾·五·一八五

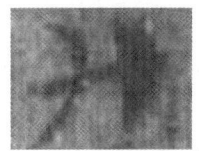

吳簡嘉禾·五·一三四

〇斗六升

吳簡嘉禾·四·二三〇

漢印文字徵

漢印文字徵

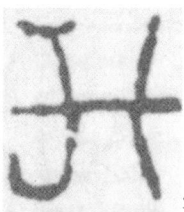

漢晉南北朝印風

東漢·曹全碑陽

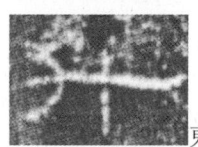

東漢·禮器碑陰

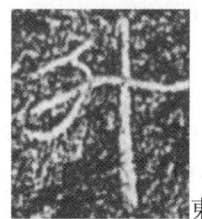

東漢·石門頌

西晉·臨辟雍碑

東晉·劉剋誌

○晉故升平元年

北魏·席盛誌

○來升喬木

北魏·元邵誌

北齊·崔宣華誌

○升堂問史

矛部

【矛】

《說文》：矛，酋矛也。建於兵車，長二丈。象形。凡矛之屬皆从矛。

【㦎】

《說文》：㦎，古文矛从戈。

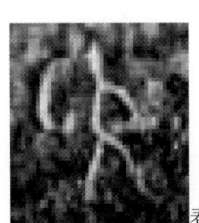

春早·有㒸伯喪矛一

○車矛

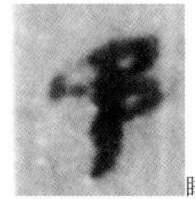

睡·法律答問 85

○戟矛

馬壹 248_1-8 欄

○矛（昴）

張·遣策 37

○矛一枚

銀壹 512

○勁矢仁（韌）矛戟

金關 T27:005

○居延矛一

北魏·劉玉誌

○召蒞矛土

北魏・陶浚誌

東魏・僧道造像

東魏・程哲碑

○矛而能憿

北齊・張起誌

【䂃】

《説文》：䂃，矛屬。从矛良聲。

【䂓】

《説文》：䂓，矛屬。从矛害聲。

【䂛】

《説文》：䂛，矛屬。从矛昔聲。讀若笮。

【矜】

《説文》：矜，矛柄也。从矛今聲。

馬壹 101_137

○弗矜故長

馬壹 101_135

○功自矜者不

銀貳 1063

○多不矜節

北貳・老子 180

○弗矜故長

詛楚文・亞駝

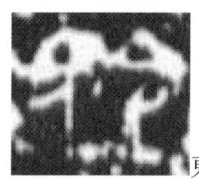

○其衆張矜意怒飾甲

東漢・校官碑

○矜孤頤老

東漢・司馬芳殘碑

○不以地蔚矜豪

北魏・元襲誌

○冕旒矜悼

北魏・王紹誌

○父道矜

北魏・成嬪誌

○皇上矜悼

北魏・元新成妃李氏誌

○驕矜莫現於色

北魏・楊氏誌

○宿德可矜

北魏・王翊誌

○父道矜

北魏・封魔奴誌

○帝幄惟矜

東魏・廣陽元湛誌

○矜嚴

北齊・王憐妻趙氏誌

○天不我矜

北齊・婁黑女誌

○矜凡惠物

【䂳】

《說文》：䂳，刺也。从矛丑聲。

車部

【車】

《說文》：車，輿輪之總名。夏后時奚仲所造。象形。凡車之屬皆从車。

【𨏍】

《說文》：𨏍，籀文車。

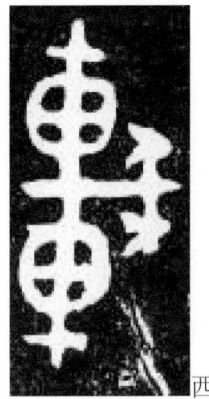

西晚·不其簋

○我車啚(宮)伐

春早·有偏伯喪矛一

春早·有偏伯喪矛二

漢銘·張君馬四

漢銘·張君後夫人馬

漢銘·張君馬二

睡·秦律雜抄 25

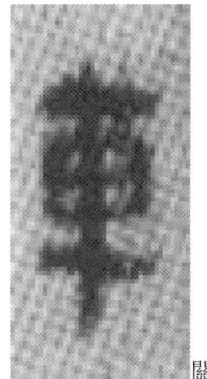

關·病方 332

里·第八層 175

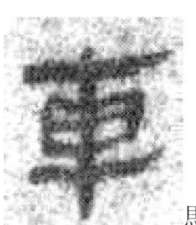

馬壹 8_33 下

馬貳 262_51/71

馬貳 261_44/64

張·傳食律 233

張·算數書 126

銀壹 341

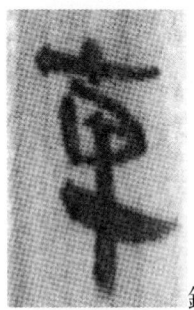

銀貳 1566

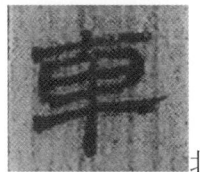

北貳·老子 118

敦煌簡 2337A

金關 T03:093

廿世紀璽印三-GP

廿世紀璽印三-GP

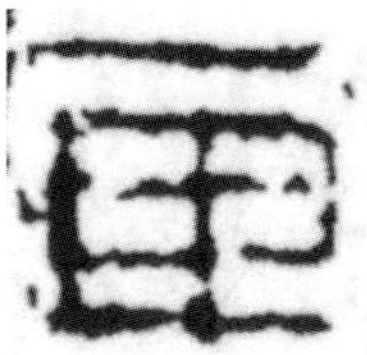

歷代印匋封泥

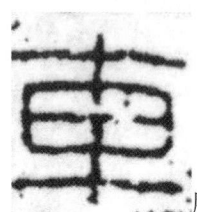

歷代印匋封泥

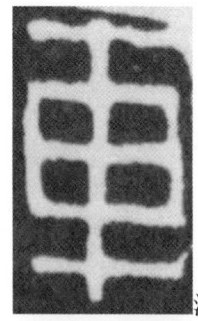

漢晉南北朝印風

廿世紀璽印三-GY

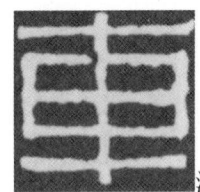

漢晉南北朝印風

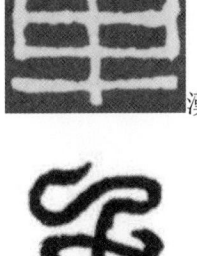

漢印文字徵

漢印文字徵

廿世紀璽印四-GY

○車成

廿世紀璽印四-GY

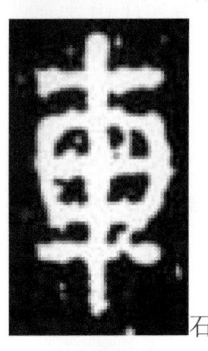

漢代官印選

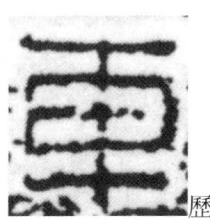

石鼓·鑾車

歷代印匋封泥

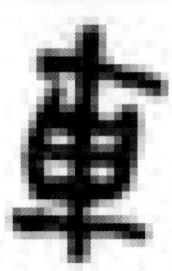

秦駰玉版

歷代印匋封泥

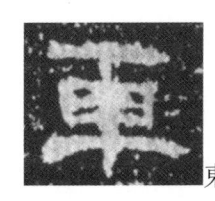

東漢·元嘉元年畫像石題記一

歷代印匋封泥

東漢·景君碑

北魏・穆玉容誌蓋

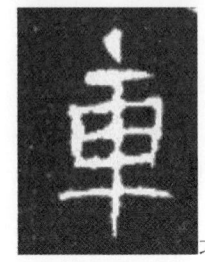

北魏・封君妻誌

〇輕車將軍

【軒】

《說文》：軒，曲輈藩車。从車干聲。

漢銘・內者高鐙

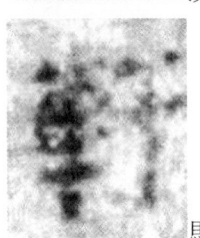

馬壹 212_39

銀貳 1164

敦煌簡 2340

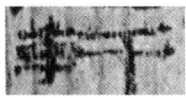

〇高軒

金關 T09∶127

秦代印風

〇上官軒

漢印文字徵

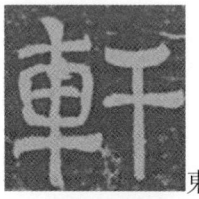

東漢・夏承碑

東漢・望都一號墓佚名墓銘

〇循禮行常當軒漢室

北魏・山徽誌

北魏・穆亮誌

北魏·叔孫協及妻誌

北魏·劉賢誌

○先出自軒轅皇帝

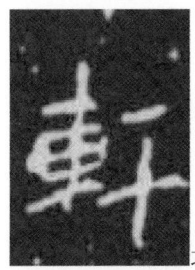

北魏·元颺誌

東魏·宗欣誌

○軒冕盛在周漢

北齊·西門豹祠堂碑

【輜】

《說文》：輜，軿車前，衣車後也。从車甾聲。

北魏·楊濟誌

○輜重蕩盡

北齊·高肅碑

○輜車倚殿

【軿】

《說文》：軿，輜車也。从車并聲。

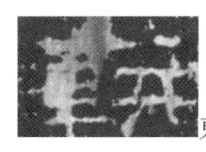

東漢·元嘉元年畫像石題記一

○小車軿

【輼】

《說文》：輼，臥車也。从車𥁕聲。

里·第八層175

○輼輬

北魏·王僧男誌

北齊·高清誌

【輬】

《說文》：輬，臥車也。从車京聲。

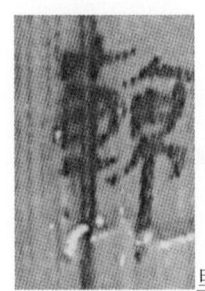

里·第八層175
○見輴輬韜乘車及

馬貳261_43/63
○輬車二乘

銀貳1925
○再則輬（涼）風

漢印文字徵
○輬充

北魏·王遺女誌
○輼輬車

【韜】

《說文》：韜，小車也。从車召聲。

嶽·狌敞案47

里·第八層175

馬貳262_46/66

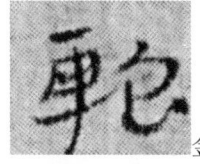

金關T10:279
○韜車一乘

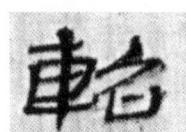

金關T09:048

北魏·和邃誌
○韜組暉曄

東魏·廉富等造義井頌
○而盼蓬萊於韜苑

第十四卷

6510

北周・盧蘭誌

【輕】

《說文》：輕，輕車也。从車巠聲。

漢銘・大司農權

漢銘・光和斛一

睡・語書 11

睡・法律答問 93

獄・數 42

○美租輕田步欲減田

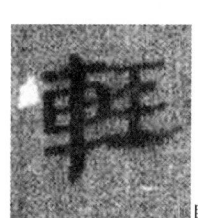

馬壹 124_43 上

○稱曰輕重不爽斗石

馬壹 93_306

○也必輕之武則□

張・置吏律 215

張・奏讞書 194

銀貳 992

北貳・老子 73

敦煌簡 1108A

廿世紀璽印三-GY

○楚輕車印

漢代官印選

柿葉齋兩漢印萃

○輕車良印

漢印文字徵

○輕車良印

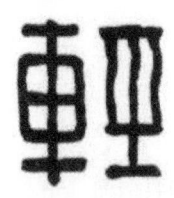

漢印文字徵

漢代官印選

○輕騎校尉

東漢・楊統碑陽

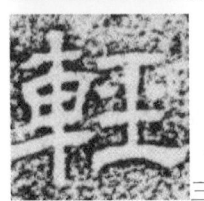

三國魏・王基斷碑

○送以輕車

北魏・元平誌

○輕金蔑玉

北魏・穆玉容誌蓋

○輕車將軍

北魏・李端誌

○輕軒駟之將危

東魏・隗天念誌

○輕車將軍

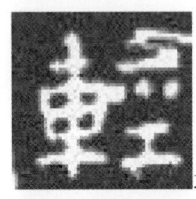

北齊・狄湛誌

北周・王榮及妻誌

○泠然輕舉

【輶】

《說文》：輶，輕車也。从車酋聲。《詩》曰："輶車鑾鑣。"

十六國北涼·沮渠安周造像

北魏·元壽安誌

【輣】

《說文》：輣，兵車也。从車朋聲。

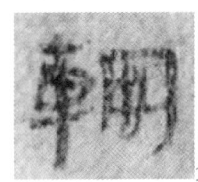

金關 T24∶339B

○白傳輣由落耳以張

【軘】

《說文》：軘，兵車也。从車屯聲。

【轞】

《說文》：轞，陷敶車也。从車童聲。

【轈】

《說文》：轈，兵高車加巢以望敵也。从車巢聲。《春秋傳》曰："楚子登轈車。"

【輿】

《說文》：輿，車輿也。从車舁聲。

漢銘·乘輿缶

漢銘·永始三年乘輿鼎

漢銘·尚浴府行燭盤

漢銘·南陵鍾

漢銘·昆陽乘輿銅鼎

漢銘·元延乘輿鼎一

睡·秦律雜抄 27

○傷乘輿馬夬（決）

第十四卷

關·日書 231

獄·數 27
○彔與田九步少半步

里·第八層 1519
○田與五十二頃九

馬壹 10_50 下

馬壹 183_138 上
○與鬼晨出東方

張·算數書 94
○置與田步數以爲

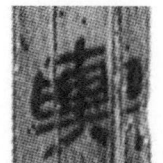

銀貳 1004
○曰軍與无

北貳·老子 9
○致數與（譽）無

歷代印匋封泥

漢晉南北朝印風
○北與丞印

廿世紀璽印三-GY
○與里鄉印

漢印文字徵

漢印文字徵

6514

○輿喟

詛楚文・沈湫

東漢・婁壽碑陽

○國人乃相輿論惠處謚

東漢・楊子輿崖墓題記

東漢・元嘉元年畫像石題記一

○五子輿

東晉・謝鯤誌

北魏・元壽安誌

北魏・一弗造像

○步輿

北魏・元懷誌

北魏・元固誌

北魏・元順誌

○下輿未幾

北魏・元子正誌

○高祖親御鑾輿

北魏・元誨誌

○外同輿輦

北魏·元飏誌

○又龍輿北巡

東魏·叔孫固誌

○乘輿棲幸

北齊·高阿難誌

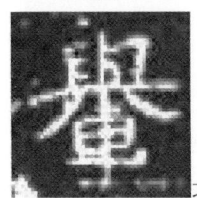

○乘輿臨哭

北齊·堯峻誌

○始降鑾輿

北齊·劉雙仁誌

○丹輿六藝

【輯】

《說文》：輯，車和輯也。从車咠聲。

馬壹 122_30 上

○和輯而樂

張·奏讞書 147

○輯上書以聞

張·引書 85

○張左輯（領）有

銀壹 279

○嚴正（整）輯眾

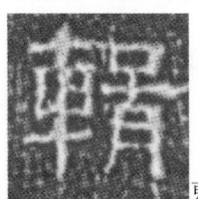

東漢·白石神君碑

○輯寧上下也

北魏·元襲誌

○部內安輯

東魏·趙紹誌

○埏戶迴輯

6516

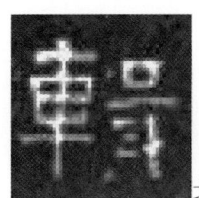

北齊·徐顯秀誌

○爾朱天柱始輯勤王

【輓】

《說文》：輓，衣車蓋也。从車曼聲。

【軓】

《說文》：軓，車軾前也。从車凡聲。《周禮》曰："立當前軓。"音範。

【軾】

《說文》：軾，車前也。从車式聲。

北魏·元瞻誌

北周·須蜜多誌

【輅】

《說文》：輅，車軨前橫木也。从車各聲。

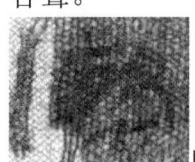

馬貳62_15

○舌輅□旦

北齊·婁叡誌

北齊·高洬誌

【較】

《說文》：較，車騎上曲銅也。从車爻聲。

【𨋕】

《說文》：𨋕，車耳反出也。从車从反，反亦聲。

【轛】

《說文》：轛，車橫軨也。从車對聲。《周禮》曰："參分軹圍，去一以爲轛圍。"

【輢】

《說文》：輢，車旁也。从車奇聲。

【輒】

《說文》：輒，車兩輢也。从車耴聲。

睡·秦律十八種29

○出之輒上數

6517

第十四卷

關·病方 318
〇子寒輒更之

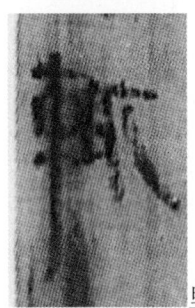

里·第八層 101
〇輒言定

馬貳 111_49/49
〇所吏輒致

敦煌簡 0521
〇還去輒下

金關 T31:087
〇輒移函出

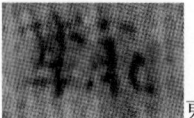

東牌樓 005
〇桉橄輒徑到仇重亭

秦代印風
〇王輒

漢印文字徵
〇俟輒

漢印文字徵

東漢·西岳華山廟碑陽
〇輒過亭祭

東漢·從事馮君碑
〇輒以疾讓

西晉·徐義誌
〇每產輒不全育

6518

北魏·王誦誌

○輒憑以爲銘

北魏·高衡造像

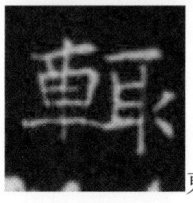

東魏·元憬誌

○萑蒲輒散

北齊·王憐妻趙氏誌

○不得輒用性臂

【軱】

《説文》：軱，車約軱也。从車川聲。《周禮》曰："孤乘夏軱。"一曰下棺車曰軱。

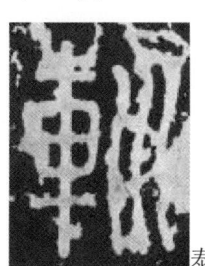

泰山刻石

○窺軱遠黎

【轎】

《説文》：轎，車籍交錯也。从車喬聲。

馬壹72_6

○功轎（總）皆如

【軨】

《説文》：軨，車轖間橫木。从車令聲。

【轠】

《説文》：轠，軨或从霝，司馬相如說。

馬壹114_9\412

○以爲軨（鄰）適（敵）

漢印文字徵

漢印文字徵

東漢・王舍人碑

○昭萬軡

東漢・從事馮君碑

北魏・元龍誌

【輑】

《說文》：輑，軡車前橫木也。从車君聲。讀若帬，又讀若褌。

【軩】

《說文》：軩，車後橫木也。从車多聲。

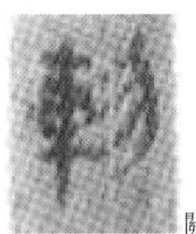

關・日書 241

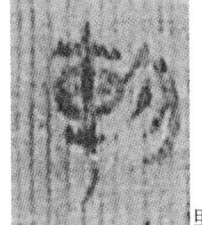

○軡斗乘軡門

里・第八層 1515

○鬼薪軡小城旦

馬壹 270_9 欄

○箕翼軡

馬壹 91_271

○陳軡失計

銀壹 300

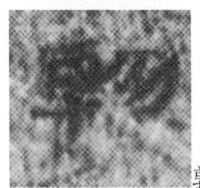

○息孫軡之於兵也

敦煌簡 2365

○柳張軡氏心

北壹・倉頡篇 60

○尾奎婁軡亢弘

北魏・元昭誌

北魏・封魔奴誌

○宸居以軫

北魏·尉氏誌

○瑶琴韜軫

北魏·慧靜誌

東魏·蕭正表誌

○王人接軫

北齊·傅華誌

○百乘接軫

北齊·庫狄業誌

○至於和鸞楊軫

【轐】

《說文》：轐，車伏兔也。从車菐聲。《周禮》曰："加軫與轐焉。"

【轘】

《說文》：轘，車伏兔下革也。从車𢠵聲。𢠵，古昏字。讀若閔。

【軸】

《說文》：軸，持輪也。从車由聲。

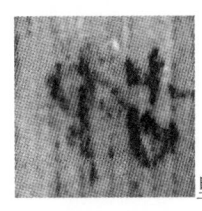

里·第八層1680

○木織軸四

金關T23∶768

○幾郭軸辟完

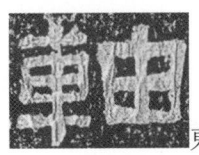

東漢·舉孝廉等字殘碑

○戈杼軸聲殫

北魏·穆紹誌

北魏·侯掌誌

東魏·蕭正表誌

○地軸成津

【輹】

《說文》：輹，車軸縛也。从車复聲。《易》曰："輿脫輹。"

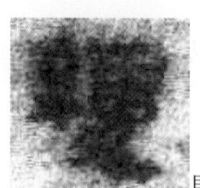

馬壹 3_11 上

○車說輹（綾）

【軔】

《説文》：軔，礙車也。从車刃聲。

北魏·高猛妻元瑛誌

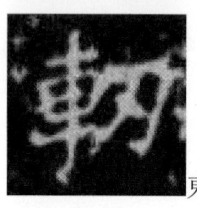

東魏·修孔子廟碑

【輮】

《説文》：輮，車軔也。从車柔聲。

【㷫】

《説文》：㷫，車輮規也。一曰一輪車。从車，熒省聲。讀若榮。

【轂】

《説文》：轂，輻所凑也。从車㱿聲。

睡·日甲《盜者》73

○人不轂（穀）要

里·第八層背 1246

○五轂口

馬壹 147_51/225 下

○同一轂

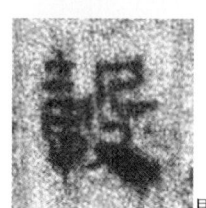

馬壹 45_65 上

○轂五百乘

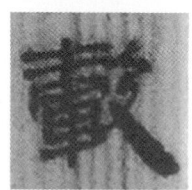

北貳·老子 148

○同一轂

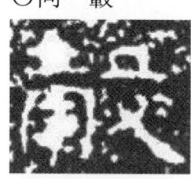

東漢·燕然山銘

○長轂四分

北魏·元項誌

○朱組丹轂

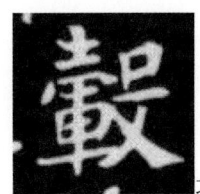

北魏·檀賓誌
○攀轂斷途

北魏·元寧誌
○瑤輪華轂

【輥】

《說文》：輥，轂齊等皃。从車昆聲。《周禮》曰："望其轂，欲其輥。"

【軝】

《說文》：軝，長轂之軝也，以朱約之。从車氐聲。《詩》曰："約軝錯衡。"

【鞦】

《說文》：鞦，軝或从革。

【軹】

《說文》：軹，車輪小穿也。从車只聲。

馬壹 89_233
○温軹高平

張·秩律 447
○軹楊

銀貳 1664
○軹（枳）諸

金關 T24:337
○內郡軹安昌里

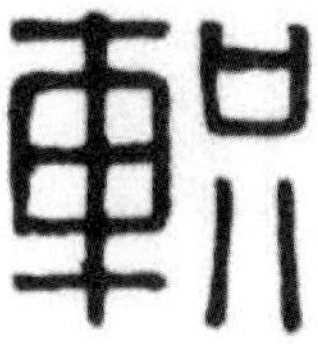

漢印文字徵

北齊·張忻誌

【軎】

《說文》：軎，車軸耑也。从車，象形。杜林說。

【轊】

《說文》：轊，軎或从彗。

【輻】

《說文》：輻，輪轑也。从車畐聲。

馬貳 90_445/435

○蝙輻（蝠）以荊

北貳・老子 148

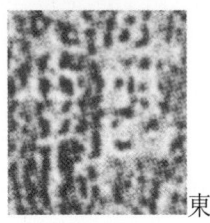

東漢・三公山碑

○投輻檀兮

北魏・元鑽遠誌

北齊・無量義經二

【轑】

《說文》：轑，蓋弓也。一曰輻也。从車尞聲。

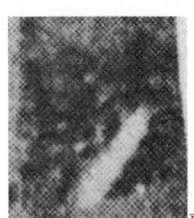

敦煌簡 2130

○轑鞞

東魏・廣陽元湛誌

○重轑無所隱其迹

【軑】

《說文》：軑，車輨也。从車大聲。

敦煌簡 0846B

○十錢軑食

廿世紀璽印三-GP

○軑侯家丞

漢晉南北朝印風

漢印文字徵

○軑矦之印

北魏・元端誌

○玉軑載途

北魏・元則誌

○結軑名駒

第十四卷

【輨】

《說文》：輨，轂端沓也。从車官聲。

北魏·弔比干文

北周·韋彪誌

漢印文字徵

漢印文字徵

○轅隆之印

大趙·王真保誌

○憲軒轅之裔

北魏·劉賢誌

○先出自軒轅皇帝

北魏·爾朱襲誌

○徑自輨轅

北魏·陸紹誌

○其先蓋軒轅之裔胄

【轅】

《說文》：轅，輈也。从車袁聲。

睡·秦律十八種 125

睡·法律答問 179

金關 T21:458

○轅一具

廿世紀璽印三-SP

北魏·辛穆誌

○及折轅告反

北魏·元端誌

○肅駕東轅

北魏·元暐誌

○西轅述職

北魏·叔孫協及妻誌

○其先軒轅皇帝之裔冑

北齊·吐谷渾靜媚誌

○世致攀轅之戀

【軜】

《說文》：軜，轅也。从車舟聲。

【䡍】

《說文》：䡍，籀文軜。

北齊·盧脩娥誌

○軜嘶白驥

【轐】

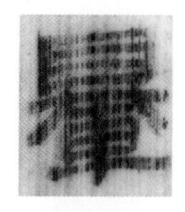

《說文》：轐，直轅車轐也。从車具聲。

北壹·倉頡篇 40

○再篝轐轒解

漢印文字徵

○轐延壽

【軏】

《說文》：軏，車轅耑持衡者。从車元聲。

【軛】

《說文》：軛，轅前也。从車厄聲。

【輂】

《說文》：輂，軛軜也。从車軍聲。

漢印文字徵

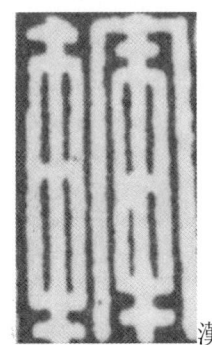

漢晉南北朝印風

【軥】

《說文》：軥，軶下曲者。从車句聲。

【轙】

《說文》：轙，車衡載轡者。从車義聲。

【钀】

《說文》：钀，轙或从金从獻。

里·第八層 2255

○亡不轙過程

【軜】

《說文》：軜，驂馬內轡繫軾前者。从車內聲。《詩》曰："渠以觼軜。"

北齊·張忻誌

○送車盈軜

【衝】

《說文》：衝，車搖也。从車从行。一曰衍省聲。

【𨊠】

《說文》：𨊠，韜車後登也。从車丞聲。讀若《易》"拚馬"之拚。

【載】

《說文》：載，乘也。从車𢦏聲。

睡·秦律十八種 125

獄·為吏 71

獄·猩敞案 47

第十四卷

里・第八層 1350

馬壹 111_12\363

馬貳 226_64

○犬載（戠）一器

張・徭律 411

○載具吏及宦皇

北貳・老子 145

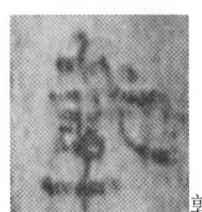

敦煌簡 1236A

○載十束葦爲期

金關 T07:115

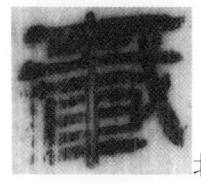

北壹・倉頡篇 6

○發傳約載趣邊

吳簡嘉禾・五・一九七

○唐載佃田十二町

廿世紀璽印三-GP

○載國大行

歷代印匋封泥

○載國大行

漢印文字徵

東漢・開母廟石闕銘

6528

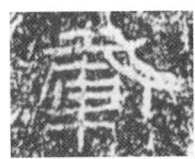

東漢・石門頌

○垂流億載

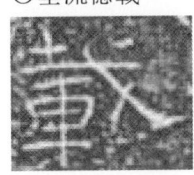

東漢・禮器碑

東漢・析里橋郙閣頌

○載乘爲下

東漢・景君碑

東漢・景君碑

東漢・曹全碑陽

西晉・臨辟雍碑

十六國北涼・沮渠安周造像

北魏・吐谷渾氏誌

北魏・韓顯宗誌

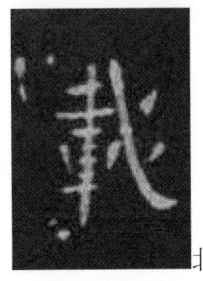

北魏・元彬誌

○寬恭形於立載

北魏・長孫瑱誌

○載生哲人

北魏・元廣誌

北魏・元誘誌

北魏・元洛神誌

東魏·閭叱地連誌

東魏·陸順華誌

北齊·高百年誌

北齊·石信誌

北齊·吳遷誌

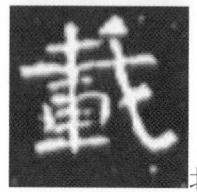

北周·崔宣默誌

○詎假詳而載焉

北周·賀屯植誌

○歷千載而彌隆

【軍】

《說文》：軍，圜圍也。四千人爲軍。从車，从包省。軍，兵車也。

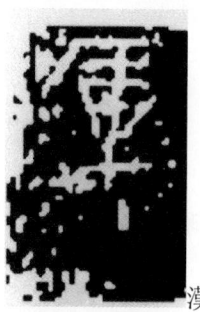

漢銘·下軍矛

漢銘·杜堅戈

漢銘·土軍侯高燭豆

睡·編年記 53

睡·秦律雜抄 8

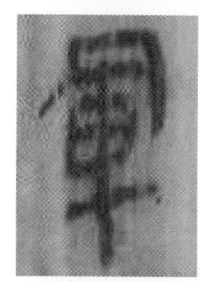

獄·學為偽書案 211

里·第五層背 4

○軍坆

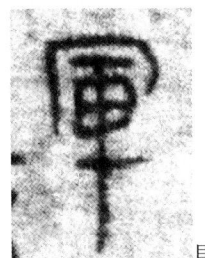

馬壹 91_274

馬壹 267_6

○以張軍戰鬬

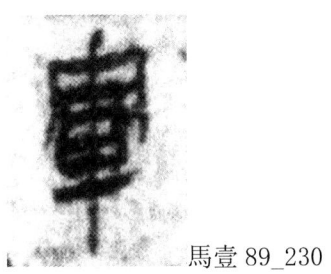

馬壹 89_230

張・奏讞書 40

張・奏讞書 40

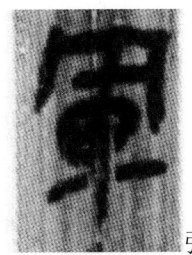

張・蓋廬 11

張・蓋廬 11

○凡軍之舉何

銀壹 435

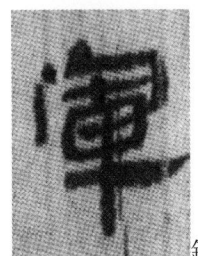

銀貳 1167

○軍失其常

北貳・老子 207

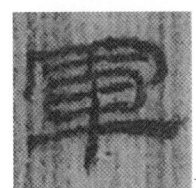

北貳・老子 35

敦煌簡 0047

○中軍募擇士

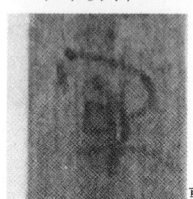

敦煌簡 0976

○騎將軍

金關 T05:068A

金關 T10:283

北壹・倉頡篇 48

○牴觸軍役

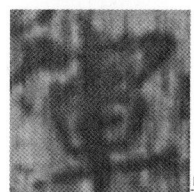

吳簡嘉禾・五・五八二

廿世紀璽印二-GP

歷代印匋封泥

秦代印風

廿世紀璽印三-SY

廿世紀璽印三-SP

漢晉南北朝印風

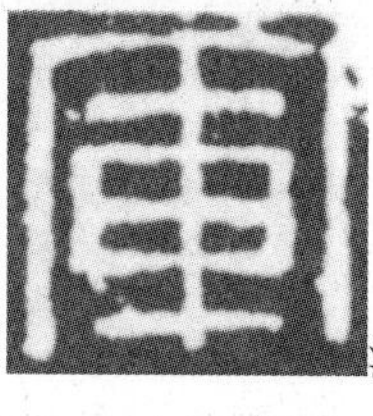

漢晉南北朝印風

第十四卷

漢晉南北朝印風

漢晉南北朝印風

漢晉南北朝印風

廿世紀璽印三-GY

漢晉南北朝印風

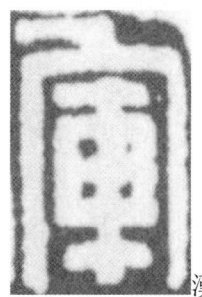

漢晉南北朝印風

漢晉南北朝印風

漢晉南北朝印風

廿世紀璽印三-GY

廿世紀璽印三-GY

廿世紀璽印三-GY

廿世紀璽印三-SY

廿世紀璽印三-GY

漢代官印選

漢代官印選

漢代官印選

漢代官印選

漢代官印選

漢代官印選

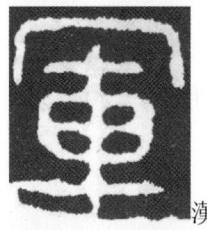

漢代官印選

漢代官印選

漢代官印選

歷代印匋封泥

歷代印匋封泥

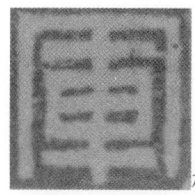

柿葉齋兩漢印萃

柿葉齋兩漢印萃

柿葉齋兩漢印萃

柿葉齋兩漢印萃

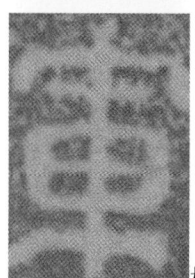

柿葉齋兩漢印萃

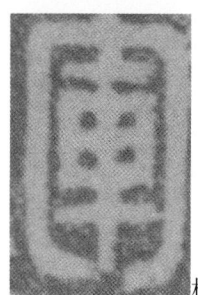

柿葉齋兩漢印萃

漢代官印選

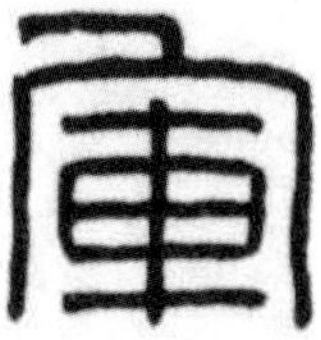

漢印文字徵

漢晉南北朝印風

廿世紀璽印四-GY

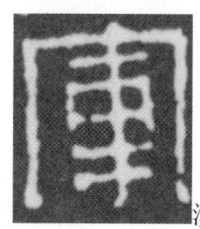

漢晉南北朝印風

漢晉南北朝印風

漢晉南北朝印風

漢晉南北朝印風

漢晉南北朝印風

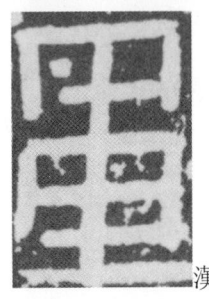

漢晉南北朝印風

漢晉南北朝印風

漢晉南北朝印風

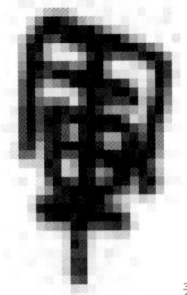

秦駰玉版

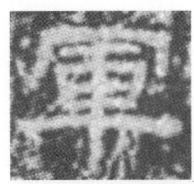

東漢・冠軍城石柱題名

東漢・賈仲武妻馬姜墓記

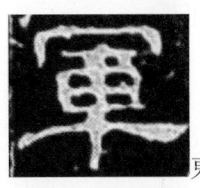

東漢・楊震碑

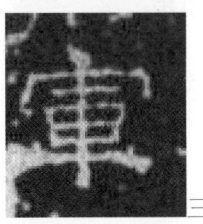

三國魏・上尊號碑

西晉・羊祜誌

東晉・張鎮誌

北魏・元天穆誌蓋

北魏・王蕃誌

東魏·李祈年誌

○建威將軍

東魏·叔孫固誌

東魏·崔令姿誌蓋

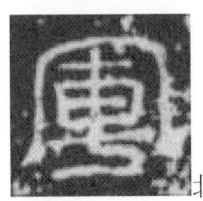

北齊·劉悅誌

北齊·韓裔誌

○青州諸軍事

北齊·元始宗誌蓋

北周·匹婁歡誌蓋

【軷】

《説文》：軷，出，將有事於道，必先告其神，立壇四通，樹茅以依神，爲軷。既祭軷，轢於牲而行，爲範軷。《詩》曰："取羝以軷。"从車犮聲。

【範】

《説文》：範，範軷也。从車，笵省聲。讀與犯同。

東漢·司馬芳殘碑額

○佐鄠縣周範

西晉·石尠誌

○陳世範

西晉·趙氾表

○誠世範之清模

北魏·元則誌

○樂安宣王範之曾孫

北魏·元朗誌

○樂安宣王範之孫

北魏·元尚之誌

〇曾祖樂安王範

北魏·馮會誌

〇太師以方雅範世

東魏·崔令姿誌

〇範儀永室

北齊·路衆及妻誌

〇汪乙軌範

北齊·婁黑女誌

〇抑揚前範

【轞】

《說文》：轞，載高皃。从車，獻省聲。

【轄】

《說文》：轄，車聲也。从車害聲。一曰轄，鍵也。

北魏·楊遁誌

〇樞轄之官

北魏·元珍誌

〇維轄萬邦

【轉】

《說文》：轉，運也。从車專聲。

睡·為吏3

里·第八層2010

〇日備轉除

馬壹92_295

馬貳 32_3 上

張・蓋盧 6

○轉橦（動）

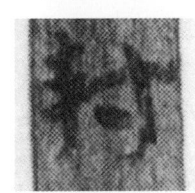

敦煌簡 0172

○卿貸轉已得

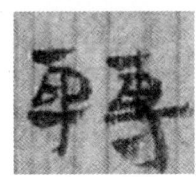

金關 T21:483

○先登卒高轉

廿世紀璽印二-SY

漢印文字徵

東漢・尚博殘碑

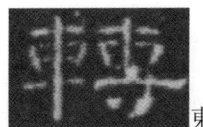

東漢・曹全碑陽

北魏・薛慧命誌

北魏・寇臻誌

北魏・元潛嬪耿氏誌

北魏・劉滋誌

○轉爲尚書左丞

北魏・王遺女誌

○轉當御細

北魏・張安姬誌

北魏·元項誌

東魏·司馬韶及妻侯氏誌

東魏·元玕誌

【輸】

《說文》：輸，委輸也。从車俞聲。

漢銘·建昭鴈足鐙二

漢銘·內者未央尚臥熏鑪

漢銘·乘輿缶

漢銘·內者未央尚臥熏鑪

睡·秦律十八種 86

睡·效律 49

里·第八層 2166

馬貳 214_27/128

〇府受輸而盈

張·奏讞書 181

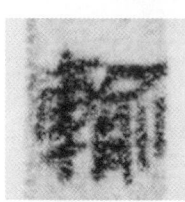

銀壹 410

敦煌簡 0619

〇轉粟輸嘉

金關 T30∶050

漢印文字徵

漢代官印選

○河南均輸長

詛楚文・亞駝

○競從變輸盟約

東漢・石門頌

北魏・爾朱紹誌

北魏・李超誌

【輈】

《說文》：輈，重也。从車周聲。

【輩】

《說文》：輩，若軍發車百兩爲一輩。从車非聲。

漢銘・東海宮司空盤

漢銘・元初二年鐖

張・奏讞書 140

○三輩

敦煌簡 0079

○獄三輩兵宜

金關 T23∶781

○書五輩

東漢·建寧三年殘碑

北魏·元悌誌

○獨出群輩者矣

北魏·郭顯誌

北齊·斛律昭男誌

【軋】

《説文》：軋，輾也。从車乙聲。

北魏·元瞻誌

○遊氛坱軋

【軬】

《説文》：軬，轢也。从車反聲。

【轢】

《説文》：轢，車所踐也。从車樂聲。

北魏·元順誌

○轥轢前脩

北魏·李璧誌

東魏·侯海誌

○陵轢俊乂者也

北齊·徐顯秀誌

○轢天衢以長邁

【軌】

《説文》：軌，車徹也。从車九聲。

戰晚或秦代·軌簋

馬貳32_3上

6542

武·甲《特牲》43

漢印文字徵

○程軌

東漢·夏承碑

○紹縱先軌

東漢·尹宙碑

○含純履軌

西晉·臨辟雍碑

北魏·元液誌

○滄州繼軌

北魏·元顯俊誌

○無不欲軌其操

北魏·元新成妃李氏誌

○遵雞鳴之鴻軌

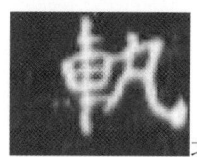

北魏·張宜誌

○行遵軌度

北魏·于纂誌

○姦軌革心

北魏·寇侃誌

○順陽太守軌

東魏·嵩陽寺碑

○方軌儀永室

東魏·崔鸒誌

○玄源殊軌

東魏·元賥誌

○才賢繼軌

北齊・高顯國妃敬氏誌

○遵其軌轍

北齊・獨孤思男誌

○衣纓繼軌

北齊・柴季蘭造像

○軌躅鬱曄

【軼】

《説文》：軼，車迹也。从車，失省聲。

【軼】

《説文》：軼，車相出也。从車失聲。

北魏・長孫盛誌

北魏・元維誌

○義軼龍墳

北齊・韓永義造像

○摩王歸軼

【轃】

《説文》：轃，車轃鈗也。从車眞聲。讀若《論語》"鏗爾，舍瑟而作"。又讀若掔。

北壹・倉頡篇40

○篝晨轃解絉

【輊】

《説文》：輊，抵也。从車執聲。

【輕】

《説文》：輕，車戾也。从車匡聲。

【輟】

《説文》：輟，車小缺復合者。从車叕聲。

北壹・倉頡篇15

○謍贛害輟感甄

北魏・元羽誌

【軇】

《説文》：軇，礙也。从車多聲。

【轂】

《説文》：轂，車轄相擊也。从車从㱿，㱿亦聲。《周禮》曰："舟輿擊互者。"

【篹】

《説文》：篹，治車軸也。从車算聲。

北壹·倉頡篇 40

○篹暈頓解

【軻】

《説文》：軻，接軸車也。从車可聲。

漢印文字徵

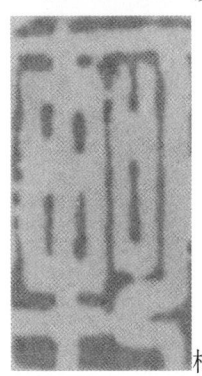

柿葉齋兩漢印萃

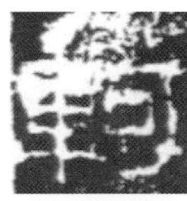

○顔軻

東漢·武氏前石室畫像題字

東漢·虔恭等字殘碑

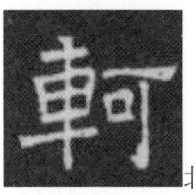

北齊·婁黑女誌

【轂】

《説文》：轂，車堅也。从車殼聲。

【軵】

《説文》：軵，反推車，令有所付也。从車从付。讀若胥。

馬貳 109_21/21

○蛩鄉軵者

張·亡律 157

○日軵數盈

張·引書 56

○而前軵手

漢印文字徵

○胡軵

漢印文字徵

【輪】

《說文》：輪，有輻曰輪，無輻曰輇。从車侖聲。

睡·秦律十八種 89

○大車輪葆繕參邪可

里·第八層 151

○輪益陽

馬壹 40_3 下

馬貳 35_23 下

銀壹 870

○濡輪之水

北壹·倉頡篇 63

○輪䩅叴柠

廿世紀璽印三-SY

○涅士輪

東漢·元嘉元年畫像石題記一

北魏·昭玄法師誌

北魏·秦洪誌

○朱輪於晉闕

北魏·元寧誌

北魏·元謐誌

北魏·孫秋生造像

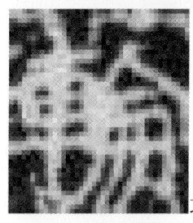

北齊·柴季蘭造像

北齊·石佛寺迦葉經碑

【輇】

《說文》：輇，蕃車下庳輪也。一曰無輻也。从車全聲。讀若饌。

馬貳32_16上

○希輇弱既短有欲

【輗】

《說文》：輗，大車轅耑持衡者。从車兒聲。

【軏】

《說文》：軏，輗或从兀。

【棿】

《說文》：棿，輗或从木。

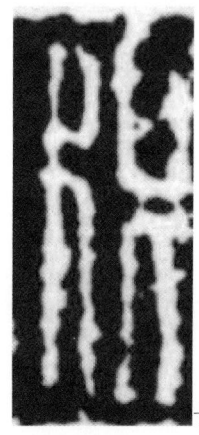

廿世紀璽印三-SY

○逢棿

【軝】

《說文》：軝，大車後也。从車氏聲。

【轃】

《說文》：轃，大車簀也。从車秦聲。讀若臻。

【轒】

《說文》：轒，淮陽名車穹隆轒。从車賁聲。

北齊·徐顯秀誌

【輓】

《說文》：輓，大車後壓也。从車宛聲。

【輂】

《説文》：輂，大車駕馬也。从車共聲。

【輂】

《説文》：輂，連車也。一曰却車抵堂爲輂。从車，差省聲。讀若遲。

銀壹 414

○陳（陬）輂車

【輦】

《説文》：輦，輓車也。从車，从㚘在車前引之。

漢銘·張君夫人馬

漢銘·張君後夫人馬

漢銘·張君前夫人馬

漢代官印選

東漢·禮器碑

○胡輦器用

北魏·元誨誌

北魏·元瞻誌

東魏·李挺誌

北齊·張海翼誌

【輓】

《說文》：輓，引之也。从車免聲。

金關 T23:484
○卒悉輓林下以丁未

漢印文字徵

【軖】

《說文》：軖，紡車也。一曰一輪車。从車㞷聲。讀若狂。

【轘】

《說文》：轘，車裂人也。从車睘聲。《春秋傳》曰："轘諸栗門。"

北魏·爾朱襲誌
○徑自轘轅

【斬】

《說文》：斬，截也。从車从斤。斬法車裂也。

睡·秦律十八種 156

睡·法律答問 126

睡·日甲《毀弃》109

關·病方 352

嶽·占夢書 43

馬壹 174_21 下

馬壹 104_47\216

馬貳 32_5 上

張・具律 88

張・奏讞書 158

銀壹 809

○人俱斬莫（暮）

敦煌簡 0983

金關 T01:093

武・儀禮甲《服傳》23

歷代印匋封泥

○斬丞之印

漢印文字徵

東漢・燕然山銘

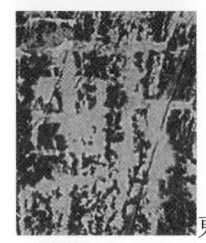

東漢・裴岑紀功碑

○斬馘部

三國魏・王基斷碑

三國魏・曹真殘碑

北魏・元龍誌

東魏・劉幼妃誌

【輀】

《説文》：輀，喪車也。从車而聲。

【輔】

《説文》：輔，人頰車也。从車甫聲。

漢銘・嘉至搖鍾

漢銘・建平鍾

漢銘・桂宮鴈足鐙

漢銘・建昭鴈足鐙一

漢銘・中宮鴈足鐙

關・病方 332
○輔車

馬壹 111_11\362
○法地輔臣

馬貳 33_2 下

張・蓋盧 5
○四輔及皮彼

北貳・老子 110

敦煌簡 1897
○功公輔之

敦煌簡 1057B
○長高輔字

金關 T21:439
○張輔年廿五

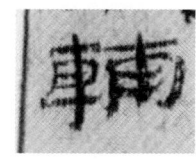

金關 T23:373

東牌樓042

○公涂輔白在外日久

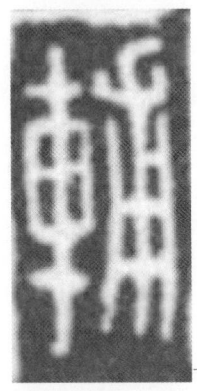

廿世紀璽印二-SY

秦代印風

廿世紀璽印三-SY

廿世紀璽印三-SY

○王輔漢印

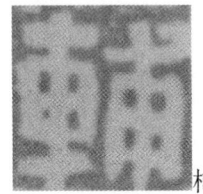

柿葉齋兩漢印萃

漢印文字徵

漢代官印選

漢印文字徵

漢印文字徵

漢印文字徵

漢晉南北朝印風

漢晉南北朝印風

漢晉南北朝印風

東漢・張遷碑陰

東漢・孔宙碑陰

北魏・穆亮誌

北魏・馮邕妻元氏誌

北魏・鞠彥雲誌

北魏・赫連悅誌

東魏・陸順華誌

【轟】

《說文》：轟，羣車聲也。從三車。

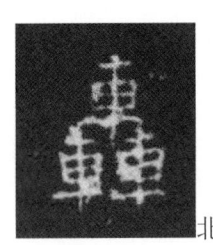

北齊・張思伯造浮圖記

【輚】

《說文》：輚，車名。從車孱聲。

【轔】

《說文》：轔，車聲。從車粦聲。

北魏・郭顯誌

東魏・叔孫固誌

東魏・李挺誌

【轍】

《說文》：轍，車迹也。從車，徹省聲。本通用徹，後人所加。

第十四卷

北魏・乞伏寶誌
○靡不當九逵而臥轍

北魏・元維誌
○龍軒止轍

北魏・王翊誌
○殊途共轍

北魏・穆彥誌
○珠輪結轍

北魏・元瞻誌
○輿臥轍而前車

北魏・元悅誌
○倚伏同轍

北魏・崔隆誌
○民如涸轍之魚

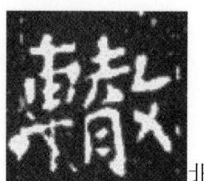

北齊・□弘誌
○恩深臥轍

〖軛〗

漢印文字徵
○軛脾之印

漢印文字徵
○軛少孺

〖軒〗

馬壹132_25上\102上
○盈亓（其）寺（志）軒亓（其）力

〖軔〗

漢印文字徵

6554

○軏印

漢印文字徵

○趙軏

漢印文字徵

〖軟〗

金關 T30:139

○ 軟弱毋辦護不

北齊·無量義經二

〖軲〗

睡·秦律十八種 125

馬貳 211_101

〖軮〗

廿世紀璽印三-GP

○軹鄉

〖軨〗

漢印文字徵

○軨陽之印

〖軠〗

里·第八層 1219

○上軠守丞敬敢告

〖軿〗

東漢·北海相景君碑陽

○宜參鼎軿

〖䡈〗

北齊·石䡈門銘

○造銅雀臺石䡈之門

〖軒〗

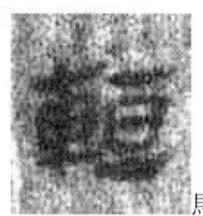

馬壹41_18上

○齊輨（桓）是也

〖鞄〗

漢印文字徵

○鞄印都私

〖輅〗

廿世紀璽印三-SP

○丁輅

〖較〗

北魏·元乂誌

○商較用捨

北齊·報德像碑

〖輈〗

張·引書99

○鳧沃以利首輈

〖輠〗

張·引書51

○夾脊力輠以印（仰）極之

〖輛〗

北魏·劉氏誌

○百輛于歸

〖轏〗

馬貳65_5/76

○砭轏（淺）謂上

〖輠〗

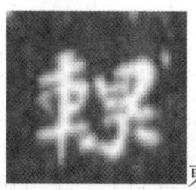

東魏·崔混誌

○術窮炙輠

第十四卷

6556

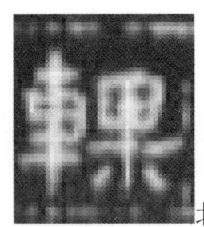

北齊·高潤誌

〖䡅〗

北涼·沮渠安周造像

○䡅日月於方寸

〖轃〗

北魏·元鑽遠誌

〖輑〗

秦文字編1965

〖輰〗

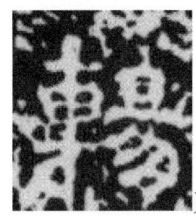

東魏·員光造像

〖輴〗

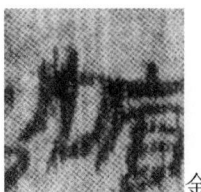

金關 T30:113

○輴一

北魏·和醜仁誌

○羨道迴輴

北魏·元融誌

○徐輴而反

北魏·元煥誌

○堂啓龍輴

北周·王德衡誌

○移輴筮曰

北周·須蜜多誌

〖𨍴〗

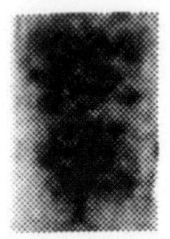

秦文字編 1965

〖輎〗

睡・秦律十八種 125
○虞（虘）用輎（膈）

〖轎〗

獄・癸瑣案 18
○柳轎

秦代印風
○楊轎

〖轁〗

東漢・夏承碑
○轁軒六轡

北魏・公孫猗誌
○君乘轁出守

〖轠〗

北魏・元澄妃誌
○轠旐孤返

東魏・馮令華誌

東魏・盧貴蘭誌
○靈轠夕進

東魏・叔孫固誌
○鬼峨龍轠

東魏・趙紹誌
○莘轠已轉

北齊・趙熾誌
○月照龍轠

〖轤〗

北齊·堯峻誌

○轞送晉陽

【轈】

馬壹 12_68 下

○棟轈（隆）吉有它閵（吝）

馬壹 11_68 上

○過棟轈（隆）利有攸往

【轥】

北魏·元順誌

○轥轆前脩

【䡞】

漢印文字徵

○䡞最衆

自部

【自】

《說文》：𠂤，小𠂤也。象形。凡𠂤之屬皆从𠂤。

東漢·王子移葬誌

○東嶽之𠂤（自）

【𠂤】

《說文》：𠂤，危高也。从𠂤中聲。讀若臬。

【官】

《說文》：官，史，事君也。从宀从𠂤。𠂤猶眾也。此與師同意。

戰晚·邵宮和

邵宮盉·秦銅圖版 194

戰晚·三年詔事鼎

第十四卷

戰晚・卅六年私官鼎

○私官

戰晚・二十六年蜀守武戈

○蜀守

漢銘・河東鼎

漢銘・椒林明堂銅錠三

漢銘・食官匜

漢銘・廣陵服食官釘二

漢銘・私官鼎

睡・秦律十八種 17

睡・為吏 8

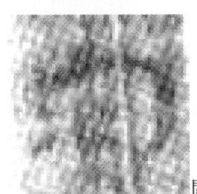

○城郭官府

關・曆譜 16

○治鐵官

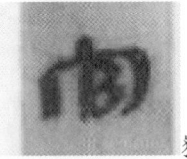

獄・為吏 30

獄・魏盜案 162

里・第八層 569

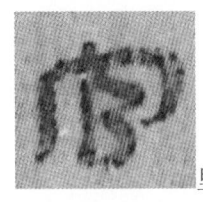

里・第八層 143

馬壹 247_5 下

6560

馬貳 7_9 下\19

張・戶律 318

銀壹 635

銀貳 1863

北貳・老子 197

敦煌簡 2103

○對曰官

敦煌簡 2247

○國受官隧長

金關 T21:036

武・甲《燕禮》1

武・王杖 5

東牌樓 075 背

○皆官史

吳簡嘉禾・四・四五三

○鄧官佃田六町

秦代印風

○西宮中官

秦代印風

秦代印風

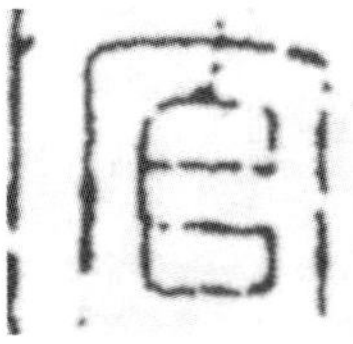

歷代印匋封泥

秦代印風

歷代印匋封泥

廿世紀璽印三-GP

秦代印風

歷代印匋封泥

歷代印匋封泥

歷代印匋封泥

秦代印風

〇上官殿印

廿世紀璽印三-GP

漢晉南北朝印風

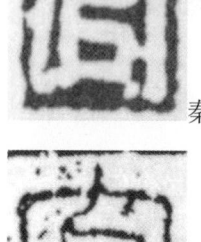

漢晉南北朝印風

〇畜官

廿世紀璽印三-GP

廿世紀璽印三-GP

漢晉南北朝印風

漢晉南北朝印風

廿世紀璽印三-SY

漢晉南北朝印風

廿世紀璽印三-GY

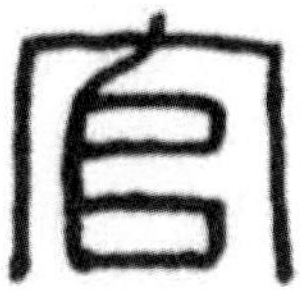

漢印文字徵

漢印文字徵

漢印文字徵

柿葉齋兩漢印萃

漢印文字徵

歷代印匋封泥

歷代印匋封泥

漢印文字徵

歷代印匋封泥

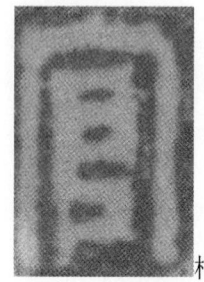

柿葉齋兩漢印萃
〇五官中郎將印
漢代官印選 
漢代官印選 
漢晉南北朝印風 
漢晉南北朝印風 
漢晉南北朝印風 

漢晉南北朝印風
漢晉南北朝印風 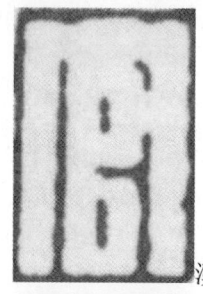
東漢・禮器碑 
東漢・倉頡廟碑側 
東漢・鮮于璜碑陰 
東漢・夏承碑 
東漢・開通褒斜道摩崖刻石 
北魏・張正子父母鎮石

北魏·元譓誌

○歷官羽林監直閤將軍

北齊·赫連子悅誌

自部

【自】

《說文》：自，大陸，山無石者。象形。凡自之屬皆从自。

【𨸏】

《說文》：𨸏，古文。

東牌樓 155 背

○阜隧

廿世紀璽印三-GP

漢印文字徵

漢印文字徵

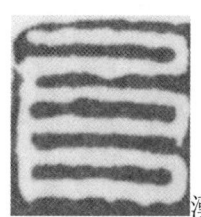

漢晉南北朝印風

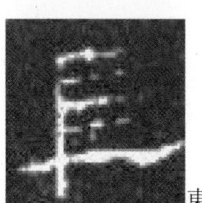

東漢·東漢·魯峻碑陽

○門生河間阜成東鄉恭公□二百

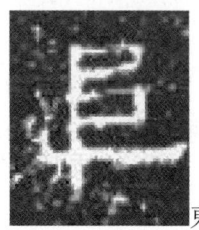

東漢·東漢·魯峻碑陽

○門生河間阜成東鄉晨子□二百

北魏·楊侃誌

○逶迤山阜

6565

北魏·縱光姬誌

○芒芒川阜

東魏·修孔子廟碑

○遂軔車曲阜

東魏·廣陽元湛誌

○邙阜臨北

北齊·斛律氏誌

○袁楊剋阜

北齊·徐顯秀誌

○舒旌旆於芒阜

北齊·婁叡誌

○黔黎以之康阜

【陵】

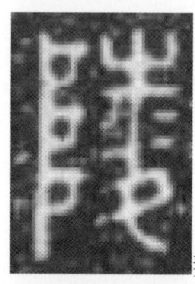

《說文》：陵，大阜也。从阜夌聲。

戰晚·高陵君鼎

○高陵君丞

秦代·陽陵虎符

漢銘·南陵鍾

漢銘·廣陵服食官釭二

漢銘·陶陵鼎二

漢銘·陶陵鼎二

漢銘·陶陵鼎一

6566

漢銘・螯厔鼎

漢銘・安陵鼎蓋

漢銘・雲陽鼎

睡・為吏15

獄・質日2729

○起江陵辛丑

獄・質日3460

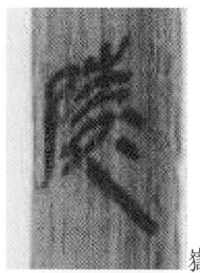

獄・猩敞案44

里・第六層19

里・第六層4

○遷陵守丞

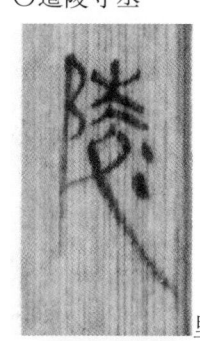

里・第八層1553

里・第八層12

里・第八層背133

○遷陵守丞

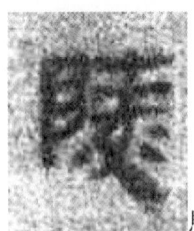

馬壹 14_86 下

馬壹 85_125

○得平陵顥

馬貳 32_6 上

○登於陵良

張·秩律 449

張·盇盧 12

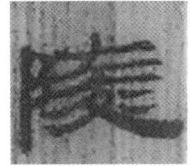

北貳·老子 35

○陵行不避眾

敦煌簡 1809

金關 T01：120

○常陽陵□

武·王杖 7

○南西陵縣昌里

武·柩銘考釋 2

○平陵敬事里

東牌樓 160 正

○醴陵

北壹·倉頡篇 4

吳簡嘉禾·四·一七

○逢陵田十町

歷代印匋封泥

○陳□陵□皿□

廿世紀璽印三-GP

○廷陵丞印

秦代印風

○啟陵

廿世紀璽印三-GY

○高陵右尉

秦代印風

○高陵右尉

歷代印匋封泥

○壽陵丞印

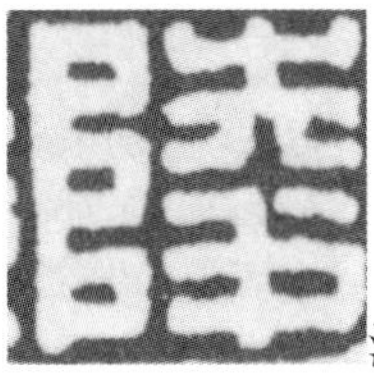

漢晉南北朝印風

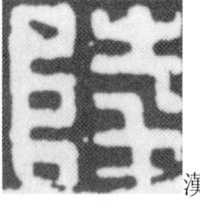

漢晉南北朝印風

○武陵守丞

漢晉南北朝印風

漢晉南北朝印風

○蘭陵左尉

廿世紀璽印三-GY

○廣陵宦謁

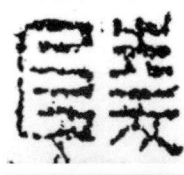

廿世紀璽印三-GP

廿世紀璽印三-GY

○遷陵候印

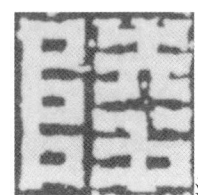

漢晉南北朝印風

第十四卷

廿世紀璽印三-GY

歷代印匋封泥

○霸陵氏瓴

漢印文字徵

漢印文字徵

○馮奉陵

漢代官印選

漢代官印選

○平陵侯印

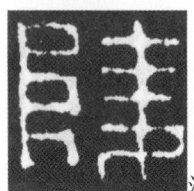

漢代官印選

○高陵侯印

漢印文字徵

○蘭陵左尉

漢印文字徵

漢代官印選

歷代印匋封泥

○樂陵丞印

歷代印匋封泥

○定陵邑印

歷代印匋封泥

○州陵長印

歷代印匋封泥

○召陵令印

6570

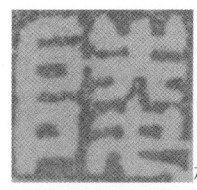

柿葉齋兩漢印萃

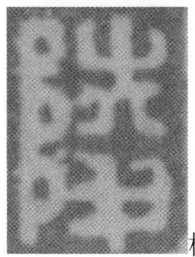

柿葉齋兩漢印萃

○金陵男典書丞

漢印文字徵

廿世紀璽印四-GY

○零陵太守章

漢晉南北朝印風

漢晉南北朝印風

○延陵徹

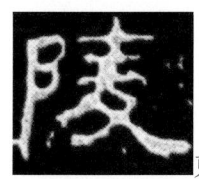

東漢・楊震碑

○陪陵京師

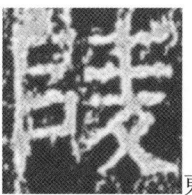

東漢・北海相景君碑陰

○故門下書佐營陵孫榮

西晉・司馬馗妻誌

○皇考太常戴侯陵王孝慕罔極

北魏・元始和誌

○遷葬西陵之北崗

北魏・元遥妻梁氏誌

○合葬儀同陵

北魏・元璨誌

北魏・于仙姬誌

○葬於西陵

北魏・元子正誌

北齊•斛律氏誌蓋

北周•寇胤哲誌

○陵谷遷移

【䧢】

《說文》：䧢，大阜也。从𨸏鯀聲。

【阞】

《說文》：阞，地理也。从𨸏力聲。

【陰】

《說文》：陰，闇也。水之南、山之北也。从𨸏侌聲。

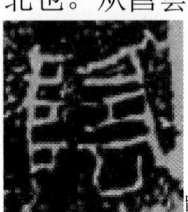

戰晚•雕陰鼎

○㒸陰

漢銘•汝陰侯鼎

漢銘•大吉田器

漢銘•勮陽陰城胡傅溫酒樽

漢銘•汝陰侯鼎

漢銘•河陰戈

獄•質日 2730

○辰宿陰婁

里•第八層 161

○潁陰

馬壹 258_1 上\27 上

○囗月陰從丑逆行

馬壹 124_41 上

○逆陰陽之命

6572

第十四卷

馬壹 82_58
○王之陰知之而毋有

馬壹 13_88 上
○鶴在陰

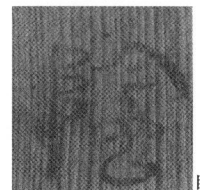

馬貳 295_3
○熬陰（鶴）鶉笱

馬貳 211_97
○蔥（聰）明（明）接（椄）陰之道

張・秩律 451
○汾陰

張・蓋盧 18
○于陰以攻其耳

張・脈書 47
○少陰之脈

張・引書 33
○引陰漬產（顏）

銀貳 1659
○最陰者龜蛟鼈也

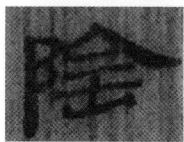

北貳・老子 16
○負陰抱陽

敦煌簡 0063
○陰雨獨不見故

金關 T08:035
○鶉陰

金關 T24:275A
○□冀陰利里

北壹・倉頡篇 60

秦代印風

○陰欸

廿世紀璽印三-GP

歷代印匋封泥

秦代印風

秦代印風

○樂陰右尉

秦代印風

○陰秦

廿世紀璽印三-GP

廿世紀璽印三-GP

廿世紀璽印三-SY

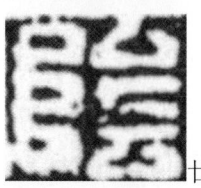

廿世紀璽印三-SY

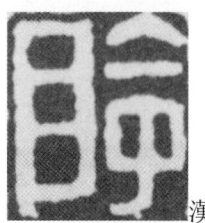

漢晉南北朝印風

○陰明里

歷代印匋封泥

歷代印匋封泥

歷代印匋封泥

漢代官印選

漢印文字徵

○共印子陰

漢代官印選

漢印文字徵

漢印文字徵

○陰據私印

漢印文字徵

○陰茲之印

漢印文字徵

○陰博

漢印文字徵

○陰芒

漢印文字徵

○陰係

漢印文字徵

漢晉南北朝印風
○陰丹印

漢晉南北朝印風
○陰德

漢晉南北朝印風
○試守陰密令印

石鼓・鑾車

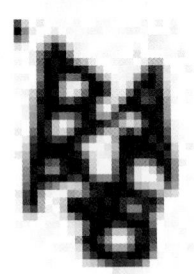

秦駰玉版

東漢・司徒袁安碑

東漢・蕩陰里等字殘石

西晉・荀岳誌

北魏・元馗誌
○卒於華陰

北魏・張玄誌
○君稟陰陽之純

北魏・元彌誌
○君祐緒岐陰

北魏・薛慧命誌
○河東汾陰人也

北魏·崔隆誌

北魏·元濬嬪耿氏誌

○陰蘀落英

北齊·徐顯秀誌

北齊·雲榮誌

北周·尉遲將男誌

○窮陰戒節

北周·李府君妻祖氏誌

○寸陰易酉

【陽】

《說文》：陽，高、明也。从𨸏昜聲。

戰晚·二年宜陽戈一

○宜陽戈

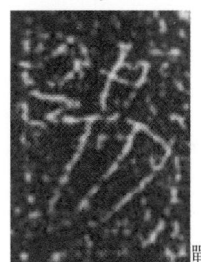

戰晚或秦代·咸陽鼎

○咸陽

戰晚或秦代·桃陽鼎

戰中·四年相邦樛斿戈

戰晚·卅年詔事戈

秦代·陽陵虎符

秦代·咸陽亭半兩銅權

○咸陽

漢銘·朝陽少君鍾

漢銘·陽信家銅鍾

漢銘·扶侯鍾

漢銘·陽嘉四年洗

漢銘·陽平頃侯石鼎

漢銘·陽周食鼎

漢銘·昆陽乘輿銅鼎

漢銘·雎平陽宮鼎

漢銘·晉陽鈁

漢銘·範陽侯壺

漢銘·成山宮渠斗

漢銘·勮陽陰城胡傅溫酒樽

漢銘·陽信溫酒樽

漢銘·山陽邸鐙

漢銘·陽遂洗

漢銘・洛陽市平器

漢銘・杜陽虎符

漢銘・大吉利熨斗

漢銘・陽信家常臥銅溫手鑪

漢銘・陽信家銅提鏈鑪

漢銘・陽泉熏鑪

漢銘・陽信家溫酒器一

漢銘・建昭鴈足鐙一

漢銘・漢安平陽侯洗

漢銘・平陽家高鐙

漢銘・池陽宮行鐙

漢銘・雒陽勺

漢銘・光和斛一

漢銘・上林銅鑒八

漢銘・上林銅鑒三

漢銘・第七平陽鼎

漢銘・熒陽宮小口鐙

漢銘・上林鼎一

漢銘・美陽鼎

漢銘・美陽高泉宮鼎蓋

漢銘・熒陽鼎

漢銘・陽信家銅二斗鼎

漢銘・酈偏鼎

漢銘・雲陽鼎

漢銘・雲陽鼎

睡・效律 38

睡・法律答問 163

睡・為吏 15

獄・質日 352

獄・猩敞案 48

里・第六層 11

里・第八層 105

里・第八層 2117

馬壹 36_24 上

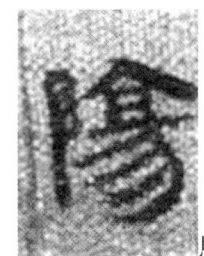

馬壹 178_69 下

馬壹 178_68 下

馬壹 81_35

馬貳 33_2 下

張・秩律 448

張・奏讞書 116

張·蓋盧 26
張·脈書 25 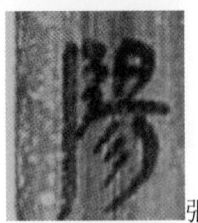
張·引書 92 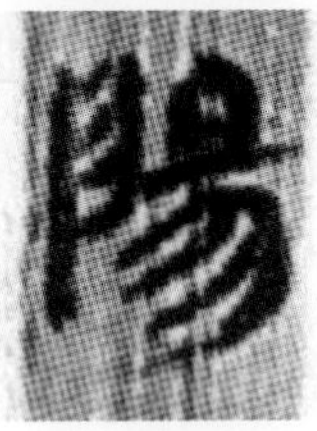
銀貳 1675 
北貳·老子 16 
敦煌簡 1894 
金關 T30∶003 
金關 T06∶150 

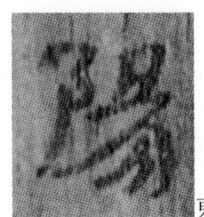

東牌樓 117 背
北壹·倉頡篇 60 
吳簡嘉禾·五·一三八
廿世紀璽印二-SP 
歷代印匋封泥 
廿世紀璽印二-SY 
廿世紀璽印二-SP 

○宜陽工昌

廿世紀璽印二-SP

秦代印風

歷代印匋封泥
〇美陽工倉

歷代印匋封泥

歷代印匋封泥

歷代印匋封泥

廿世紀璽印三-GP
〇彭陽丞印

秦代印風
〇苢陽少內

秦代印風

秦代印風

廿世紀璽印三-SY
〇郭陽

秦代印風
〇陽□

秦代印風

第十四卷

漢晉南北朝印風

廿世紀璽印三-GY

廿世紀璽印三-GY

廿世紀璽印三-GY

廿世紀璽印三-GP

廿世紀璽印三-SY

歷代印匋封泥

漢晉南北朝印風

〇魯陽右尉

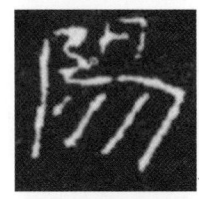

廿世紀璽印三-GY

漢晉南北朝印風

〇安陽鄉印

漢晉南北朝印風

漢印文字徵

漢代官印選

6584

漢代官印選

漢代官印選

○陽翟邑令

漢印文字徵

漢印文字徵

漢代官印選

○順陽長印

漢印文字徵

漢印文字徵

漢印文字徵

漢印文字徵

○滜于陽印

漢印文字徵

柿葉齋兩漢印萃

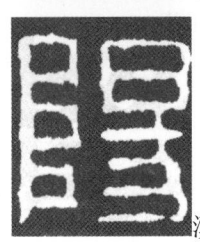

漢代官印選

○平陽侯印

歷代印匋封泥

柿葉齋兩漢印萃

○鄳阳宰之印

柿葉齋兩漢印萃

柿葉齋兩漢印萃

柿葉齋兩漢印萃

歷代印匋封泥

歷代印匋封泥

漢印文字徵

歷代印匋封泥

漢晉南北朝印風

漢晉南北朝印風

漢晉南北朝印風

漢晉南北朝印風

漢晉南北朝印風

○汝陽令印

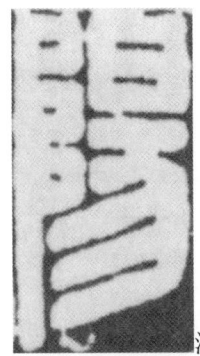

漢晉南北朝印風

秦公大墓石磬

石鼓・霝雨

秦駰玉版

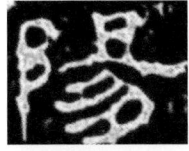

東漢・楊震碑

東漢・張遷碑陽

東漢・李昭碑

西晉・石尠誌

北魏・元繼誌蓋

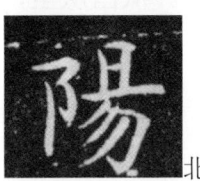

北魏・元理誌

北魏・元融誌

北魏・元昉誌

東魏・崔令姿誌蓋

北周・叱羅協誌蓋

○南陽公墓誌

南朝宋·宋乞誌

南朝宋·劉懷民誌

【陸】

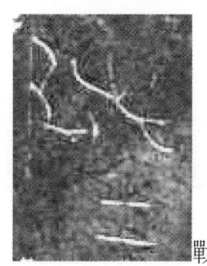

《説文》：陸，高平地。从𨸏从坴，坴亦聲。

【𨽰】

《説文》：𨽰，籀文陸。

戰晚或秦代·元年上郡假守暨戈
○平陸

戰晚·十四年口平匽氏戟
○平陸

嶽·質日 3419

馬壹 13_87 上

張·秩律 452

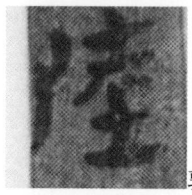

敦煌簡 0067

金關 T24:550

○東平陸合里

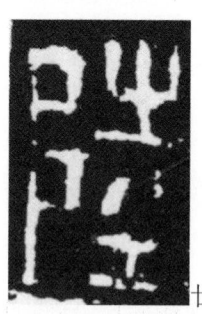

廿世紀璽印二-GP

秦代印風

漢晉南北朝印風

漢代官印選

廿世紀璽印三-GY

○陸梁尉印

漢印文字徵

○陸延國

歷代印匋封泥

歷代印匋封泥

漢晉南北朝印風

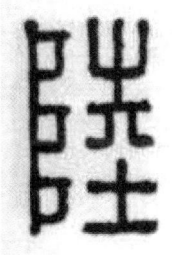

漢印文字徵

漢印文字徵

漢印文字徵

漢晉南北朝印風

○高陸令印

柿葉齋兩漢印萃

東漢·禮器碑陰

○故下邳令東平陸王

東漢・孔宙碑陰
○弟子北海劇陸遷

東漢・衛尉卿衡方碑

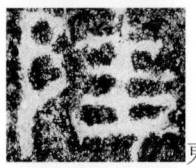

東漢・任城王墓黃腸石
○平陸孫少尺

三國魏・曹真殘碑

北魏・邢偉誌

北魏・元進誌

北魏・李媛華誌
○陸離組珮

北魏・郭顯誌
○勳同博陸

北魏・寇治誌

北魏・元固誌

【阿】

《説文》：阿，大陵也。一曰曲𨸏也。从𨸏可聲。

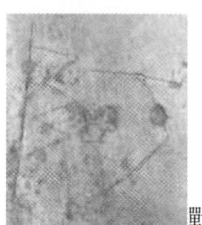

戰晚・三十二年相邦冉戈
○延行延阿

漢銘・東阿宮鈁

漢銘・張君郎君馬

漢銘・祝阿侯鍾

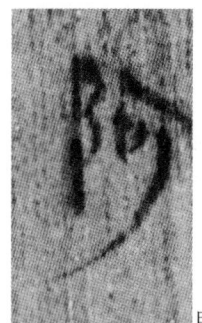

里・第八層 219

馬壹 81_33

馬壹 78_94

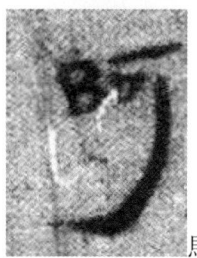

馬貳 33_6 下

○海之阿

張・秩律 454

敦煌簡 0703B

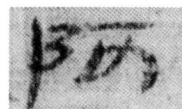

金關 T25:007A

○溫夕阿里

北壹・倉頡篇 61

廿世紀璽印三-GP

歷代印匋封泥

廿世紀璽印三-SP

漢代官印選

漢印文字徵

歷代印匋封泥

東漢・阿貴造陰宅磚

東漢・石門頌

西晉・石尠誌

東晉・高句麗好太王碑

北魏・高伏德造像

北魏・王遺女誌

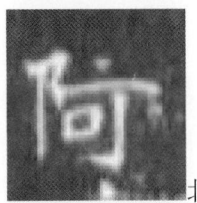

北魏・元龍誌

東魏・□連阿妃磚銘

○張氏妻□連阿妃銘記

北齊・嚴□順兄弟造像

【陂】

《說文》：𨸏，阪也。一曰沱也。从𨸏皮聲。

北壹・倉頡篇57

○陂池溝洫

北魏・塔基石函銘刻

【阪】

《說文》：𨸏，坡者曰阪。一曰澤障。一曰山脅也。从𨸏反聲。

睡・日甲《盜者》76

東牌樓007

○阪□

北壹・倉頡篇4

石鼓・作原

北齊・邢多等造像

○尚致阪泉之師

【陬】

《説文》：陬，阪隅也。从𨸏取聲。

金關 T24:733

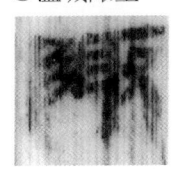

○溫城陬里

北壹・倉頡篇 76

漢印文字徵

漢印文字徵

晉・鄭舒妻劉氏殘誌

○城陽黔陬劉氏

北周・崔宣靖誌

○龍集菁陬

【隅】

《説文》：隅，陬也。从𨸏禺聲。

睡・日甲《詰》40

睡・日甲《詰》25

馬壹 259_9 下\25 下

馬壹 173_28 上

○丁月立（位）隅中南方

銀壹 801

○樓及隅爲一

北貳・老子 14

敦煌簡 1409A

○文莫隅

武・甲《特牲》46

第十四卷

歷代印匋封泥

柿葉齋兩漢印萃

漢印文字徵

東漢·開母廟石闕銘

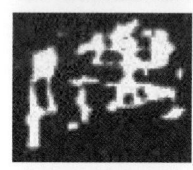

東漢·東漢·婁壽碑陽

北魏·元乂誌

北魏·元暐誌

北魏·元舉誌

北周·王榮及妻誌

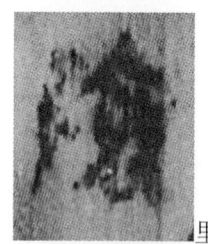

【隒】

《說文》：隒，阻，難也。从𨸏僉聲。

睡·日甲《盜者》75

里·第八層 51

馬壹 126_59 上

銀壹 325

銀貳 1223

6594

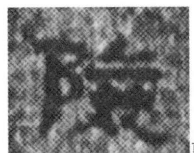

敦煌簡 1780
○依阻險堅辟壘

東牌樓 031 背
○汝南□險

北壹・倉頡篇 4

漢印文字徵

東漢・西狹頌
○君踐其險

北魏・長孫盛誌
○著自夷險

【限】

《說文》：限，阻也。一曰門榍。从

自艮聲。

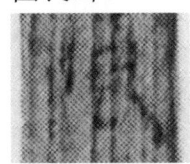

敦煌簡 0411
○爲限何不敕

吳簡嘉禾・四・五〇六

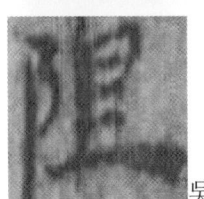

吳簡嘉禾・五・四三〇
○年常限其十畝

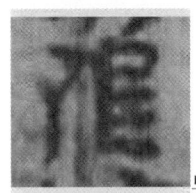

吳簡嘉禾・四・六七
○年常限其廿畝

吳簡嘉禾・五・一〇六〇
○年常限其十三畝

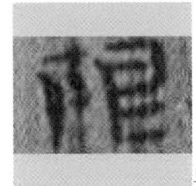

吳簡嘉禾・五・一〇
○皆常限其四畝

三國魏・曹真殘碑

北魏·元潛嬪耿氏誌

北齊·嶧山摩崖

【阻】

《說文》：阻，險也。从𨸏且聲。

銀貳 1575
○歛（險）阻

敦煌簡 1780
○依阻險堅辟壘

東漢·北海太守爲盧氏婦刻石

西晉·趙氾表

北魏·元壽安誌

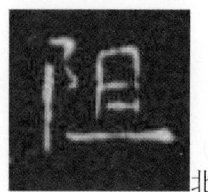

北魏·元子直誌

【陮】

《說文》：陮，陮隗，高也。从𨸏隹聲。

【隗】

《說文》：隗，陮隗也。从𨸏鬼聲。

秦代印風

秦代印風

秦代印風

秦代印風
○張隗

廿世紀璽印三-SY

漢印文字徵

漢印文字徵

漢印文字徵

漢印文字徵

漢印文字徵

漢印文字徵

○王隗印信

漢印文字徵

漢晉南北朝印風

○蘇隗

漢晉南北朝印風

○隗定之印

東漢・馮緄碑
○荊州刺史李隗

東魏・張滿誌
○既等隗嚚

北齊・高潤誌
○恩踰隗始

【阭】

《說文》：𨸎，高也。一曰石也。从𨸏允聲。

【陚】

《說文》：𨺡，磊也。从𨸏巫聲。

【陗】

《說文》：𨹠，陵也。从𨸏肖聲。

【陖】

《說文》：𨽴，陗高也。从𨸏夋聲。

【隥】

《說文》：𨻰，仰也。从𨸏登聲。

【陋】

《說文》：𨹈，阸陝也。从𨸏㔷聲。

東漢・柳敏碑
○固窮守陋

東漢・三公山碑
○戍陵側陋

東漢・郎中鄭固碑
○於蔑陋

北魏・囗伯超誌
○側陋名囗

東魏・蕭正表誌

【陝】

《說文》：𨸹，隘也。从𨸏夾聲。

戰晚・三十四年蜀守戈
○成十邛陝

銀壹 158

○割田陕（狹）其

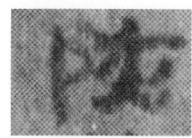

敦煌簡 0829A

○陕業丘里

金關 T29∶098

○埒埤陕小

【陟】

《說文》：陟，登也。从𨸏从步。

【𨼒】

《說文》：𨼒，古文陟。

東漢·景君碑

○諱陟字伯曼

東漢·孔宙碑陽

○乃共陟名山

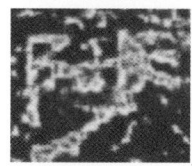

東漢·桐柏淮源廟碑

○陟彼高岡

三國魏·三體石經尚書·隸書

○殷禮陟配天

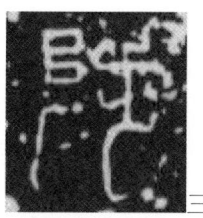

三國魏·三體石經尚書·篆文

○殷禮陟配天

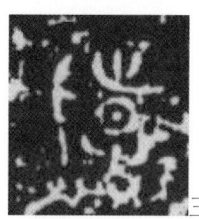

三國魏·三體石經尚書·古文

○殷豐（禮）陟配天

北魏·元固誌

○陟彼雲梯

北魏·寇猛誌

○質邁伊陟

【陷】

《說文》：陷，高下也。一曰陊也。从𨸏从臽，臽亦聲。

睡·秦律雜抄 35

6599

獄・為吏 74

○橋陷弗爲行

銀貳 1577

敦煌簡 1982

○陷堅

北壹・倉頡篇 29

漢晉南北朝印風

漢晉南北朝印風

漢晉南北朝印風

漢印文字徵

○陷陳司馬

漢印文字徵

漢印文字徵

漢晉南北朝印風

東漢・樊敏碑

○陷附者衆

西晉・趙氾表

北魏・元融誌

○復梁城已陷之郛

北齊・徐顯秀誌

○無不陷敵

【隰】

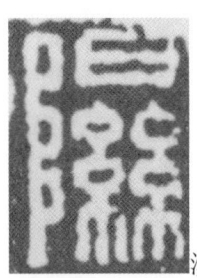

《說文》：隰，阪下溼也。从阜㬎聲。

漢晉南北朝印風

北魏・元邵誌

北魏・公孫猗誌

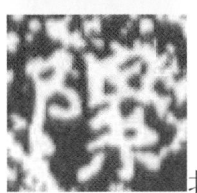

北魏・鄭羲下碑

○原隰斯廣

【𨸚】

《說文》：𨸚，敞也。从阜區聲。

【隤】

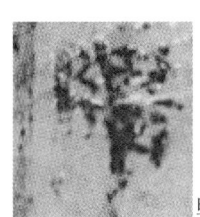

《說文》：隤，下隊也。从阜貴聲。

里・第八層 75

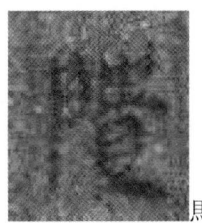

○膻隤有令

馬貳 98_15

○丈夫隤山（疝）婦

張・徭律 414

敦煌簡 1392A

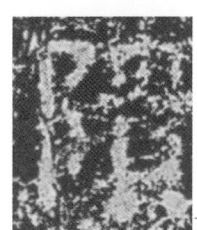

○上刻券隤

東漢・析里橋郙閣頌

○遭遇隤納

北魏・元誨誌

北魏・寇霄誌

○痛道範之速隤

【隊】

《說文》：隊，從高隊也。从阜㒸聲。

秦文字編 1992

戰晚·新鄭虎符

敦煌簡 0006B
○隊長

金關 T30：189
○廣谷隊長

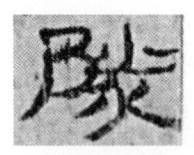

金關 T08：093
○滅虜隊卒張湯

北魏·長孫忻誌

【降】

《說文》：𨽹，下也。从𨸏夅聲。

獄·尸等案 38

馬壹 121_10 下

張·賊律 1
○反降諸侯及守乘

張·賊律 1
○反降諸侯及守乘

張·奏讞書 9

銀貳 1139

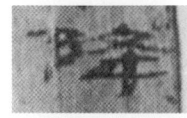

敦煌簡 0983

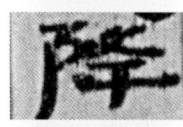

金關 T06：055

武·儀禮甲《士相見之禮》14

武•儀禮甲《服傳》29

武•甲《特牲》30

武•甲《有司》19

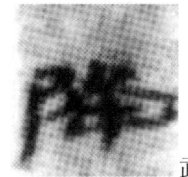

武•甲《泰射》25

魏晉殘紙

廿世紀璽印二-SP

歷代印匋封泥

漢晉南北朝印風

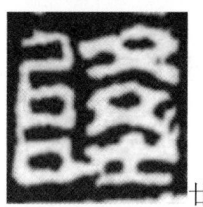

廿世紀璽印三-SY

○王降私印

漢晉南北朝印風

○得降郿胡侯

漢印文字徵

漢印文字徵

漢印文字徵

東漢•成陽靈臺碑

東漢・曹全碑陽

東漢・熹平殘石

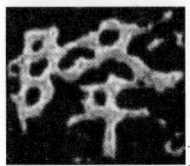

東漢・楊震碑

東漢・開母廟石闕銘
○興雲降雨

北魏・元琡誌
○君降年不永

北魏・元楨誌

北魏・穆亮誌

北魏・元誘妻馮氏誌
○降年弗永

北魏・康健誌
○降及於公

北魏・王溫誌

北魏・元寶月誌
○天祇降祉

北魏・王誦妻元妃誌
○天祇降祉

【隕】

《説文》：隕，從高下也。从𨸏員聲。《易》曰："有隕自天。"

東漢・譙敏碑

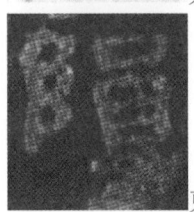

東漢・楊統碑陽

西晉·趙氾表

東魏·司馬興龍誌

【隉】

《說文》：隉，危也。从𨸏，从毁省。

徐巡以爲：隉，凶也。賈侍中說，隉，法度也。班固說，不安也。《周書》曰："邦之阢隉。"讀若虹蜺之蜺。

【阤（陀）】

《說文》：阤，小崩也。从𨸏也聲。

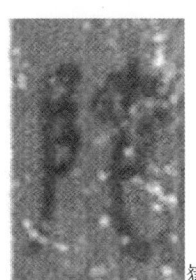

嶽·爲吏 21

里·第八層 2188

○貳庚阤陽

北壹·倉頡篇 61

○阮鬼阤阮

歷代印匋封泥

○阿曼陀室

北魏·元純陀誌

【陸】

《說文》：陸，敗城𨸏曰陸。从𨸏坴聲。

【𨺞】

《說文》：𨺞，篆文。

【頔】

《說文》：頔，仄也。从𨸏从頃，頃亦聲。

【哆】

《說文》：哆，落也。从𨸏多聲。

北齊·元賢誌

○岷山再哆

【阮】

《說文》：阮，門也。从𨸏亢聲。

睡·語書 12
○險（檢）阮（閱）閻

北壹·倉頡篇 61
○阮嵬陀阮阿尉

秦文字編 1992

【隫】

《說文》：隫，通溝也。从𨸏賣聲。讀若瀆。

【𧮫】

《說文》：𧮫，古文隫从谷。

【防】

《說文》：防，隄也。从𨸏方聲。

【坊】

《說文》：坊，防或从土。

金關 T23：311

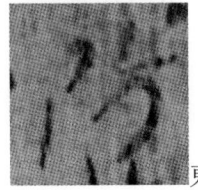

東牌樓 055 背

○防其餘者

北壹·倉頡篇 57

秦文字編 1992

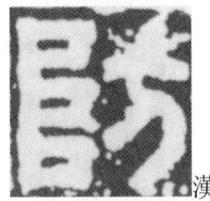

漢晉南北朝印風

漢印文字徵

漢印文字徵

漢印文字徵

北魏·楊舒誌

6606

北周·韋彪誌

【隉】

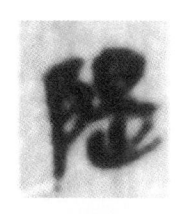

《說文》：隉，唐也。从𨸏是聲。

睡·秦律十八種171

睡·效律30

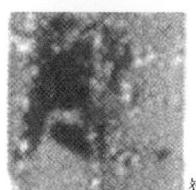

獄·數184

〇救（求）隉廣袤不等者

里·第八層210

〇朝雜隉（題）遷

馬貳38_68上

張·田律249

銀壹840

北壹·倉頡篇57

漢印文字徵

北魏·李超誌

【阯】

《說文》：阯，基也。从𨸏止聲。

【址】

《說文》：址，阯或从土。

漢銘·交阯釜

東漢·沈府君神道闕

第十四卷

北魏・李端誌

北魏・□伯超誌

○□□□址

【陘】

《說文》：陘，山絕坎也。从𨸏𢀖聲。

睡・日甲《盜者》72

○兔竈陘突垣義酉

里・第八層背133

○守丞陘告司空主聽

銀壹153

○在陘燕之興也

廿世紀璽印二-SP

○左司陘瓦

廿世紀璽印三-GP

○陘山

漢印文字徵

○袁陘

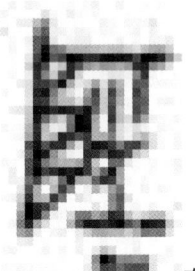

秦駰玉版

○其名曰陘𠃊

東漢・三公山碑

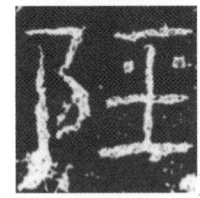

○連井陘阻

東漢・伯興妻殘碑

○伯興妻陘

【附】

《說文》：𨸏，附婁，小土山也。从𨸏付聲。《春秋傳》曰："附婁無松栢。"

6608

馬貳 262_49/67

馬貳 262_48/69

張・脈書 54

敦煌簡 0213

○皆如附詫詔書

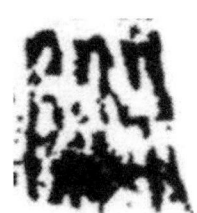

廿世紀璽印三-GP

○□□里附城

歷代印匋封泥

歷代印匋封泥

歷代印匋封泥

歷代印匋封泥

歷代印匋封泥

歷代印匋封泥

漢印文字徵

東漢・樊敏碑

○陷附者衆

第十四卷

西晉・荀岳誌

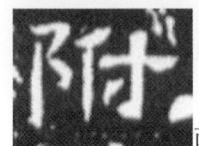

西晉・管洛誌

【阺】

《說文》：阺，秦謂陵阪曰阺。从𨸏氏聲。

【阢】

《說文》：阢，石山戴土也。从𨸏从兀，兀亦聲。

【隒】

《說文》：隒，崖也。从𨸏兼聲。讀若儼。

北壹・倉頡篇 13

○鐔幅芒隒偏有

【阸】

《說文》：阸，塞也。从𨸏㔾聲。

【隔】

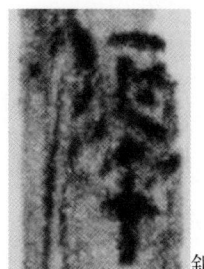

《說文》：隔，障也。从𨸏鬲聲。

銀壹 798

○一隔必當出樓之

銀貳 1055

○相隔也

泰山刻石

北魏・元舉誌

北周・盧蘭誌

北周・寇嶠妻誌

○二京圮隔

【障】

《説文》：障，隔也。从𨸏章聲。

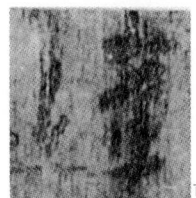

東牌樓 049 背

○障汙民人

漢代官印選

東漢・楊統碑陽

北齊・魯思明造像

【隱】

《説文》：隱，蔽也。从𨸏㥯聲。

睡・秦律十八種 156

○以爲隱官

睡・法律答問 126

○處隱官

馬壹 36_44 上

○事隱而單

張・傅律 365

○隱官子皆爲士

張・奏讞書 29

○嫁符隱官

敦煌簡 0073

○隱匿深山危谷

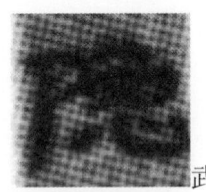

武‧儀禮甲《士相見之禮》14

○取屨隱辟

東牌樓 003 正

○隱□

北壹‧倉頡篇 7

○逋逃隱匿

秦代印風

秦代印風

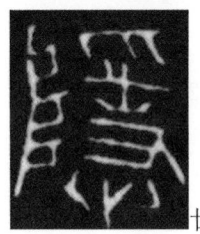

廿世紀璽印三-SY

廿世紀璽印三-SY

漢印文字徵

漢印文字徵

漢印文字徵

漢印文字徵

漢印文字徵

東漢·曹全碑陽

東漢·肥致碑

東晉·筆陣圖

○常隱鋒而爲之

北魏·元誘誌

北魏·于纂誌

○君在朝隱德

北魏·石婉誌

東魏·廣陽元湛誌

○重轅無所隱其迹

北齊·馬天祥造像

○然隱顯沖機

【隩】

《說文》：隩，水隩，崖也。从𨸏奧聲。

東漢·譙敏碑

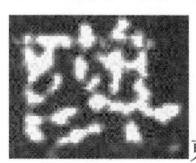

○深明箕（典）隩

東漢·柳敏碑

○隩處臧兮

【隈】

《說文》：隈，水曲，隩也。从𨸏畏聲。

北魏·王誦誌

北周·華岳廟碑

○隈積冬霰

【㘏】

《說文》：㘏，㘏商，小塊也。从𨸏从臾。

【𨽍】

《說文》：𨽍，水衡官、谷也。从𨸏

解聲。一曰小貉。

【隴】

《說文》：隴，天水大阪也。从𨸏龍聲。

張·行書律 266

敦煌簡 2062

金關 T24:264A

○隴西郡

廿世紀璽印四-GY

漢印文字徵

漢代官印選

漢代官印選

漢晉南北朝印風

東漢·曹全碑陽

三國魏·曹真殘碑

西晉·司馬馗妻誌

北魏·王悅及妻郭氏誌

○更營墳隴

北魏·王僧男誌

北齊·感孝頌

【陝】

《說文》：䧅，酒泉天依阪也。从𨸏衣聲。

【陝】

《說文》：陝，弘農陝也。古虢國，王季之子所封也。从𨸏夾聲。

馬壹 10_61 下

馬貳 32_5 上

○得損陝（狹）益廣

張‧行書律 266

銀貳 1460

金關 T02:035

○陝縣楊舒里

北壹‧倉頡篇 74

廿世紀璽印三-GP

漢印文字徵

漢印文字徵

○陝縣馬丞印

東漢‧張遷碑陽

【隦】

《說文》：隦，弘農陝東陬也。从𨸏無聲。

【陥】

《說文》：陥，河東安邑陬也。从𨸏卷聲。

【碕】

《說文》：碕，上黨碕氏阪也。从𨸏奇聲。

【隃】

《說文》：隃，北陵西隃，鴈門是也。从𨸏俞聲。

漢銘・陶陵鼎一

睡・秦律十八種 81
○毋敢隃（逾）歲

里・第八層 269

馬壹 47_2 上

漢印文字徵

柿葉齋兩漢印萃

東漢・曹全碑陽
○右扶風隃麋侯相

【阮】

《說文》：阮，代郡五阮關也。从𨸏元聲。

里・第八層 145

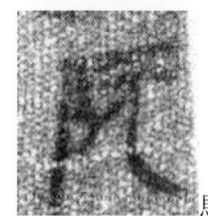

馬貳 82_270/257

北壹・倉頡篇 61

廿世紀璽印三-SY

廿世紀璽印三-SY
○周阮

北魏·青州元湛誌

北魏·楊熙儁誌

【陪】

《說文》：陪，大自也。一曰右扶風鄠有陪自。从自告聲。

【䧃】

《說文》：䧃，丘名。从自武聲。

【䧥】

《說文》：䧥，丘名。从自貞聲。

【阠】

《說文》：阠，丘名。从自丁聲。讀若丁。

【隖】

《說文》：隖，鄭地，阪。从自爲聲。《春秋傳》曰："將會鄭伯于隖。"

【陼】

《說文》：陼，如渚者陼丘。水中高者也。从自者聲。

北壹·倉頡篇76

○擊陂隽陼郲鄄

東晉·爨寶子碑

○海誕陼光

【陳】

《說文》：陳，宛丘，舜後嬀滿之所封。从自从木，申聲。

【敶】

《說文》：敶，古文陳。

漢銘·陳倉成山匜

漢銘·陳彤鍾

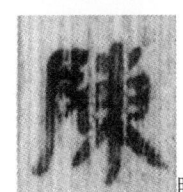

睡·為吏1

○畫局陳棋

睡·日甲《土忌》138

關·病方326

〇見東陳垣

里·第八層38

馬壹120_5上

馬壹91_268

馬壹112_25\376

馬貳219_36/47

張·蓋盧18

銀壹345

〇東陳之山

銀壹338

銀貳1464

北貳·老子88

敦煌簡1012

〇隧卒陳充

金關T31:149

金關T10:120A

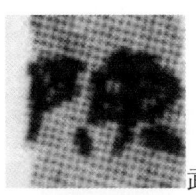

武·甲《特牲》11

○鉶陳于房中

武·甲《少牢》14

武·甲《有司》5

北壹·倉頡篇47

吳簡嘉禾·四·六三五

○惕陳通校

吳簡嘉禾·三七零二

吳簡嘉禾·四·四二六

歷代印匋封泥

○陳戴

歷代印匋封泥

○陳固立左□□

歷代印匋封泥

○平陵陳得不□王釜

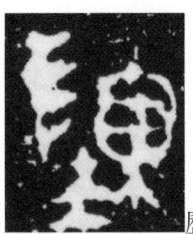

歷代印匋封泥

○陳道立事左釜

歷代印匋封泥

○華門陳棱參三左里故亭豆

歷代印匋封泥

○陳得三奠（鄭）易（陽）

秦代印風

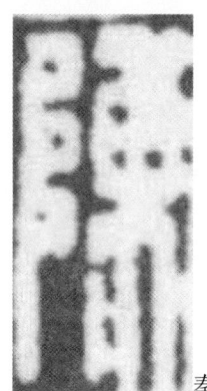

秦代印風

○陳視

秦代印風

秦代印風

秦代印風

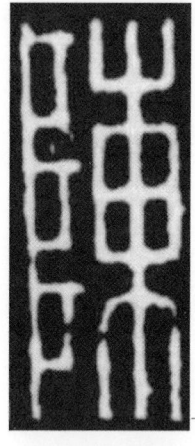

廿世紀璽印三-SY

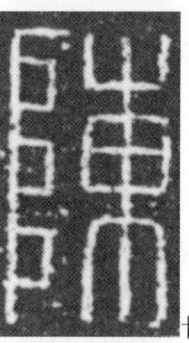

廿世紀璽印三-SY

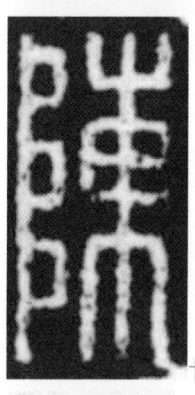

廿世紀璽印三-SY

廿世紀璽印四-SY

歷代印匋封泥

○陳秀枼印

漢代官印選

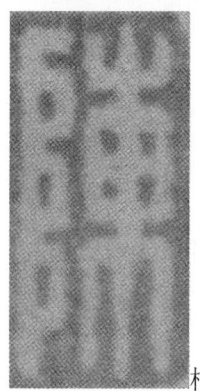

柿葉齋兩漢印萃

漢印文字徵

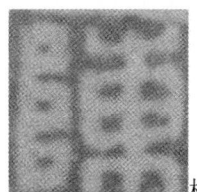

柿葉齋兩漢印萃

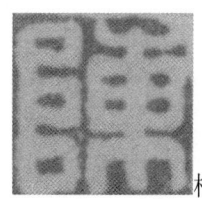

柿葉齋兩漢印萃

漢印文字徵

柿葉齋兩漢印萃

漢印文字徵

漢印文字徵

漢印文字徵

漢印文字徵

漢印文字徵

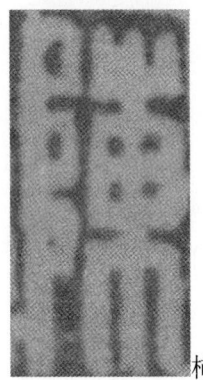

漢晉南北朝印風

漢晉南北朝印風

柿葉齋兩漢印萃

漢晉南北朝印風

漢印文字徵

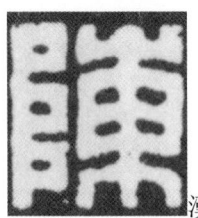

漢晉南北朝印風

漢晉南北朝印風

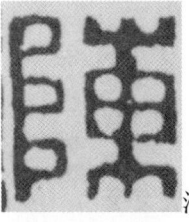

漢晉南北朝印風

漢晉南北朝印風

漢晉南北朝印風

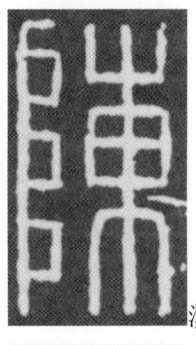

漢晉南北朝印風

漢晉南北朝印風

漢晉南北朝印風

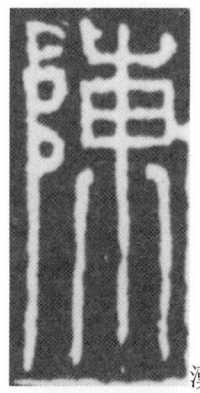

漢晉南北朝印風

東漢・曹全碑陽

○市肆列陳

東漢・楊震碑

○汝南陳熾等

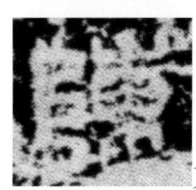

東漢・開母廟石闕銘

○監掾陳脩

東漢・任城王墓黃腸石

東漢·張遷碑陽

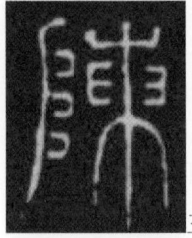

三國魏·三體石經春秋·篆文

○陳人鄭人伐許

三國魏·三體石經春秋·古文

○陳人

三國魏·三體石經春秋·隸書

北魏·王翊誌

【陶】

《説文》：𨸏，再成丘也，在濟陰。从𨸏匋聲。《夏書》曰："東至于陶丘。"陶丘有堯城，堯嘗所居，故堯號陶唐氏。

西晚·不其簋

○高陶

漢銘·陶陵鼎二

漢銘·館陶郭小鐵

馬壹88_203

○攻齊之於

馬壹85_143

○陶必亡

馬壹84_104

○以陶封君

敦煌簡 0639A
○焦黨陶聖陳穀

金關 T09:069
○卒館陶安樂長

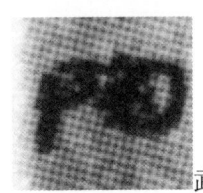

武·甲《特牲》14
○右人陶（抽）肩

廿世紀璽印二-SY

漢晉南北朝印風
○館陶家丞

廿世紀璽印三-GP

漢印文字徵

漢印文字徵

柿葉齋兩漢印萃

漢印文字徵

漢代官印選

漢印文字徵

歷代印匋封泥
○定陶相印章

漢印文字徵

漢印文字徵
○陶毋故印

漢印文字徵

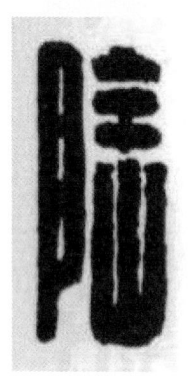

漢印文字徵
○陶勝

漢印文字徵
○陶憲

東漢・禮器碑

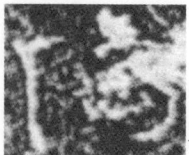

東漢・孔宙碑陰
○門生魏郡館陶史崇

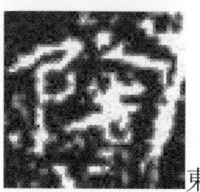

東漢・東漢・魯峻碑陽
○定陶

北魏・元理誌
○陶練國粹

北魏・元廣誌

北魏・元欽誌

北魏・長孫季誌
○爰陶世緒

【隉】

《說文》：隉，耕以臿浚出下壚土也。一曰耕休田也。从𠂤从土，召聲。

6626

北壹·倉頡篇 19

○籥陧沙

【阽】

《說文》：阽，壁危也。从𨸏占聲。

東魏·蕭正表誌

○王以本朝阽危

【除】

《說文》：除，殿陛也。从𨸏余聲。

漢銘·除兒去央鈴範

睡·秦律十八種 150

睡·效律 43

睡·秦律雜抄 37

睡·法律答問 125

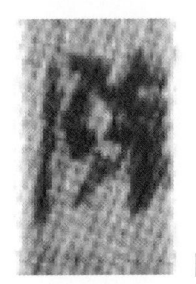

關·病方 348

○先農除

獄·為吏 86

獄·數 67

獄·善等去作所案 208

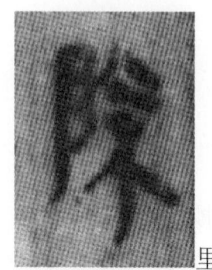

里・第八層 210

○令史除佐朝

里・第八層背 157

馬壹 88_206

馬壹 88_205

馬貳 243_243

馬貳 34_38 上

張・盜律 72

張・田律 246

張・算數書 134

張・引書 109

銀貳 1871

北貳・老子 43

敦煌簡 0674

金關 T23:277

金關 T24:710

○鄭虫除

武·甲《特牲》14

武·王杖6

東牌樓012

歷代印匋封泥

秦代印風

廿世紀璽印三-GP

漢晉南北朝印風

漢印文字徵

漢印文字徵

漢印文字徵

廿世紀璽印四-SY

石鼓·作原

東漢·張景造土牛碑

東漢·史晨後碑

東漢·夏承碑

東漢・司徒袁安碑

北魏・元融誌

北魏・寇臻誌

北魏・吐谷渾璣誌

○除寧西將軍

北魏・馮季華誌

北魏・寇治誌

馬壹 13_90 上

武・甲《特牲》43

武・甲《少牢》43

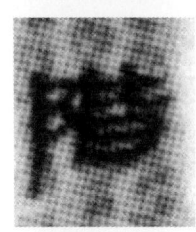

武・甲《有司》44

武・甲《燕禮》44

武・甲《泰射》22

漢印文字徵

【階】

《說文》：階，陛也。从𨸏皆聲。

漢印文字徵

○衢階

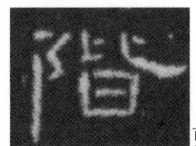

東漢·曹全碑陽

西晉·臨辟雍碑

北魏·元珍誌

北魏·元願平妻王氏誌

東魏·崔鸊誌

○方履台階

北齊·吐谷渾靜媚誌

【阼】

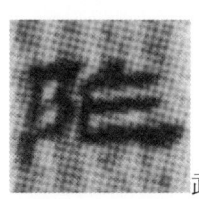

《說文》：阼，主階也。从𨸏乍聲。

武·甲《有司》50

○阼階

北周·王德衡誌

北周·王鈞誌

【陛】

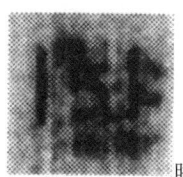

《說文》：陛，升高階也。从𨸏坒聲。

睡·為吏10

○除陛甬道

馬壹226_63

馬壹 226_63

張・奏讞書 147

敦煌簡 1552

北壹・倉頡篇 55

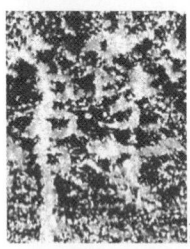

西漢・魯北陛石題字
○北陛

西晉・徐義誌
○皇帝陛下踐祚

北魏・元寶月誌
○今遷南陛

北魏・師僧達等造像
○陛下

北魏・蘇胡仁題記
○□爲皇帝陛下

北魏・封魔奴誌

北魏・王神虎造像
○爲皇帝陛下

東魏・戎愛洛等造像
○上爲皇帝陛下

北齊・李稚暈造像
○上爲皇帝陛下

【陔】

《説文》：䧘，階次也。从𨸏亥聲。

廿世紀璽印四-SY

○臣陔

廿世紀璽印四-SY

○雷陔

【際】

《說文》：際，壁會也。从𨸏祭聲。

張·脈書 2

○在目際靡（縻）

敦煌簡 1124

○大際驢一匹

東漢·成陽靈臺碑

○□□之際

東漢·曹全碑陽

北魏·元暐誌

○層峰無際

北魏·高衡造像

北齊·維摩經碑

○觀如來前際不生後際

【隙】

《說文》：隙，壁際孔也。从𨸏从𡭴，𡭴亦聲。

北魏·元彥誌

北魏·馮會誌

○邁茲逝隙

東魏·叔孫固誌

○豈期過隙儵忽

【陪】

《說文》：𩫏，重土也。一曰滿也。从𨸏音聲。

馬壹149_70/244下

○挫或陪（培）或楕

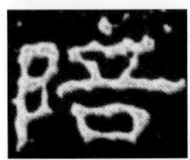

東漢·楊震碑

三國魏·受禪表

北周·王榮及妻誌

【隊】

《說文》：𨽡，道邊庳垣也。从𨸏象聲。

【陝】

《說文》：陝，築牆聲也。从𨸏夾聲。《詩》云："捄之陝陝。"

【陴】

《說文》：𨹈，城上女牆俾倪也。从𨸏卑聲。

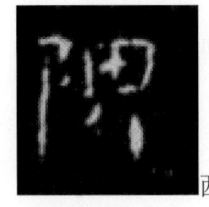

【䧡】

《說文》：䧡，籀文陴从𠂇。

西魏·辛萇誌

○執銳登陴

【隍】

《說文》：隍，城池也。有水曰池，無水曰隍。从𨸏皇聲。《易》曰："城復于隍。"

廿世紀璽印三-GP

○隍采金印

東魏·高湛誌

【阹】

《說文》：阹，依山谷爲牛馬圈也。从𨸏去聲。

睡·為吏8

○阹（卻）下雖善

【陲】

《說文》：陲，危也。从𨸏垂聲。

6634

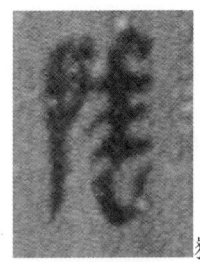

獄・數 68

○步及陲宇

馬壹 48_6 下

○陲（垂）衣

泰山刻石

○義箸明陲于後嗣

【隝】

《說文》：隝，小障也。一曰庳城也。从𨸏鳥聲。

北壹・倉頡篇 12

○稅祂（彵）隝闉

【院】

《說文》：院，堅也。从𨸏完聲。

睡・法律答問 186

○垣為院不為

獄・為吏 1

張・襍律 183

○院垣追捕

北壹・倉頡篇 73

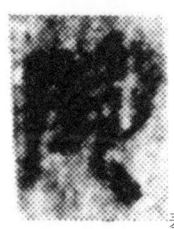

秦文字編 1996

北魏・淨悟浮圖記

【隃】

《說文》：隃，山𨸏陷也。从𨸏俞聲。

6635

第十四卷

【陙】

《說文》：陙，水自也。从𨸏辰聲。

【䢅】

《說文》：䢅，水自也。从𨸏戔聲。

【𨺴】

《說文》：𨺴，陵名。从𨸏卂聲。

【阡】

《說文》：阡，路東西爲陌，南北爲阡。从𨸏千聲。

阡 北魏•元朗誌

○風急松阡

阡 東魏•蔡儁斷碑

【陃】

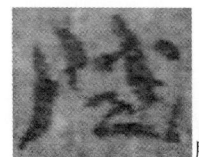

陃 東漢•西狹頌

○陃笮促迫

【陉】

陉 居•EPT27.17

○第柒陉卒

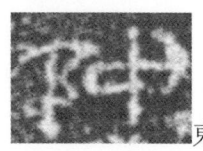

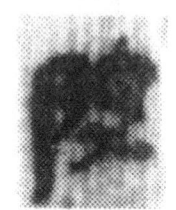

陉 居•EPT27.18

○第二十九陉長

【阤】

阤 東漢•禮器碑陰

○張普阤堅二百

【陕】

陕 秦文字編 1996

【陃】

陃 北齊•潘景暉造像

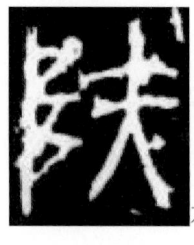

○龍宮陃敎

【陕】

陕 石鼓•田車

○吾戎止陕

【陁】

北齊·無量義經二

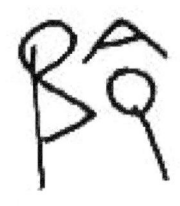

【阾】

戰晚·五年相邦呂不韋戈一

○工室阾丞

【陌】

金關 T05:069

○陌里皇

東漢·浚縣延熹三年畫像石題記

北魏·辛穆誌

北魏·薛伯徽誌

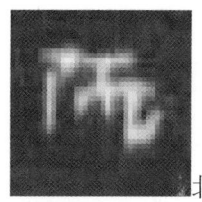

【陑】

北周·尉遲運誌

○衆踐陑郊

【陜】

馬貳 33_6 下

○所相陜（較）乎

【陡】

東魏·李祈年誌

【陣】

馬壹 82_59

○令陣（陳）臣許羸

金關 T07:004

○陷陣

金關 T23:865B

○年七月□陣

歷代印匋封泥

○右宮陣

漢晉南北朝印風

○陷陣都尉

東漢·伯興妻殘碑

○陣翺佐力逸

北魏·源延伯誌

○龍蟠行陣

東魏·叔孫固誌

○畫戰陣於指掌

北周·王德衡誌

○月陣已周

【陜】

關·病方 324

○治陜（瘥）病

【陰】

張·引書 105

○炊（吹）昫（煦）引陰（陰）

【陡】

漢印文字徵

○張陡

【隝】

北魏·蘭將誌

○營州刺史隝陵

【隊】

敦煌簡 0040
○日今隊爲責備

【隟】
北魏·李謀誌 
○生如過隟（隙）

北齊·高阿難誌
○過隟（隙）難留

【隧】
漢銘·劉金弩鐖 

嶽·暨過案 103
○令赴隧以成私殹（也）

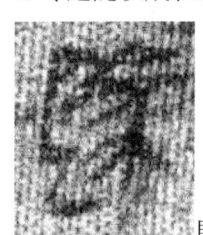

馬貳 78_192/179

○中以隧下已（巳）
敦煌簡 1987 
○隧長宋力

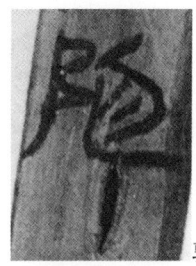

敦煌簡 1271B
○破虜隧賈

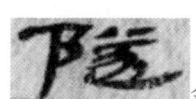

金關 T23:965
○廣野隧卒

金關 T01_174_C
○亭隧吏常□

廿世紀璽印三-GP
○隧大夫

東漢·西狹頌

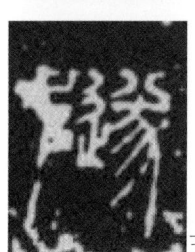

三國魏·三體石經尚書·篆文

三國魏・三體石經尚書・古文

○乃其隧命

北魏・元誨誌

北魏・楊熙僵誌

北魏・李慶容誌

○愀愴楊隧

【隓】

春早・秦公壺

○隓(尊)殷(簋)

西晚・不其簋

○隓(尊)殷(簋)

【隳】

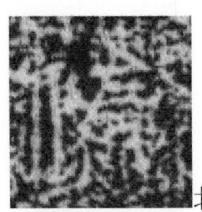

北齊・梁子彦誌

○隳城壞邑

【隓】

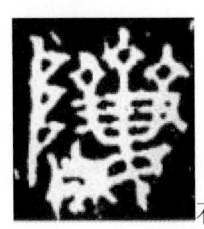

石鼓・田車

○遴以隓于趫

𨺅部

【𨺅】

《說文》：𨺅，兩𨸏之閒也。从二𨸏。凡𨺅之屬皆从𨺅。

【𨹁】

《說文》：𨹁，𨸏突也。从𨺅，決省聲。

【𨽸】

《說文》：𨽸，陋也。从𨺅，㚔聲。㚔，籀文嗌字。

【隘】

《說文》：隘，籀文𨽸从𨸏、益。

銀壹294

○處隘塞死地之中

銀貳 1565

○隃帶隘慎避光

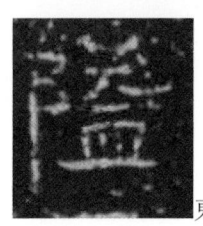

東魏・邑主造像訟

○然自以生逢隘運

【䥥】

《說文》：䥥，塞上亭守烽火者。從䑕從火，遂聲。

【鐆】

《說文》：鐆，篆文省。

（又見第4732頁"燧"字。）

戰中・杜虎符

張・興律 405

○守鐆乏之

張・興律 405

○不燔鐆

銀壹 415

○所以鐆鬭也

敦煌簡 0793

○鐆長

敦煌簡 0032A

○玉門千秋鐆

金關 T02:082A

○望金關鐆

廿世紀璽印二-SP

漢印文字徵

○江陵

漢印文字徵

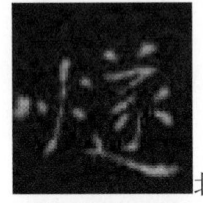

北魏·元乂誌

○取火於燧者矣

北魏·元龍誌

○烽燧時警

厽部

【厽】

《説文》：厽，絫坺土爲牆壁。象形。凡厽之屬皆从厽。

【絫】

《説文》：絫，增也。从厽从糸。絫，十黍之重也。

秦文字編 1997

漢印文字徵

○溓絫

漢印文字徵

○公孫絫印

【垒】

《説文》：垒，絫墼也。从厽从土。

四部

【四】

《説文》：四，陰數也。象四分之形。凡四之屬皆从四。

【兕】

《説文》：兕，古文四。

【三】

《說文》：亖，籀文四。

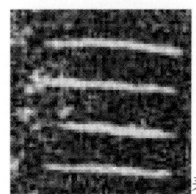

春早·秦公鐘

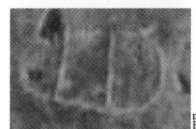

戰晚·咸陽四斗方壺

戰晚·三年詔事鼎

春晚·秦公鎛

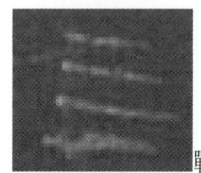

戰晚·春成左庫戈

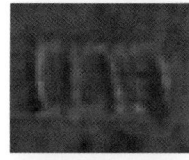

戰晚·咸陽四斗方壺

戰晚·十四年口平匽氏戟

〇十四年

春晚·秦公簋

漢銘·聖主佐宮中行樂錢

漢銘·元十三年洗

漢銘·黃山高鐙

漢銘·池陽宮行鐙

漢銘·文帝九年句鑃四

漢銘·上林鼎一

漢銘·谷口鼎

漢銘·永建四年洗

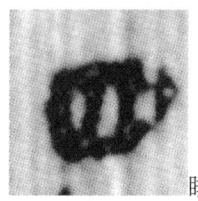

睡·秦律十八種 109

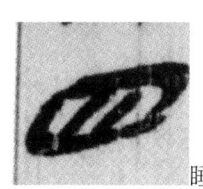

睡·法律答問 98

第十四卷

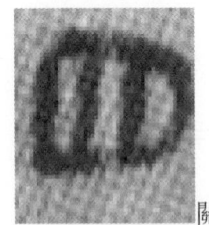

關・日書 136

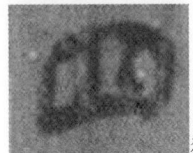

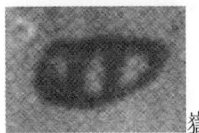

獄・質日 341

獄・數 165

里・第五層 7

〇囗布四尋

里・第八層 1542

里・第八層 518

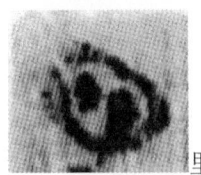

里・第八層背 152

馬壹 149_78/252 下

馬壹 246_4 欄

馬貳 204_20

張・賊律 15

張・算數書 41

銀壹 34

銀貳 1926

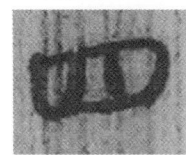

北貳・老子 146

敦煌簡 2224

金關 T21:153

金關 T10:369

武·甲《特牲》47

武·甲《有司》80

東牌樓 130

北壹·倉頡篇 58

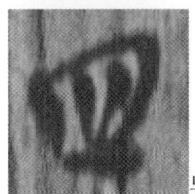

吳簡嘉禾·四·一

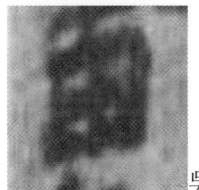

吳簡嘉禾·六二六

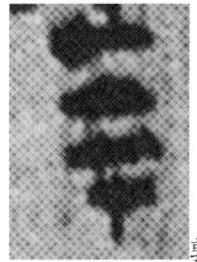

敦煌簡 1806

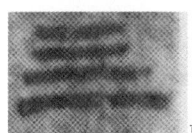

敦煌簡 0013

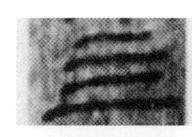

敦煌簡 0338

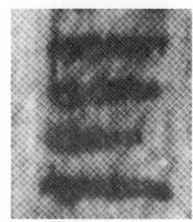

敦煌簡 0345

敦煌簡 0309

歷代印匋封泥

歷代印匋封泥

廿世紀璽印三-GP

廿世紀璽印三-GP

柿葉齋兩漢印萃

歷代印匋封泥

歷代印匋封泥

廿世紀璽印四-GY

廿世紀璽印四-SP

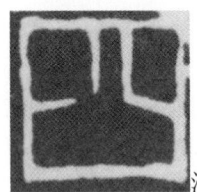

漢晉南北朝印風

石鼓·鑾車

○四馬其寫

秦駰玉版

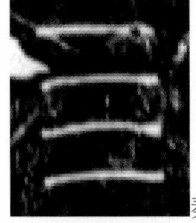

秦公大墓石磬

明瓊

東漢·馮緄碑

○爲四府所表

東漢·夏承碑

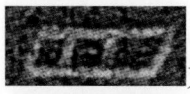

東漢·公乘田魴畫像石墓題記

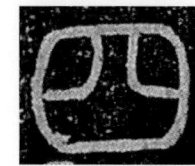

東漢·司徒袁安碑

東漢·會仙友題刻

○漢安元年四月

三國魏·三體石經殘·篆文

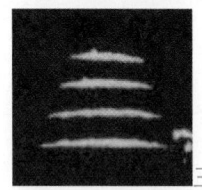

三國魏·三體石經春秋·古文

三國魏·何晏磚誌

○明帝五年秋七月朔四日卒

北魏·元尚之誌

北魏·元煥誌

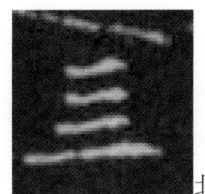

北魏・元融誌

○春秋四十有六

北魏・楊無醜誌蓋

北齊・赫連子悅誌

宁部

【宁】

《說文》：宁，辨積物也。象形。凡宁之屬皆从宁。

戰晚・二年上郡守戈

○隸臣宁

【䆧】

《說文》：䆧，㡹也。所以載盛米。从宁从甾。甾，缶也。

叕部

【叕】

《說文》：叕，綴聯也。象形。凡叕之屬皆从叕。

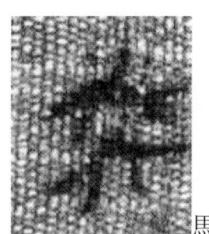

馬貳79_224/211

○死者叕烝（蒸）之

北貳・老子186

【綴】

《說文》：綴，合箸也。从叕从糸。

馬貳134_9/64

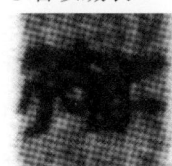

○若以綴衣

武・甲《泰射》5

○若絺綴諸箭

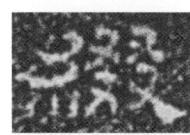

東漢・史晨前碑

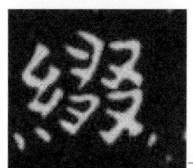

北魏・王悅及妻郭氏誌

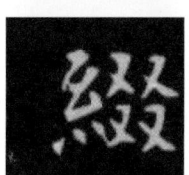

北魏・元弼誌

北齊・八十人等造像

亞部

【亞】

《説文》：亞，醜也。象人局背之形。賈侍中說，以爲次弟也。凡亞之屬皆从亞。

馬壹 147_63/237 下

○物或亞（惡）之

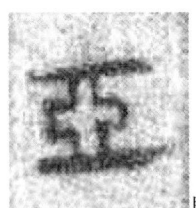

馬壹 37_36 下

馬壹 5_31 上

○言亞

馬貳 111_54/54

○其上亞（惡）者

馬貳 9_20 下

銀壹 681

○成同亞（惡）相

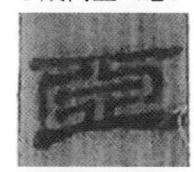

北貳・老子 127

○斯亞（惡）已

詛楚文・亞駝

○大神亞駝

石鼓・田車

○□出各亞

東漢・尹宙碑

○牧守相亞

東漢・史晨前碑

○德亞皇代

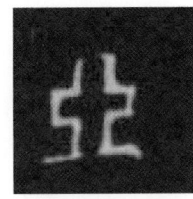

北魏·王誦誌

〇任亞衡宰

北魏·劉玉誌

〇例亞州牧

東魏·元悰誌

【晉】

《說文》：晉，闕。

〖晉〗

秦文字編 2006

五部

【五】

《說文》：㐅，五行也。从二，陰陽在天地閒交午也。凡五之屬皆从五。

【㐅】

《說文》：㐅，古文五省。

戰晚·新鄭虎符

西晚·不其簋

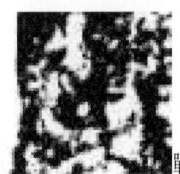

戰中·商鞅量

〇五分

漢銘·杜鼎二

漢銘·杜宣鼎

漢銘·十六年鋚

漢銘·陽朔四年鍾

漢銘·南陵鍾

漢銘·南皮侯家鍾

漢銘·慮俿尺

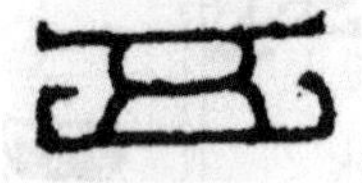

漢銘·永建五年朱緹洗

漢銘·鄮偏鼎

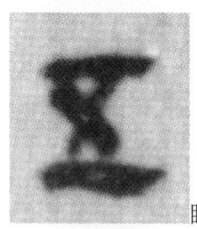

睡·秦律十八種 115

睡·秦律雜抄 9

睡·法律答問 48

睡·封診式 6

睡·為吏 13

睡·為吏 22

〇廿五年閏再十二

睡·日甲《室忌》103

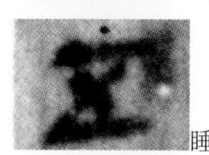

睡·日甲《稷辰》29

睡·日甲《詰》40

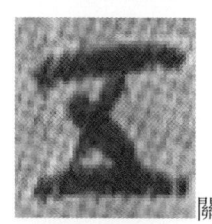

關·日書 134

獄·質日 3430

獄·為吏 27

獄·占夢書 3

獄・數 20

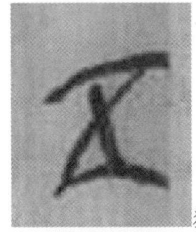

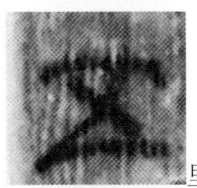

獄・芮盜案 77

里・第五層 18

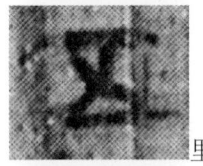

里・第六層 36

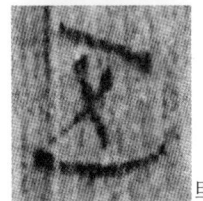

里・第八層 792

馬壹 4_8 下

馬壹 177_61 上

馬貳 215_2

張・盜律 71

張・算數書 104

張・引書 111

張・歷譜 16

銀壹 329

銀貳 1982

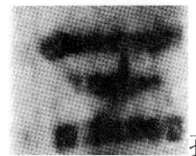

孔・曆日 28

○壬寅五月大

北貳・老子 150

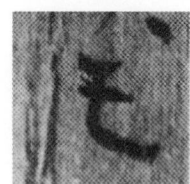

敦煌簡 1165

○以錢五千

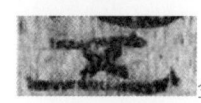

金關 T14:010

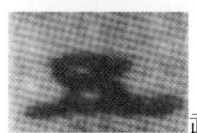

武・儀禮甲《服傳》2

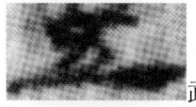

武・甲《特牲》51

武・甲《少牢》10

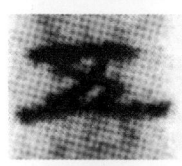

武・甲《有司》11

武・王杖 10

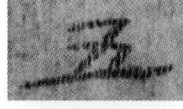

東牌樓 110

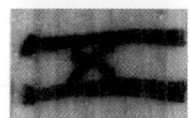

北壹・倉頡篇 7

吳簡嘉禾・四・四三二

秦代印風

○五窒

廿世紀璽印三-GY

漢晉南北朝印風

漢晉南北朝印風

廿世紀璽印三-SY

廿世紀璽印三-GP

歷代印匋封泥

歷代印匋封泥

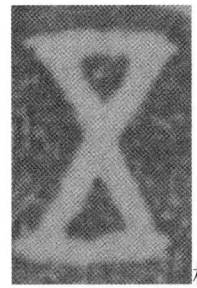

柿葉齋兩漢印萃

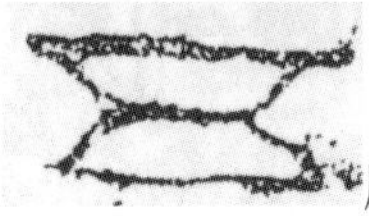

歷代印匋封泥

○都元始五年

漢印文字徵

漢印文字徵

漢印文字徵

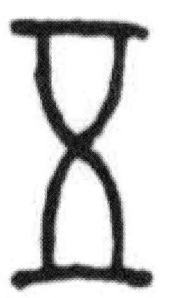

漢印文字徵

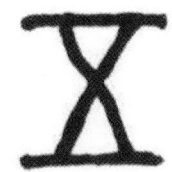

漢印文字徵

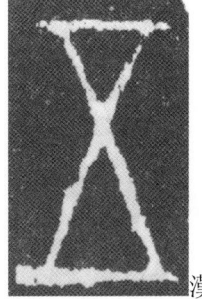

漢代官印選

廿世紀璽印四-SP

漢晉南北朝印風

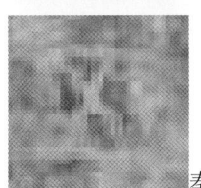

秦駰玉版

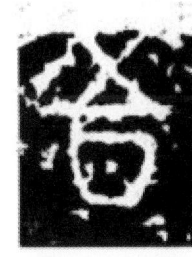

石鼓・作原

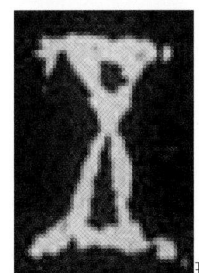

瑯琊刻石

明瓊

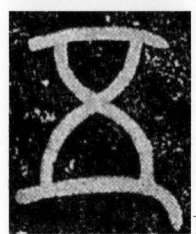

東漢・司徒袁安碑

東漢・楊德安題記

東漢・石堂畫像石題記

東漢・張遷碑陰

○錢五百

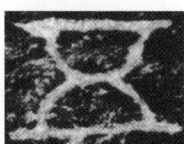

東漢・何君閣道銘

三國魏・何晏磚誌

北魏・崔鴻誌

○五流三就

北魏・寇慰誌

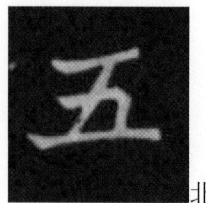

北魏・元詮誌

六部

【六】

《說文》：六，《易》之數，陰變於六，正於八。从入从八。凡六之屬皆从六。

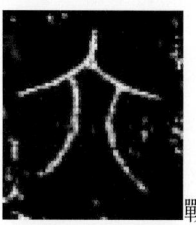

戰早・中甗鼎

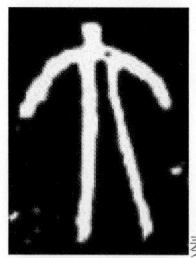

秦代・始皇詔銅權三

秦代・始皇詔銅方升一

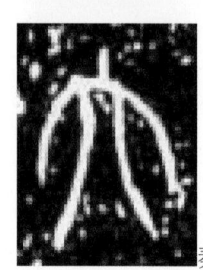

秦代・始皇詔銅權十

秦代·始皇詔銅橢量四

秦代·始皇詔銅權九

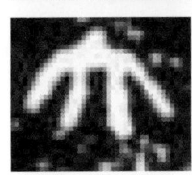

秦代·美陽銅權

漢銘·泰山宮鼎

漢銘·周里鼎

漢銘·新承水盤

漢銘·慮俿尺

漢銘·承安宮行鐙

漢銘·驕䮘博局

漢銘·永和六年洗

漢銘·第十三鼎

漢銘·壽成室鼎一

漢銘·置鼎

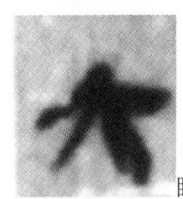

睡·秦律十八種 43

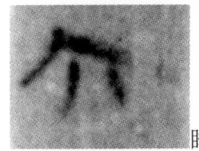

睡·日甲 128

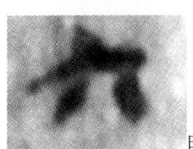

睡·日甲《毀弃》119

〇十六歲

睡·日乙 100

〇入六月

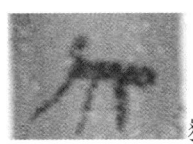

獄·數 45

獄・識劫案 115
里・第八層 1289 

〇六月
馬壹 8_43 下 
馬貳 241_221 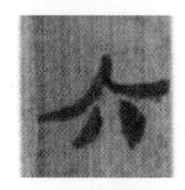
張・具律 90 
張・歷譜 14 
銀壹 931 
銀貳 1823 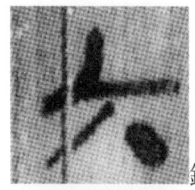
孔・曆日 58 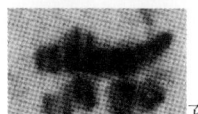

〇壬申六月
敦煌簡 1731 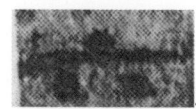
金關 T32:015 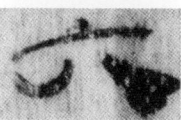
金關 T10:165 

〇六石
武・儀禮甲《服傳》7 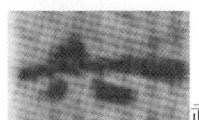
武・王杖 2 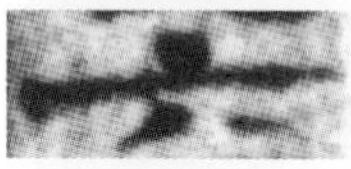
東牌樓 019 
北壹・倉頡篇 9 
吳簡嘉禾・四・二〇八 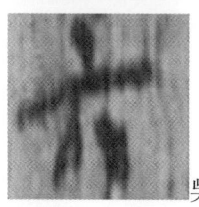
廿世紀璽印三-GP 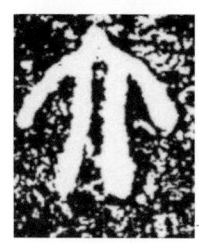
廿世紀璽印三-GP

漢印文字徵

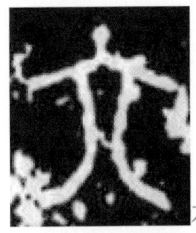

石鼓・鑾車

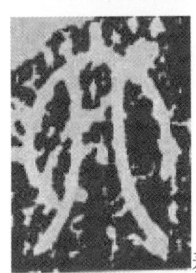

泰山刻石

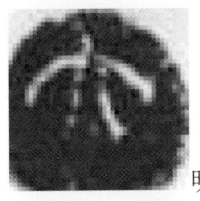

明瓊

東漢・開通褒斜道摩崖刻石

東漢・司徒袁安碑

東漢・夏承碑

三國魏・三體石經春秋・隸書

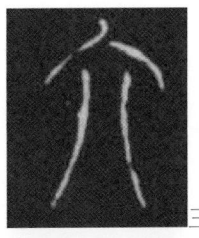

三國魏・三體石經春秋・篆文

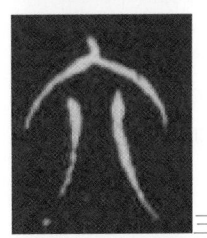

三國魏・三體石經春秋・古文

西晉・裴祗誌

北魏・元演誌

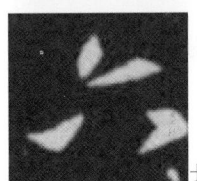

北魏・吐谷渾璣誌

北魏・元廣誌

北魏・元賄誌

北魏・伊□造像

〇歲次辛丑夏六

北魏·元簡誌

東魏·元延明妃馮氏誌

東魏·司馬韶及妻侯氏誌

東魏·司馬韶及妻侯氏誌

南朝梁·晃藏造像

○三界六道

七部

【七】

《說文》：㐰，陽之正也。从一，微陰从中衺出也。凡七之屬皆从七。

春晚·秦公簋

戰晚或秦代·梡陽鼎

漢銘·第七平陽鼎

漢銘·光和七年洗

漢銘·斤七兩官纍

漢銘·元初七年洗

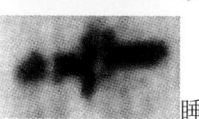

睡·日甲《玄戈》51

○大凶七星

睡·日甲《詰》64

○葉二七

睡·日甲《歲》67

○夷日七夕

睡·日甲《詰》60

○月日七夕

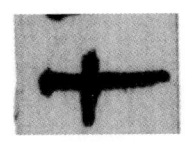

睡·日乙26

○月日七夕

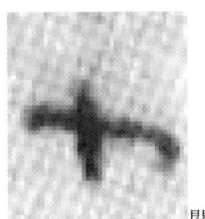

關·病方331

○七女子

獄·質日271

○七年質日

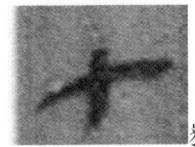

獄·數10

○以七爲法

里·第六層15

○三百七十二

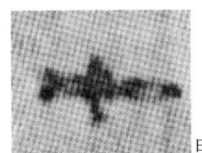

里·第八層1555

○年卅七歲

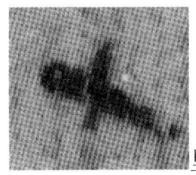

里·第八層背2429

○貲責七

馬壹183_128上

○五十七

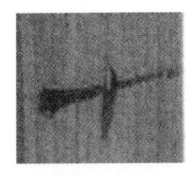

馬貳213_16/117

○七曰

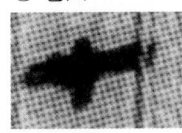

張·收律174

○年十七以上

張·奏讞書68

○上奏七牒

張·算數書151

○七百廿尺

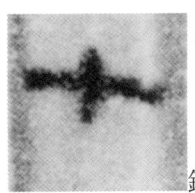

銀壹332

○戰而七勝

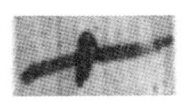

銀貳1223

○七曰

敦煌簡1642

○元年七月

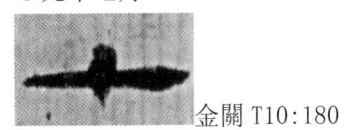

金關T10:180

○七百五十五石

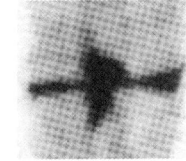

武·甲《有司》61

○魚七腊

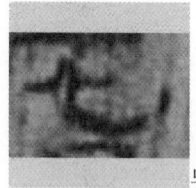

吳簡嘉禾・四・五八九

吳簡嘉禾・四・二二四

○八十七畝

歷代印匋封泥

○七哲

歷代印匋封泥

○七國千仕

秦駰玉版

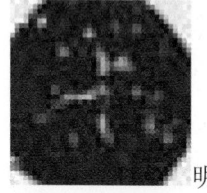

明瓊

○六七八

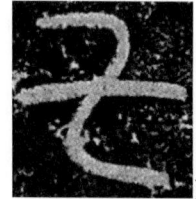

東漢・司徒袁安碑

○十七年

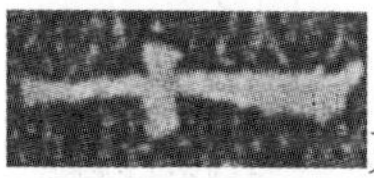

東漢・乙瑛碑

東漢・楊著碑額

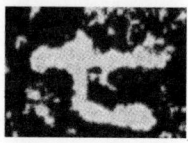

東漢・三老諱字忌日刻石

西晉・臨辟雍碑

北魏・元潛嬪耿氏誌

九部

【九】

《說文》：九，陽之變也。象其屈曲究盡之形。凡九之屬皆从九。

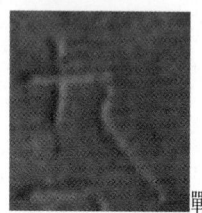

戰晚・咸陽四斗方壺

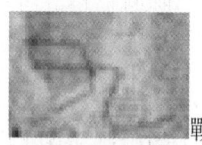

戰晚・十九年寺工鈹

西晚・不其簋

漢銘·中山內府銅鑊

漢銘·上林鼎二

漢銘·美陽鼎

漢銘·家官鍾

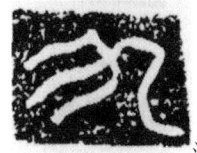

漢銘·梁鍾

漢銘·陽信家銅鍾

漢銘·攀氏銷

漢銘·新銅環權

漢銘·聖主佐宮中行樂錢

漢銘·櫟鼎

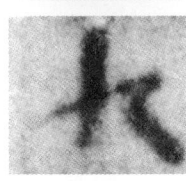

睡·編年記 16

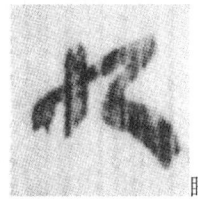

睡·日甲《到室》135

睡·日甲《歲》65

睡·日甲 8

睡·日甲《詰》60

睡·日乙 26

獄·數 5

獄・芮盜案 63

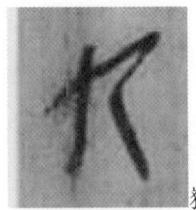

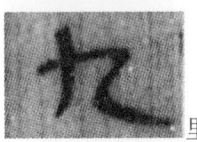

里・第八層 2083

馬壹 12_73 下

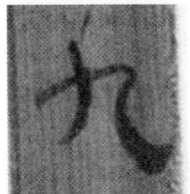

馬貳 272_160/179

張・秩律 447

張・奏讞書 1

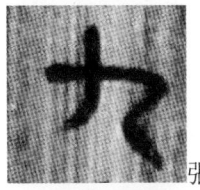

張・算數書 177

張・歷譜 7

銀壹 39

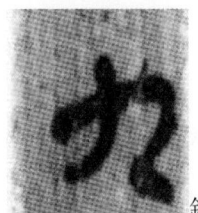

銀貳 2022

北貳・老子 123

敦煌簡 0544

金關 T22:141

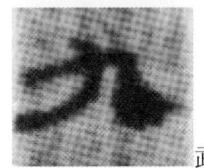

武・甲《少牢》10

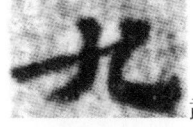

武・王杖 3

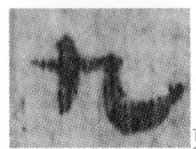

東牌樓 113

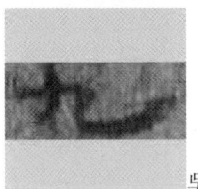

吳簡嘉禾・五・一〇三

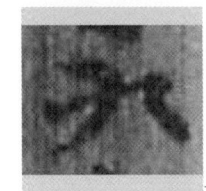

吳簡嘉禾・四・四三六

廿世紀璽印二-GP

廿世紀璽印三-GP

歷代印匋封泥

歷代印匋封泥

歷代印匋封泥

漢晉南北朝印風

漢印文字徵

漢印文字徵

漢印文字徵

漢代官印選

漢印文字徵

漢印文字徵

〇張九

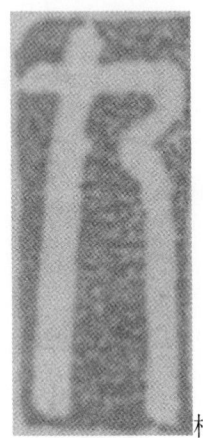

柿葉齋兩漢印萃

歷代印匋封泥

○九江守印

漢代官印選

漢印文字徵

○鄭印常九

漢晉南北朝印風

○張九

漢晉南北朝印風

○張九私印

明瓊

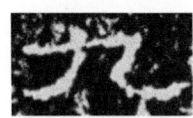

東漢·三老諱字忌日刻石

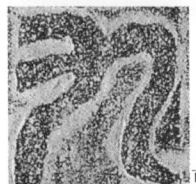

東漢·郭稚文畫像石墓題記

東漢·禮器碑

西晉·臨辟雍碑

北魏·謝伯達造像

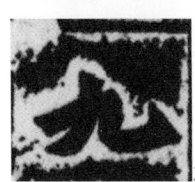

北魏·始平公造像

【馗】

《說文》：馗，九達道也。似龜背，故謂之馗。馗，高也。从九从首。

6664

【逵】

《說文》：逵，馗或从辵从坴。

睡·法律答問 199

漢印文字徵
○王逵印信

歷代印匋封泥
○臣逵

東漢·冠軍城石柱題名
○故吏郎中潁川唐馗休仲

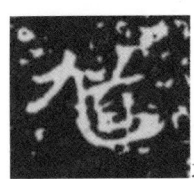

北魏·元馗誌
○君諱馗

北魏·乞伏寶誌

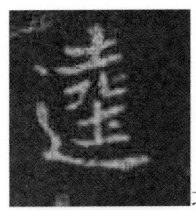

北魏·公孫猗誌
○長絕還逵

北魏·塔基石函銘刻
○臨通逵而覿川陸

北齊·邑義造像碑

内部

【内】

《說文》：内，獸足蹂地也。象形，九聲。《尔疋》曰："狐貍貛貉醜，其足蹯，其迹内。"凡内之屬皆从内。

【蹂】

《說文》：蹂，篆文从足柔聲。

馬壹 40_5 下
○夫人道内（仇）之

【禽】

《說文》：禽，走獸總名。从内，象形，今聲。禽、离、兕頭相似。

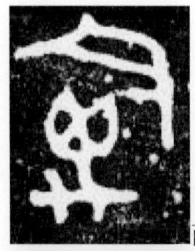

西晚・不其簋

西晚・不其簋

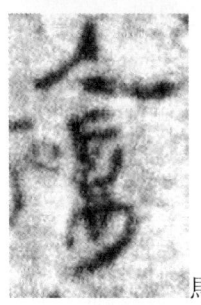

馬壹46_58下

○德及禽獸魚鱉

張・蓋廬5

銀壹495

○不禽（擒）

馬壹93_323

○楚人禽（擒）

銀貳2145

○禽權（顴）間四

馬壹91_270

○爲秦禽（擒）知

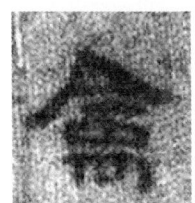

銀貳1977

馬壹48_11下

○前禽邑人不戒

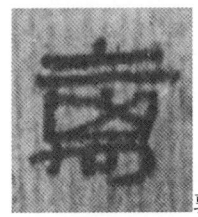

敦煌簡 1450

○檄到禽寇日未中時

金關 T10:131

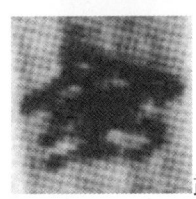

武‧儀禮甲《服傳》19

○禽獸

漢代官印選

○禽適將軍章

漢印文字徵

漢印文字徵

○禽適將軍章

漢印文字徵

漢印文字徵

石鼓‧鑾車

東漢‧營陵置社碑

○禽獸遞跡

東漢‧張遷碑陽

○問禽狩所有

東漢‧桐柏淮源廟碑

東漢‧延光四年殘碑

北魏·元寶月誌

北魏·元乂誌

○如禽度㡇

北魏·元崇業誌

○哀禽躑躅

北魏·元進誌

東魏·王偃誌

北齊·朱曇思等造塔記

○飛禽走獸

北齊·盧脩娥誌

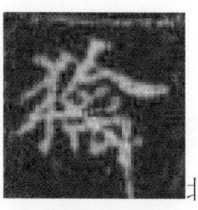

北齊·畢文造像

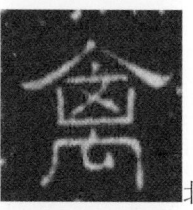

○奇禽異市

北齊·感孝頌

北齊·唐邕刻經記

北齊·報德像碑

○備諸禽跡

北齊·婁黑女誌

○案屏鮮禽

【离】

《說文》：离，山神，獸也。从禽頭，从厹从屮。歐陽喬說，离，猛獸也。

秦文字編 2032

馬壹 43_37 上

【萬】

《説文》：𥝮，蟲也。从厹，象形。

春晚・秦公鎛

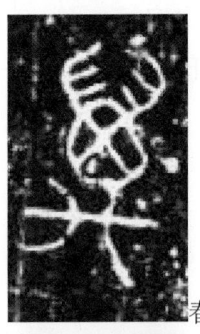

春早・秦公鎛

春早・秦公鎛

春晚・秦公鎛

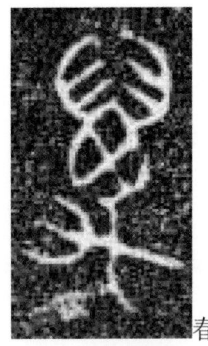

春早・秦公鐘

漢銘・日千萬鈴

漢銘・漢第八鍾

漢銘・千万鈞

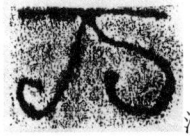

漢銘・千万熨斗

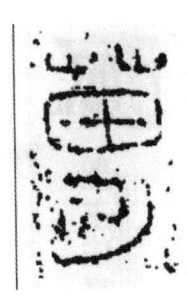

漢銘・萬金扁壺

漢銘・日入千萬殘鈴

漢銘・巨万鈞

漢銘·新嘉量二

漢銘·元康鴈足鐙

漢銘·大利千萬泉範

漢銘·萬歲宮高鐙

漢銘·日利千萬泉範

漢銘·富人大萬泉範

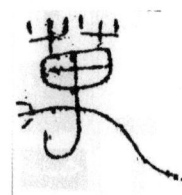

漢銘·萬金溫壺

漢銘·蜀郡嚴氏富昌洗

漢銘·日利千万鉤

睡·效律 38
○陽二萬石一積咸陽

睡·為吏 51

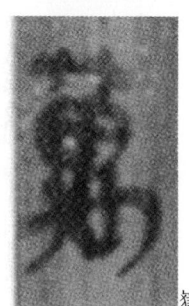

獄·數 113
○粢萬石爲稻八千三

獄・學為偽書案 212

○萬及種食

里・第八層 1052

馬壹 176_54 下

○杅十萬

馬壹 102_163

張・捕律 150

○購二萬錢

張・奏讞書 9

○錢萬六千迺三月

張・算數書 12

銀壹 988

○聞百萬之眾

銀貳 1452

北貳・老子 209

敦煌簡 0668

○宅三萬在里究賈明

敦煌簡 1300
○人五万校尉丞司馬
金關 T21:137 
金關 T24:517A 
○守尉萬年
金關 T03:100 
○十七万七千三百一
東牌樓 113 
吳簡嘉禾·一一二一
秦代印風 

秦代印風
○萬金
秦代印風 
歷代印匋封泥 
秦代印風 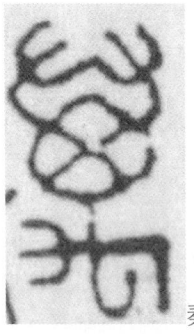
廿世紀壐印三-SY 
漢晉南北朝印風

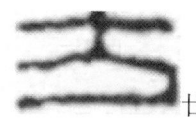

廿世紀璽印三-SY

廿世紀璽印三-SY

漢晉南北朝印風

漢晉南北朝印風

廿世紀璽印三-SY

廿世紀璽印三-SY

廿世紀璽印三-SP

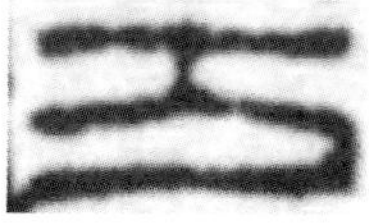

○日行千万

廿世紀璽印三-SP

廿世紀璽印三-SP

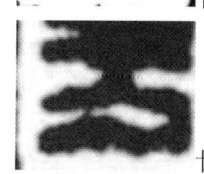

廿世紀璽印三-SY

廿世紀璽印三-SP

廿世紀璽印三-SY

漢晉南北朝印風

廿世紀璽印三-SY

漢印文字徵

漢印文字徵

○大潘千萬

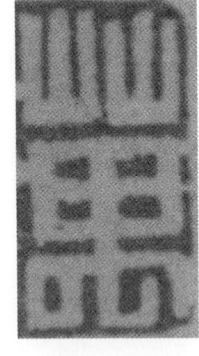

柿葉齋兩漢印萃

漢印文字徵

○日入千萬

漢印文字徵

漢印文字徵

歷代印匋封泥

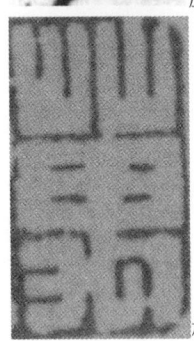

歷代印匋封泥

柿葉齋兩漢印萃

歷代印匋封泥

歷代印匋封泥

歷代印匋封泥

○萬芯吝

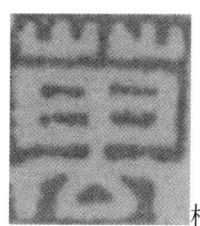

柿葉齋兩漢印萃

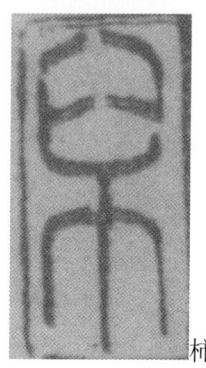

柿葉齋兩漢印萃

○千萬

漢印文字徵

漢印文字徵

漢印文字徵

漢印文字徵

漢晉南北朝印風

漢晉南北朝印風

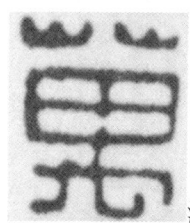

漢晉南北朝印風

漢晉南北朝印風

○巨漚千万

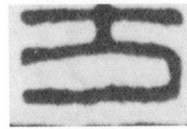

漢晉南北朝印風

○桓千万

漢晉南北朝印風

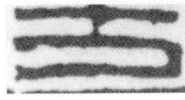

漢晉南北朝印風

○杜少丙千万

漢晉南北朝印風

○王君千万

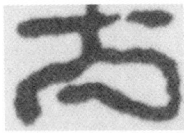

漢晉南北朝印風

○巨張千万

漢晉南北朝印風

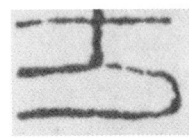

漢晉南北朝印風

○巨韋卿日利千万

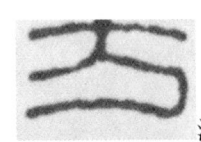

漢晉南北朝印風

○巨秦八千万

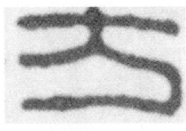

漢晉南北朝印風

○巨蘇千万

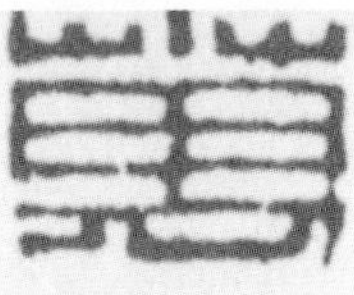

漢晉南北朝印風

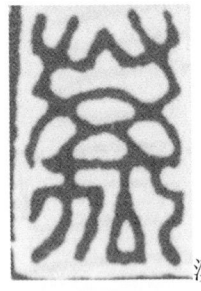

漢晉南北朝印風

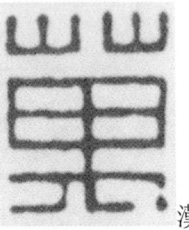

漢晉南北朝印風

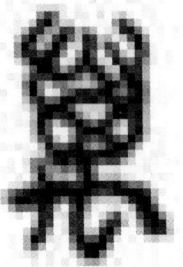

秦駰玉版

詛楚文・亞駝

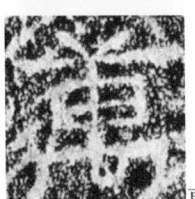

東漢・孫仲陽建石闕題記

○價直萬五千

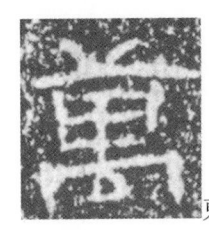

東漢・元嘉元年畫像石題記二

○治生日進錢萬倍

東漢・圉令趙君碑

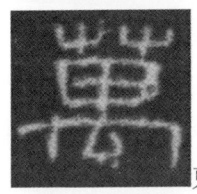

東漢・曹全碑陽

東漢・曹全碑陽

○紀綱萬里

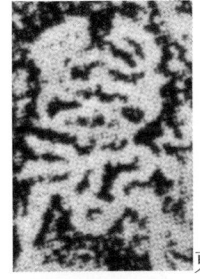

東漢・開母廟石闕銘

東漢・公乘田魴畫像石墓題記

○公乘田魴萬歲神室

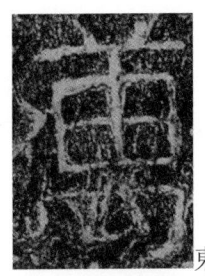

東漢・開通褒斜道摩崖刻石

○凡用功七十六萬六千八百

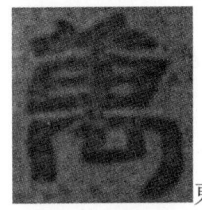

東漢・田文成畫像石題記

○田文成萬年室

東漢・開母廟石闕銘

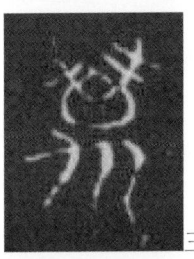

三國魏・三體石經尚書・古文

○于田以萬

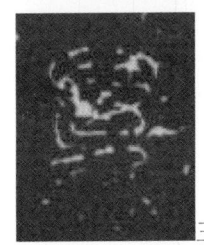

三國魏・三體石經尚書・篆文

○于田以萬

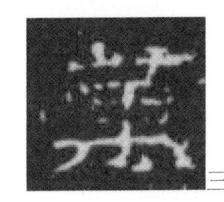

三國魏・三體石經尚書・隸書

○于田以萬

十六國北涼・沮渠安周造像
○日日万機

北魏・寇猛誌
○流稱万裔

北魏・元廣誌
○流芳万紀

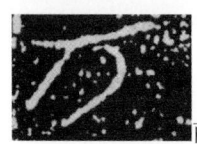

南朝宋・景熙買地券
○亡人以錢万万九千九百文

【禹】

《說文》：禹，蟲也。从厹，象形。

【𥜔】

《說文》：𥜔，古文禹。

春秋・秦公簋

睡・日甲《詰咎》135

○禹須臾戊己丙丁庚

睡・日甲 2
○己未禹以取梌

睡・日乙 106
○符地禹步

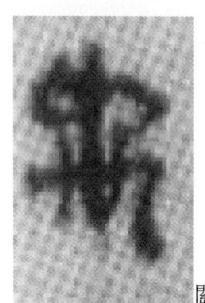

關・病方 326
○陳垣禹步

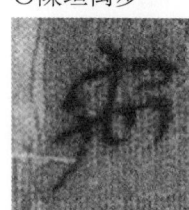

馬貳 128_13

馬貳 119_196/195
○嚮禹步三

張・引書 101
○禹步以利股閒

銀貳 2007

敦煌簡 1742

○聊禹以十一月壬申

金關 T24:266A

○禹令史樂

金關 T31:149

北壹·倉頡篇 65

○堯舜禹湯

歷代印匋封泥

○左禹

廿世紀璽印三-SY

廿世紀璽印三-SY

廿世紀璽印三-SY

廿世紀璽印三-SY

廿世紀璽印三-SY

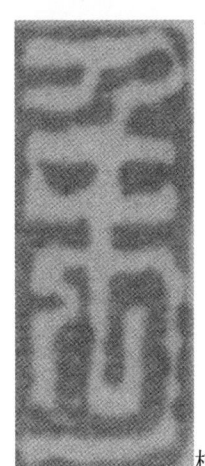

柿葉齋兩漢印萃

漢印文字徵

漢印文字徵

漢印文字徵

漢印文字徵

漢印文字徵

漢印文字徵

漢印文字徵

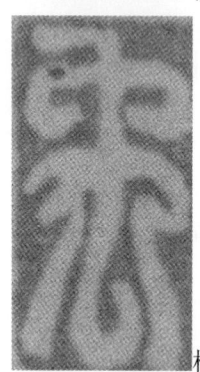

柿葉齋兩漢印萃

漢晉南北朝印風

○昔禹之印

第十四卷

漢晉南北朝印風

漢晉南北朝印風

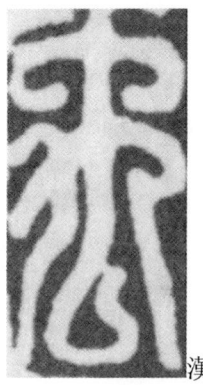

漢晉南北朝印風

漢晉南北朝印風

漢晉南北朝印風

漢晉南北朝印風
〇禹況私印

漢晉南北朝印風

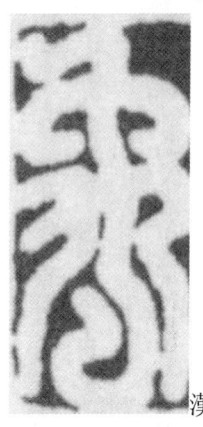

漢晉南北朝印風

漢晉南北朝印風

漢晉南北朝印風

漢晉南北朝印風

漢晉南北朝印風

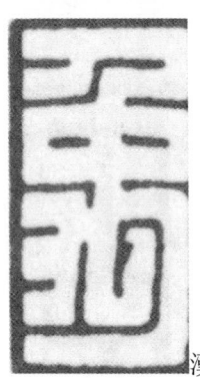

漢晉南北朝印風

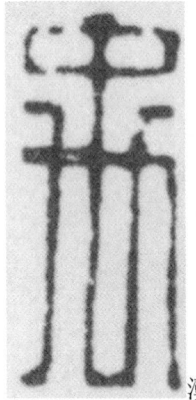

漢晉南北朝印風

東漢·北海相景君碑陰

○故書佐劇乘禹

東漢·桐柏淮源廟碑

東漢·尚博殘碑

○每懷禹稷

三國魏·孔羨碑

北魏·元引誌

【䰲】

《說文》：䰲，周成王時，州靡國獻䰲。人身，反踵，自笑，笑即上脣掩其目。食人。北方謂之土螻。《尔疋》云："䰲䰲，如人，被髮。"一名梟陽。从厹，象形。

【禸】

《說文》：禸，蟲也。从厹，象形。讀與偰同。

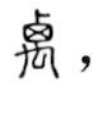

【嘼】

《説文》：㡿，古文卤。

嘼部

【嘼】

《説文》：嘼，犍也。象耳、頭、足厹地之形。古文嘼，下从厹。凡嘼之屬皆从嘼。

【獸】

《説文》：獸，守備者。从嘼从犬。

睡·秦律十八種 6

睡·日甲《詰》59

○□鳥獸能言是夭

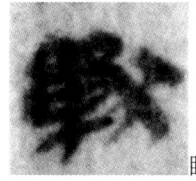

睡·日甲《詰》31

○若鳥獸及六畜恆行

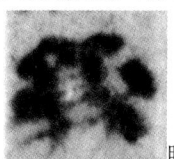

睡·日甲《詰》49

○鳥獸虫豸甚衆獨入

馬壹 140_2 上/169 上

○游獸得而走

馬壹 96_36

馬壹 36_36 上

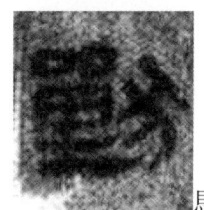

馬貳 35_28 下

○殺獸能禽

張·蓋盧 5

○禽獸皆服

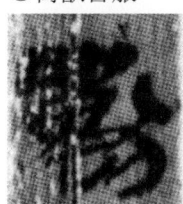

銀貳 1698

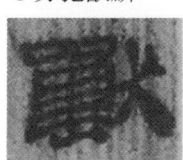

○毋犯獸麟

北貳·老子 48

武·儀禮甲《服傳》19

○禽獸

6683

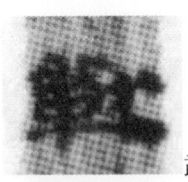

武·甲《特牲》19

○舉獸乾

廿世紀璽印三-SP

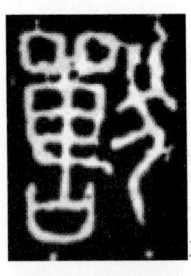

○左官奴獸

石鼓·鑾車

東漢·桐柏淮源廟碑

三國魏·三體石經春秋·古文

北魏·韓顯祖造像

○捨躬於飢獸

北魏·元徽誌

北齊·牛景悅造石浮圖記

○神獸炳曜

北齊·高湑誌

甲部

【甲】

《說文》：甲，東方之孟，陽气萌動，从木戴孚甲之象。一曰人頭宜爲甲，甲象人頭。凡甲之屬皆从甲。

【𠇗】

《說文》：𠇗，古文甲，始於十、見於千、成於木之象。

戰晚·新鄭虎符

秦代·陽陵虎符

漢銘·甲三弩機

漢銘・廢丘鼎蓋

睡・秦律十八種 97

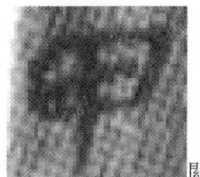

關・曆譜 2

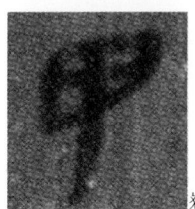

嶽・質日 2711

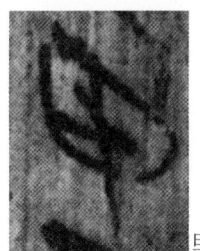

里・第八層 11

○貲一甲二

馬壹 211_24

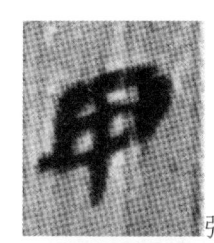

張・奏讞書 36

銀壹 10

北貳・老子 119

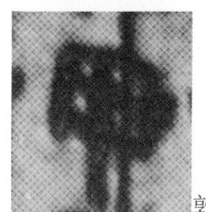

敦煌簡 1560A

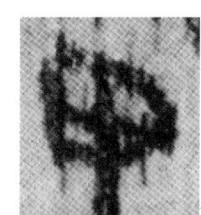

○甲辰

金關 T01:001

東牌樓 151

歷代印匋封泥

○宮甲

秦代印風

廿世紀璽印三-SP

秦代印風

○趙甲

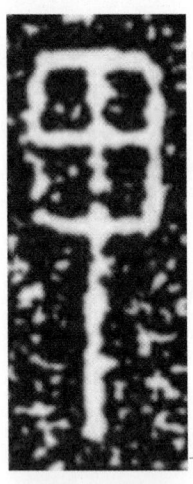

廿世紀璽印三-SY

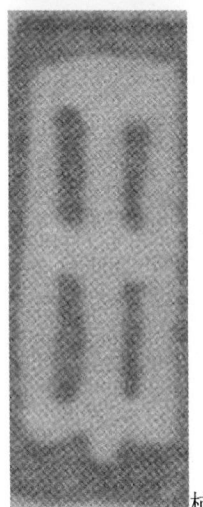

柿葉齋兩漢印萃

○鐘甲

漢印文字徵

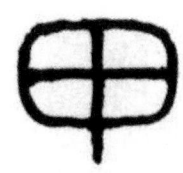

漢印文字徵

漢印文字徵

○新成甲

漢印文字徵

漢印文字徵

○矦甲

漢印文字徵

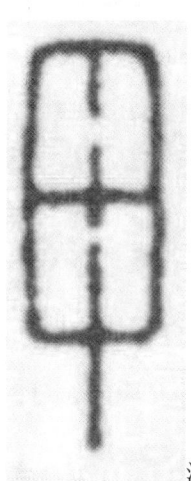

漢晉南北朝印風

漢晉南北朝印風

○新成甲

詛楚文・沈湫

秦公大墓石磬

詛楚文・亞駝

東漢・乙瑛碑

東漢・公乘田魴畫像石墓題記

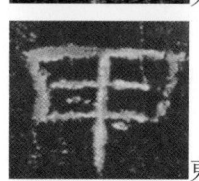

東漢・韓仁銘

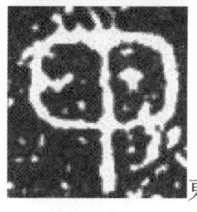

東漢・燕然山銘

○玄甲燿日

東漢・成陽靈臺碑

東漢・三老諱字忌日刻石

三國魏•三體石經尚書•古文

〇祖甲

三國魏•三體石經尚書•篆文

三國魏•三體石經尚書•隸書

西晉•荀岳誌

東晉•朱曼妻薛氏買地券

北魏•司馬金龍墓表

〇歲在甲子十一月

北魏•韓顯祖造像

〇大魏永熙三年歲次甲寅六

北周•郭賢造象

乙部

【乙】

《說文》：乁，象春艸木冤曲而出，陰气尚彊，其出乙乙也。與丨同意。乙承甲，象人頸。凡乙之屬皆从乙。

戰中•商鞅量

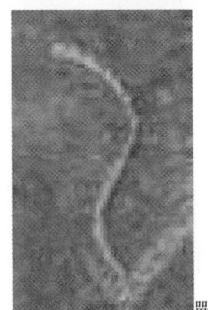

戰晚•十六年少府戈

漢銘•朝陽少君鍾

漢銘•陽平家鐙

漢銘・陽平家鐙

漢銘・陽泉熏鑪

漢銘・臨晉鼎

睡・法律答問 11

睡・封診式 42

睡・日甲《詰咎》135

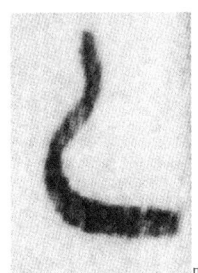

睡・日甲《土忌》137

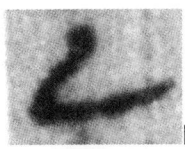

睡・日甲《病》86

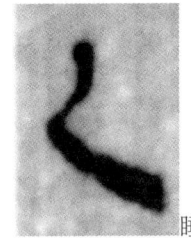

睡・日乙 38

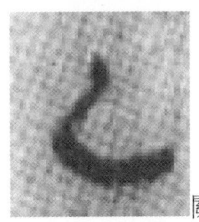

關・曆譜 47

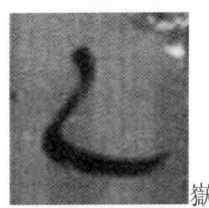

嶽・質日 2736

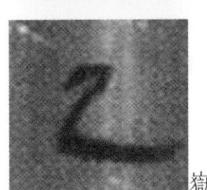

嶽・質日 3449

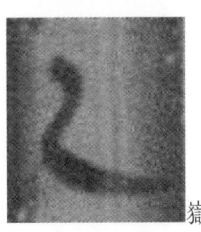

嶽・質日 3545

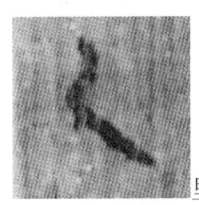

里・第八層 56

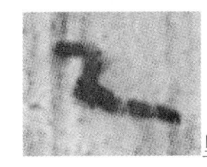

里・第八層背 60

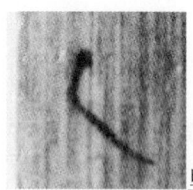

里·第八層背 1490

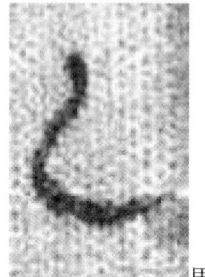

馬壹 247_8 欄

馬壹 226_94

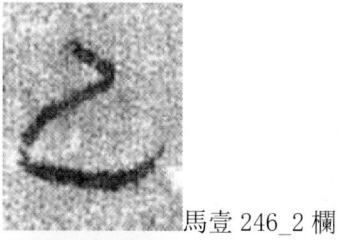

馬壹 246_2 欄

馬貳 294_407/407

張·奏讞書 97

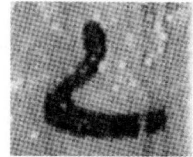

張·曆譜 15

銀貳 1990

孔·曆日 31

敦煌簡 0770

金關 T10:120A

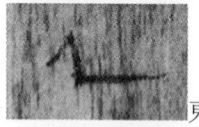

東牌樓 151

歷代印匋封泥

秦代印風

漢印文字徵

漢印文字徵

漢印文字徵

漢印文字徵

漢印文字徵

漢印文字徵

漢印文字徵

○李乙之印

漢印文字徵

第十四卷

漢晉南北朝印風

東漢·桐柏淮源廟碑

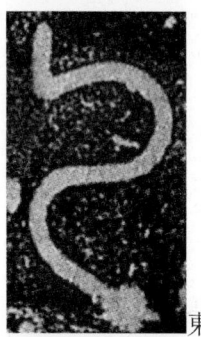

東漢·司徒袁安碑

東漢·乙瑛碑

○乙君察舉守宅

三國魏·三體石經春秋·篆文

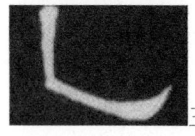

三國魏·三體石經春秋·隸書

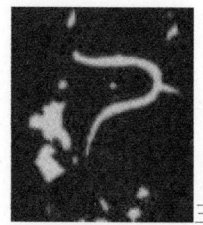

○乙巳

三國魏·三體石經春秋·古文

○公至自齊乙巳公薨于

北魏·李蕤誌

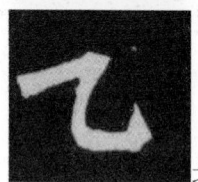

北魏·元定誌

【乾】

《說文》：𠤎，上出也。从乙，乙，物之達也；倝聲。

【𠄔】

《說文》：𠄔，籀文乾。

睡·封診式 89

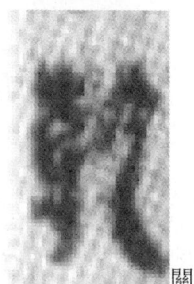

關·病方 309

6692

獄・數 4

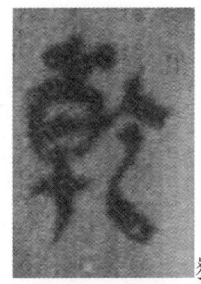

里・第八層 1022

馬壹 82_68

馬貳 212_7/108

張・算數書 83

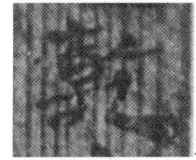

敦煌簡 1296A

○乾克

金關 T06:092

金關 T24:711

○里累乾年廿四

武・甲《特牲》19

○食舉乾

武・甲《少牢》27

○牢乾尸

秦代印風

漢印文字徵

漢晉南北朝印風

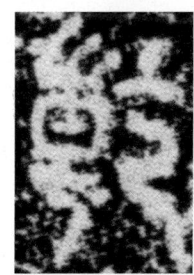

東漢・開母廟石闕銘

東漢・曹全碑陽

○武王秉乾之機

第十四卷

[東漢·熹平石經殘石四]

[東漢·石門頌]

[西晉·石尠誌]

[十六國北涼·沮渠安周造像]

○乾乾匪懈

[北魏·崔鴻誌]

○乾乾夕惕

[北魏·張正子父母鎮石]

○坐乾向巳

[北魏·元昭誌]

○撥亂乾綱

[北魏·劇市誌]

○乾坤肇載

[北齊·劉雙仁誌]

○膺赤伏以承乾

【亂】

《説文》：亂，治也。从乙，乙，治之也；从𤔔。

[關·日書191]

[馬壹140_6上/173上]

○不爲亂解（懈）

[馬壹137_55下/132下]

○奇者亂

[馬貳63_21]

○亂不過十

6694

第十四卷

張·蓋盧 32

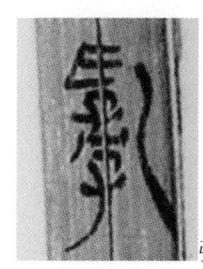

張·脈書 50

銀壹 688

○敗法亂刑上

北貳·老子 75

敦煌簡 0948

○亂里貸變

北壹·倉頡篇 10

魏晉殘紙

○諸將為亂

詛楚文·亞駝

東漢·曹全碑陽

東漢·開母廟石闕銘

三國魏·三體石經尚書·隸書

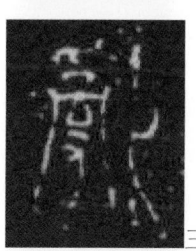

三國魏·三體石經尚書·篆文

西晉·魯銓表

○樹機能亂

北魏·嵩高靈廟碑

○九黎亂德

北魏・張宜誌

○委夷寇亂

【尤】

《說文》：尤，異也。从乙又聲。

馬壹130_18上\95上

○視之（蚩）尤反

馬壹86_146

馬貳9_21下

○兵事尤甚

張・傳食律232

北貳・老子142

敦煌簡0249B

金關T26:072

○記部尤戲

秦代印風

廿世紀璽印三-SY

○射尤長始

漢印文字徵

漢印文字徵

漢印文字徵

漢晉南北朝印風

漢晉南北朝印風

東漢・馮緄碑

東漢・石門頌

北魏・王遺女誌

北魏・胡顯明誌

○並尤文墨

北魏・李璧誌

○尤愛馬班兩史

【乞】

敦煌簡 0126

○唯爲乞衣

東牌樓 003 背

○願乞備他

東漢・張景造土牛碑

○乞不爲縣吏

北魏・丘哲誌

北魏・元欽誌

北魏・慧靜誌

丙部

【丙】

《說文》：丙，位南方，萬物成，炳然。陰气初起，陽气將虧。从一入冂。一者，陽也。丙承乙，象人肩。凡丙之屬皆从丙。

戰晚・十五年寺工鈹

漢銘・中山內府銅鑊

漢銘・漢建武釪

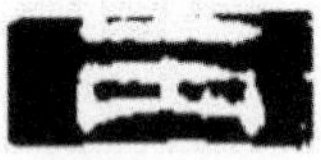

漢銘・建武泉範一

漢銘・丙長翁主壺

睡・法律答問 12
〇往盜丙甗（纔）

睡・封診式 16

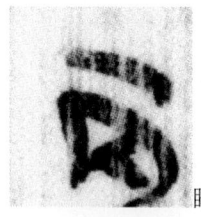

睡・為吏 22

睡・日甲《病》83

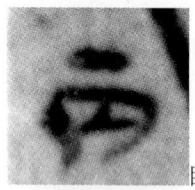

睡・日甲《玄戈》56

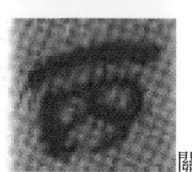

關・曆譜 10

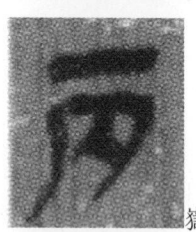

獄・質日 273

獄・質日 3546

獄・譖妃案 140

里・第六層 8

○丙子

里·第八層 2025

里·第八層背 2008

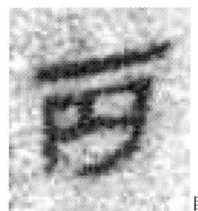

馬壹 226_73

馬壹 242_1 上\9 上

馬貳 20_31 上

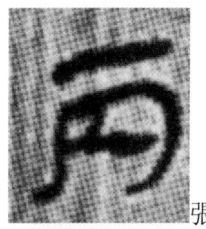

張·奏讞書 76

張·蓋盧 55

張·歷譜 13

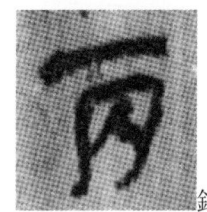

銀貳 1990

敦煌簡 1644

○丙子

金關 T01:023

東牌樓 151

○乙丑丙寅

廿世紀璽印二-SP

秦代印風

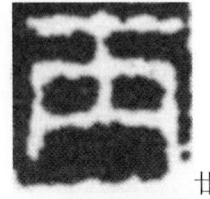

廿世紀璽印三-SY

廿世紀璽印三-SY

漢印文字徵
〇尹丙

漢印文字徵

漢印文字徵
〇牟丙印

漢印文字徵

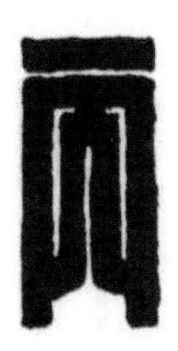

漢印文字徵

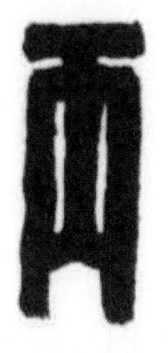

漢印文字徵

漢晉南北朝印風
〇杜少丙千萬

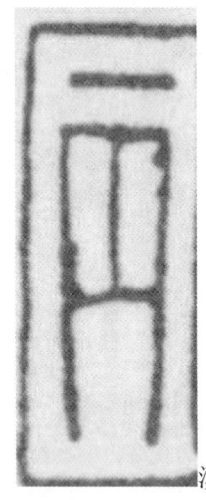

漢晉南北朝印風
〇薛丙

漢晉南北朝印風

漢晉南北朝印風
〇尹丙

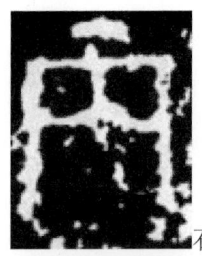

石鼓・吾水

東漢・司徒袁安碑

東漢・乙瑛碑

東漢・肥致碑

三國魏・三體石經殘・隸書

三國魏・三體石經殘・古文

○丙邾

三國魏・三體石經春秋・篆文

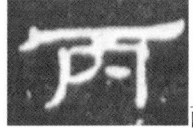

西晉・孫松女誌

北魏・張九娃造像

○五月丙午朔

丁部

【丁】

《說文》：个，夏時萬物皆丁實。象形。丁承丙，象人心。凡丁之屬皆从丁。

漢銘・建初元年鐵

漢銘・御食官鼎

漢銘・史丁弩鐵

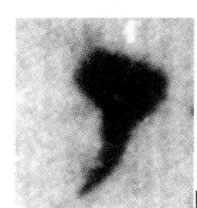

睡・封診式 26

睡・日甲《歸行》132

睡・日乙 33

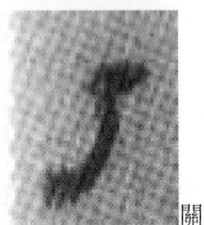

關・曆譜 21

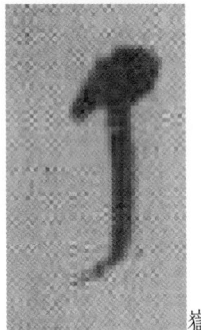

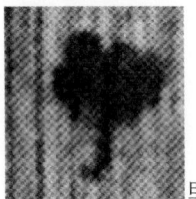

獄・暨過案 99

里・第六層 10

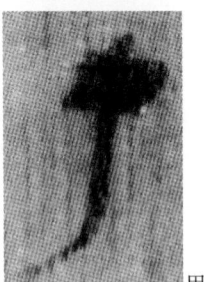

里・第八層 2093

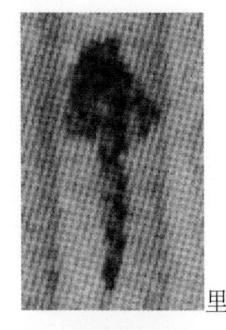

里・第八層背 66

馬壹 269_4 欄

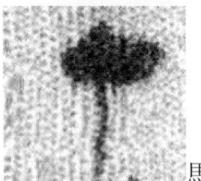

馬壹 245_7 下\8 下

馬壹 173_28 上

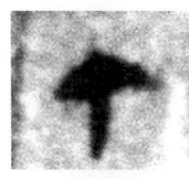

馬貳 6_4 上

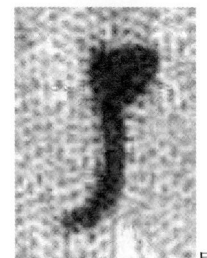

馬貳 18_11 上

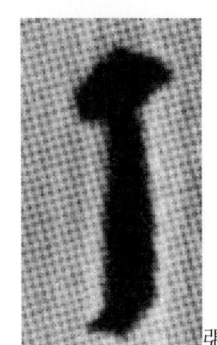

張・奏讞書 176

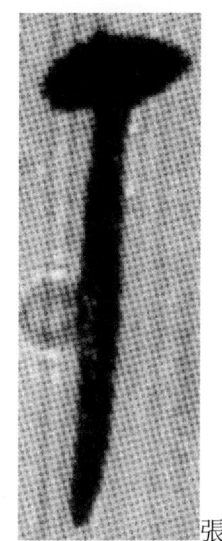

張·蓋盧 55

張·歷譜 11

張·歷譜 13

銀貳 1990

○丁酉

孔·曆日 43

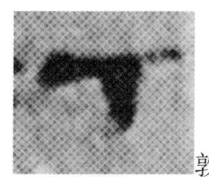

敦煌簡 1717A

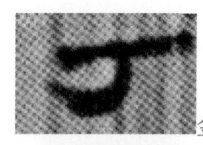

金關 T09∶115

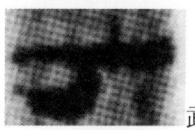

武·甲《少牢》1

廿世紀璽印二-SP

○宮丁

廿世紀璽印二-SP

○宮丁

秦代印風

秦代印風

○丁市

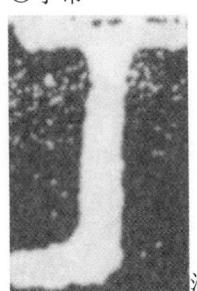

漢晉南北朝印風

廿世紀璽印三-SY

○丁獲印

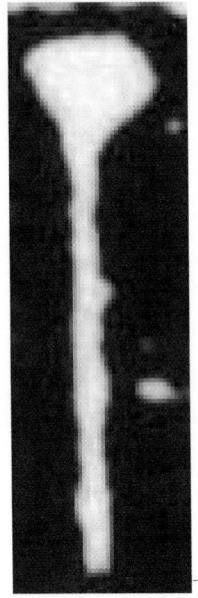

廿世紀璽印三-SY

廿世紀璽印三-SP

○丁復孺印

廿世紀璽印三-SY

○丁志信印

漢印文字徵

○丁賓

漢印文字徵

○宋丁

漢印文字徵

○丁印忘生

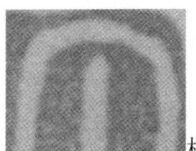

○丁若延印　漢印文字徵

○丁寬私印　柿葉齋兩漢印萃

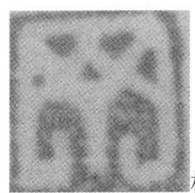

○丁武私印　柿葉齋兩漢印萃

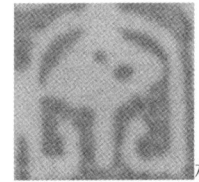

○丁憲私印　柿葉齋兩漢印萃

○丁請侯印　歷代印匋封泥

○丁昭私印　漢印文字徵

○丁長孫印　漢印文字徵

○丁咸之印　歷代印匋封泥

漢印文字徵

○丁曾之印　漢印文字徵

○丁譚私印　漢印文字徵

○丁裒　漢印文字徵

漢印文字徵

○丁壽印信

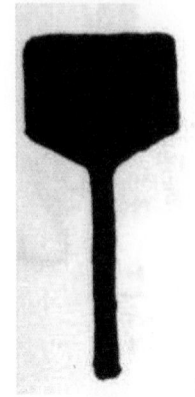

漢印文字徵

漢印文字徵

漢印文字徵

漢印文字徵

○丁得之印

漢印文字徵
○丁氏長幸唯印

漢印文字徵
○丁若咸印

漢印文字徵
○丁翁伯印

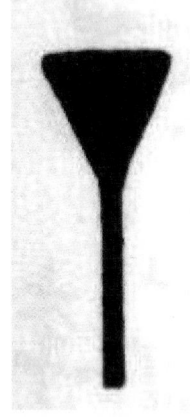

漢印文字徵

廿世紀璽印四-SY
○丁宗

廿世紀璽印四-GY

漢晉南北朝印風
○丁昭私印

漢晉南北朝印風
○丁若延印

漢晉南北朝印風
○丁良弼印

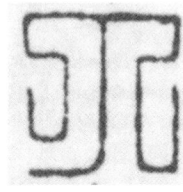

漢晉南北朝印風
○丁壽印信

漢晉南北朝印風
○韓丁印

漢晉南北朝印風
○丁勝私印

漢晉南北朝印風
○丁長孫印

漢晉南北朝印風
○丁禹之印

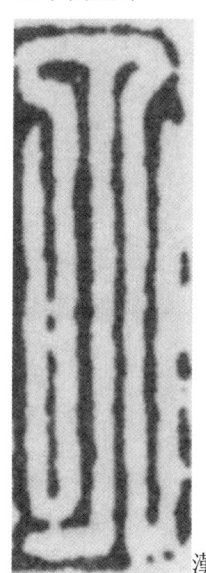

漢晉南北朝印風
○丁翊印

漢晉南北朝印風
○丁充之印

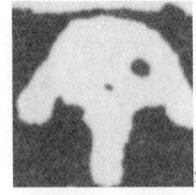

漢晉南北朝印風

○丁則私印

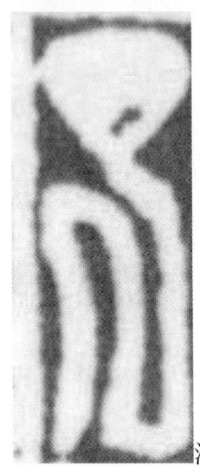

漢晉南北朝印風

○樂丁

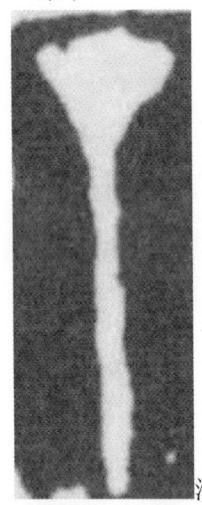

漢晉南北朝印風

漢晉南北朝印風

○丁蒼之印

東漢・鮮于璜碑陽

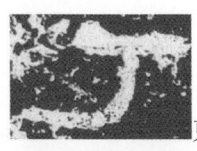

東漢・張表造虎函題記

三國魏・三體石經尚書・隸書

三國魏・三體石經尚書・篆文

○賢在武丁

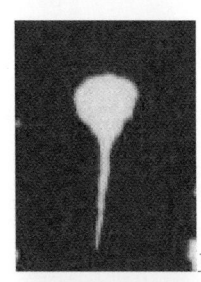

三國魏・三體石經春秋・古文

北魏・元偃誌

北魏・韓顯宗誌

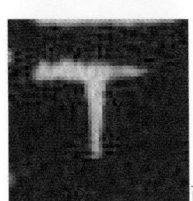

西魏・鞏伏龍造像

南朝齊・劉岱誌

戊部

【戊】

《說文》：戊，中宮也。象六甲五龍相拘絞也。戊承丁，象人脅。凡戊之屬皆从戊。

戰晚・十五年寺工鈹

西晚・不其簋

○戊申

戰晚・寺工矛

戰晚・十六年寺工鈹

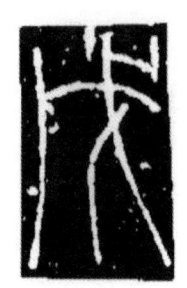

○寺工五戊

漢銘・新嘉量二

漢銘・壽成室鼎二

漢銘・蜀郡成都作洗

漢銘・曲成家行鐙

漢銘・聖主佐宮中行樂錢

睡・日甲《到室》135

睡・日甲 101

睡・日甲《病》85

睡·日甲《詰》56

睡·日甲《玄戈》59

睡·日乙 80

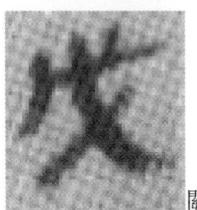

關·曆譜 24

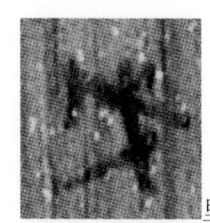

獄·質日 2722

獄·質日 3435

獄·質日 3539

里·第五層 1

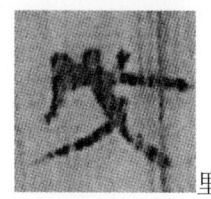

里·第八層 163

里·第八層背 135

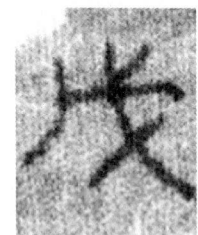

○戊寅

馬壹 269_5 欄

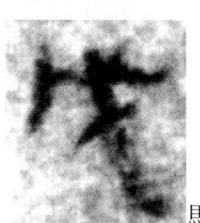

馬壹 211_17

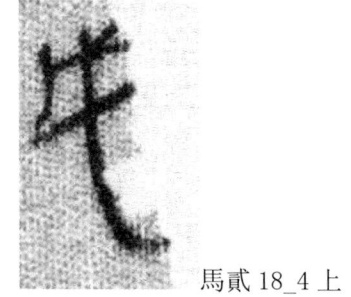

馬貳 18_4 上

○癸戊

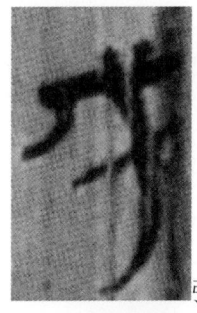

張·奏讞書 1

張·蓋盧 20

張·曆譜 13

銀貳 1990

孔·曆日 44

敦煌簡 1948

○戊午

金關 T26:227A

○戊子

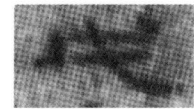

東牌樓 005

○戊午

秦代印風

漢印文字徵

漢印文字徵

漢代官印選

東漢·譙敏碑

東漢·石祠堂石柱題記

東晉·劉媚子誌

○戊戌

北魏·耿壽姬誌

○歲次戊戌

北魏·元偃誌

北魏·元簡誌

北魏·高慶碑

○次戊子

北魏·寇臻誌

○戊午

東魏·楊顯叔再造像

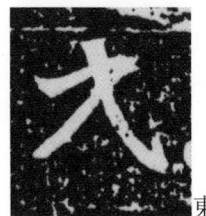

○戊辰冠軍

東魏·惠朗造像

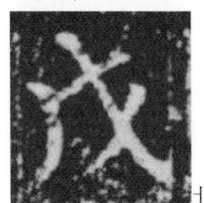

○戊申

北齊·姚景等造像

北周·宇文儉誌

【成】

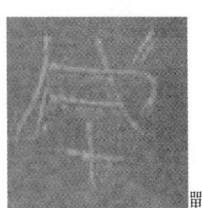

《說文》：成，就也。从戊丁聲。

【𠁣】

《說文》：𠁣，古文成从午。

戰晚·春成左庫戈

○春成左庫

秦代・元年詔版二

秦代・元年詔版五

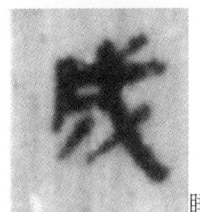

睡・秦律十八種 112

睡・為吏 38

睡・日甲《稷叢辰》40

睡・日甲《盜者》82

睡・日甲《除》3

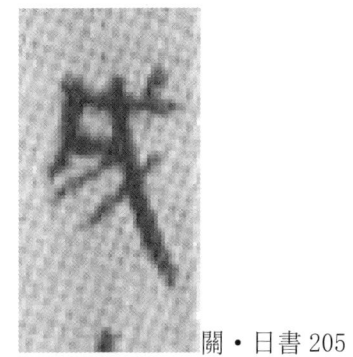

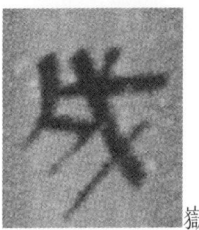

關・日書 205

獄・為吏 86

獄・數 96

獄・暨過案 103

里・第八層 38

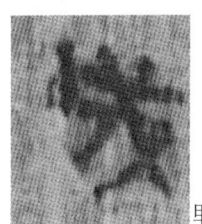

里・第八層背 157

馬壹 81_44

馬壹 36_34 上

馬壹 131_12 下\89 下

馬壹 36_28 上

馬壹 258_3 上\29 上

馬貳 33_3 下

馬貳 36_55 上

張•秩律 448

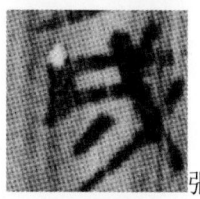

張•蓋廬 4

張•算數書 155

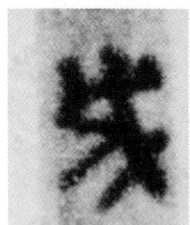

銀壹 487

銀貳 1865

北貳•老子 77

敦煌簡 0202

金關 T30:240

○嗇夫成敢言之

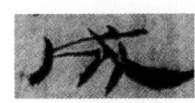

金關 T24:047

武·儀禮甲《服傳》16

武·甲《特牲》42

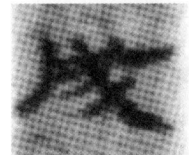

武·甲《有司》79

武·甲《燕禮》20

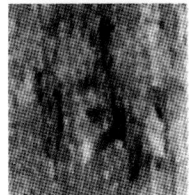

東牌樓 079

○年益成里

歷代印匋封泥

秦代印風

秦代印風

廿世紀璽印三-SY

廿世紀璽印三-GP

秦代印風

○琴戚

廿世紀璽印三-SY

秦代印風

秦代印風

漢晉南北朝印風

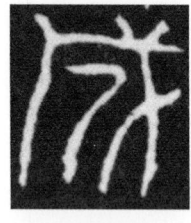

廿世紀璽印三-GY

○鐔成令印

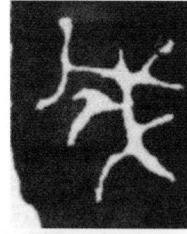

廿世紀璽印三-GY

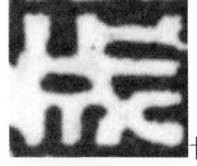

廿世紀璽印三-SY

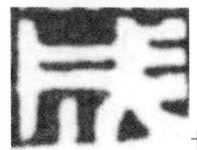

廿世紀璽印三-SY

漢晉南北朝印風

廿世紀璽印三-SY

廿世紀璽印三-SY

○宜成

廿世紀璽印三-SY

漢晉南北朝印風

廿世紀璽印三-GY

○鐔成長印

漢印文字徵

漢印文字徵

漢印文字徵

漢印文字徵

漢印文字徵

歷代印匋封泥

漢印文字徵

柿葉齋兩漢印萃

歷代印匋封泥

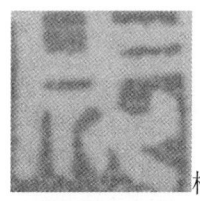

柿葉齋兩漢印萃

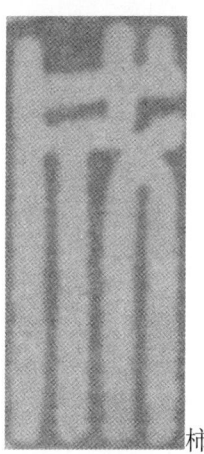

柿葉齋兩漢印萃

漢印文字徵

漢代官印選

漢印文字徵

歷代印匋封泥

歷代印匋封泥

歷代印匋封泥

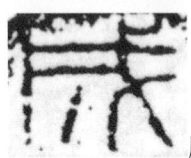

歷代印匋封泥

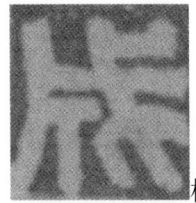

柿葉齋兩漢印萃

廿世紀鉨印四-GY

漢晉南北朝印風

漢晉南北朝印風

○新成甲

漢晉南北朝印風

漢晉南北朝印風

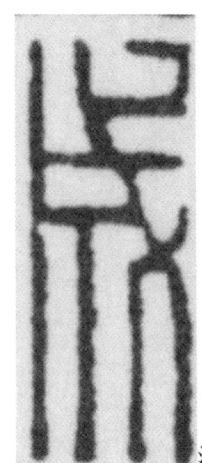

漢晉南北朝印風

漢晉南北朝印風

漢晉南北朝印風

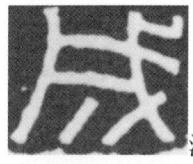

漢晉南北朝印風

漢晉南北朝印風

漢晉南北朝印風

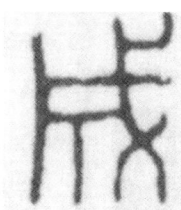

漢晉南北朝印風

詛楚文・亞駝

琅琊刻石

泰山刻石

東漢・田文成畫像石題記

東漢・任城王墓黃腸石

○富成曹文

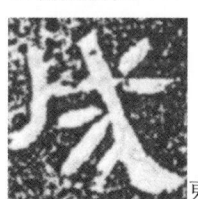

東漢・從事馮君碑

東漢・元嘉元年畫像石題記一

○立郭畢成

東漢・西狹頌

東漢・舉孝廉等字殘碑

東漢・成陽靈臺碑

東漢・成陽靈臺碑

東漢・成陽靈臺碑

三國魏・三體石經尚書・古文

○成湯

三國魏・三體石經尚書・隸書

三國魏・三體石經尚書・篆文

○在昔成湯

北魏・元保洛誌

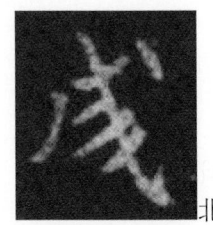

北魏・寇演誌

○挺聰令而夙成

北魏・元誘誌

北魏・元恪嬪李氏誌

北魏・于仙姬誌蓋

東魏・廣陽元湛誌

東魏・成休祖造像

北齊・高百年誌

北周·侯遠誌

己部

【己】

《說文》：己，中宮也。象萬物辟藏詘形也。己承戊，象人腹。凡己之屬皆从己。

【𢀒】

《說文》：𢀒，古文己。

戰晚·十七年寺工鈹

漢銘·尹續有盤

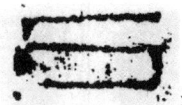

漢銘·三己錞于

漢銘·聖主佐宮中行樂錢

漢銘·新衡杆

漢銘·中山內府銅鑊

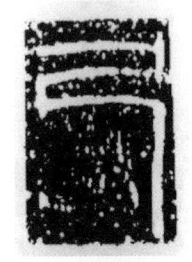

漢銘·新嘉量二

睡·封診式 50

○史己往執令

睡·日甲 101

○己酉己卯

睡·日甲《玄戈》59

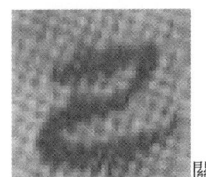

關·曆譜 12

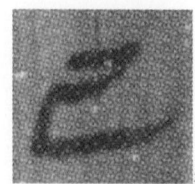

第十四卷

獄・質日 2716　　　銀壹 584
獄・質日 352　　　銀貳 1995
里・第五層 22　　　敦煌簡 2226B
里・第八層 135　　　金關 T25:069
馬壹 246_2 欄　　　東牌樓 005

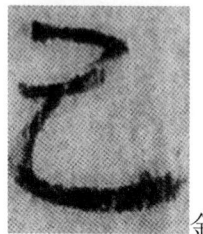

〇九月己酉

張・奏讞書 8　　　廿世紀璽印三-SY
張・蓋盧 20
張・歷譜 14　　　漢晉南北朝印風

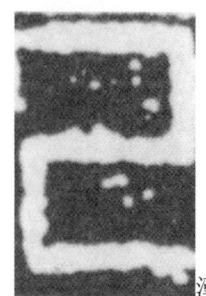

漢代官印選

漢印文字徵

漢印文字徵

○時己登印

漢印文字徵

○笵病己印

東漢・肥致碑

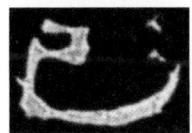

東漢・楊震碑

○州郡虛己

東漢・夏承碑

東漢・夏承碑

○先人後己

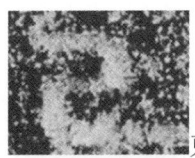

東漢・四神刻石

東漢・司徒袁安碑

三國魏・三體石經春秋・篆文

○己卯

三國魏・三體石經春秋・隸書

○己卯晉侯重耳卒卅

東晉・楊陽神道闕

○隆安三年歲在己卯

北魏・張石生造像

○歲次己丑

北魏·元偃誌
○二日己酉

北魏·韓顯宗誌

北魏·張整誌
○十一月己酉朔

北魏·元融妃穆氏誌

北魏·靈山寺塔銘

【圣】

《説文》：圣，謹身有所承也。从己、丞。讀若《詩》云"赤舄己己"。

北魏·馮邕妻元氏誌
○合圣同牢

北魏·元融妃穆氏誌
○合圣宗王

東魏·劉幼妃誌
○昔逕合圣

【巺】

《説文》：巺，長踞也。从己其聲。讀若杞。

巴部

【巴】

《説文》：巴，蟲也。或曰食象蛇。象形。凡巴之屬皆从巴。

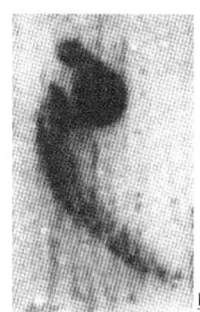

里·第八層2316

馬貳 129_20
○取巴叔（菽）蛇

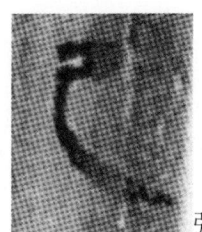

張·行書律 268
〇復蜀巴
北壹·倉頡篇 11 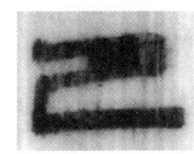
〇巴蜀
廿世紀璽印四-GY 

漢印文字徵
〇巴利
漢代官印選 

漢印文字徵

漢印文字徵
〇巴應
漢印文字徵 
〇巴荊之印

漢晉南北朝印風
〇巴應

漢晉南北朝印風

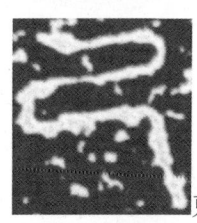

東漢·樊敏碑額
〇漢故領校巴郡

東漢·華岳廟殘碑陰

○蓮勺田巴叔鷩

東漢・曹全碑陽

○巴郡朐忍令

北魏・元宥誌

北齊・張起誌

○除巴州曾口太守

北齊・徐顯秀誌

○南傾巴濮

【䘒】

《說文》：䘒，捾擊也。从巴、帚，闕。

庚部

【庚】

《說文》：庚，位西方，象秋時萬物庚庚有實也。庚承己，象人齎。凡庚之屬皆从庚。

戰晚・四十年上郡守走殳戈

○隸臣庚□陽

漢銘・王氏一斗鼎

睡・日甲 104

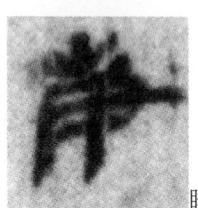

睡・日甲《病》87

關・曆譜 7

嶽・質日 276

獄・質日 3445

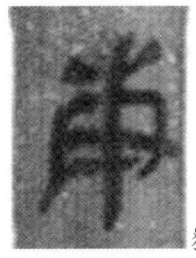

里・第八層 1523

○庚寅

里・第八層背 1434

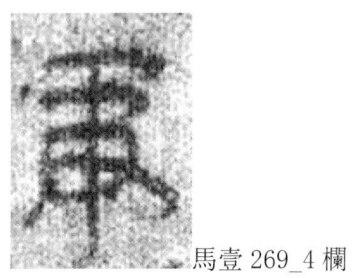

○庚子

馬壹 269_4 欄

○庚戌

馬壹 178_64 下

○庚戌

張・奏讞書 26

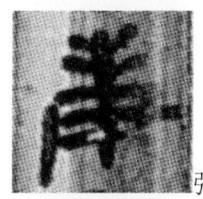

張・蓋盧 55

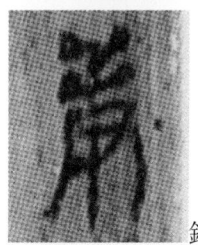

銀貳 2000

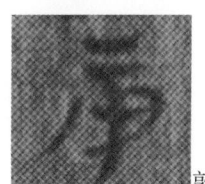

○庚申

敦煌簡 1052

○九日庚午

金關 T21:436

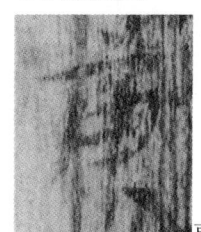

○道上庚戌

東牌樓 029 正

○庚申歲

北壹・倉頡篇60

○霸暨傅庚

秦代印風

○王庚

漢印文字徵

○橋庚私印

漢印文字徵

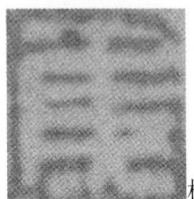

柿葉齋兩漢印萃

○庚彭私印

漢印文字徵

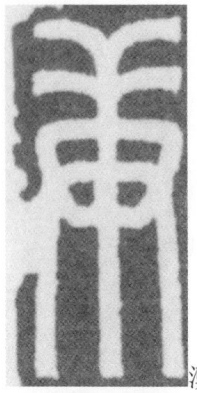

漢晉南北朝印風

東漢・司徒袁安碑

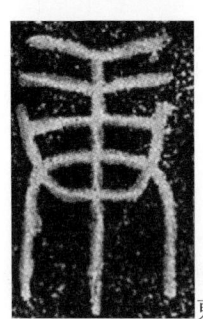

東漢・司徒袁安碑

西晉・徐義誌

○歲在庚寅

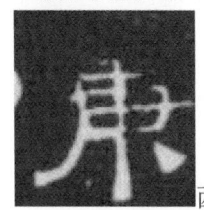

西晉・荀岳誌

○廿七日庚戌

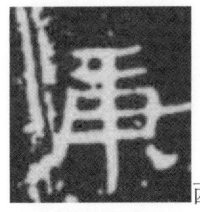

西晉·荀岳誌
○廿二日庚辰

西晉·羊祜誌

北魏·唐雲誌
○十有二日庚申

北魏·盧子真夫人誌
○庚辰

北魏·張正子父母鎮石

北魏·司馬金龍墓表
○庚午朔

北魏·李蕤誌
○廿四日庚申

北齊·斛律氏誌
○二日庚申

北齊·歐伯羅造像
○庚戌

北周·僧和造像
○歲次八日庚申

辛部

【辛】

《說文》：辛，秋時萬物成而孰；金剛，味辛，辛痛即泣出。从一从辛。辛，辠也。辛承庚，象人股。凡辛之屬皆从辛。

漢銘·富平侯家溫酒鐎

漢銘·辛鼎

漢銘・史辛弩鐖

漢銘・辛鈁

睡・日甲 101

睡・日甲《病》80

睡・日甲《玄戈》59

關・曆譜 43

獄・質日 2717

獄・質日 3417

獄・質日 3518

獄・學為偽書案 210

里・第八層 648

○七月辛亥朔

里・第八層 164

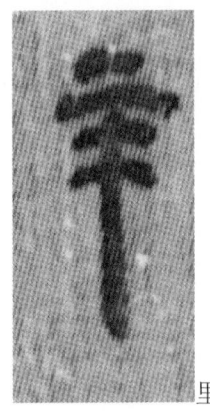

里・第八層1477

○三月辛未朔

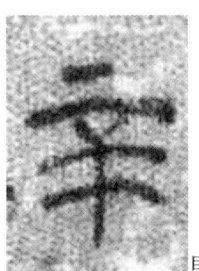

馬壹246_3欄

馬壹77_67

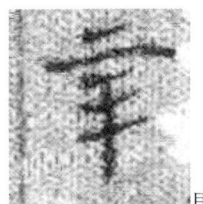

馬貳18_11上

張・奏讞書36

○七月辛卯朔

張・歷譜11

○十月辛丑

銀貳2001

敦煌簡1241

○六月辛卯朔

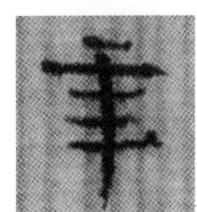

金關T25:006

○辛未

金關T24:521

○辛丑去署亡褱

秦代印風

○辛欬

廿世紀璽印三-SY

○辛蒼

廿世紀璽印三-SY

○妾辛追

廿世紀璽印三-SY

漢印文字徵

漢印文字徵

○辛吸

柿葉齋兩漢印萃

漢晉南北朝印風

西漢·李后墓塞石

東漢·乙瑛碑

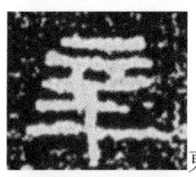

東漢·三老諱字忌日刻石

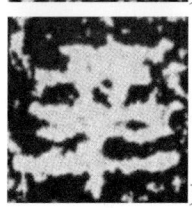

東漢·三老諱字忌日刻石
○辛卯忌日

東漢·袁敞殘碑

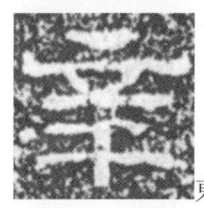

東漢·從事馮君碑

東漢·相張壽殘碑
○五月辛酉卒

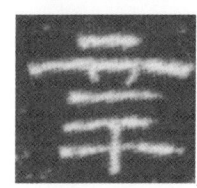

東漢·曹全碑陰
○祭酒姚之辛卿五百

東漢·劉君殘碑

東漢·司徒袁安碑

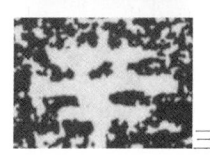

三國魏·管寧誌
○漢初平二年辛未秋

十六國後秦·吕憲表

北魏·張安姬誌

北魏·元偃誌

○六月辛亥朔

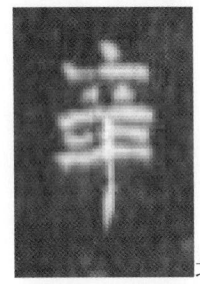

北魏·楊穎誌

北魏·李慶容誌

東魏·杜文雅造像

○辛巳

東魏·員光造像

○辛酉

西魏·四十人造像

○辛亥日

北齊·徐顯秀誌

北齊·逢哲誌

○歲次辛卯

北周·李府君妻祖氏誌

○歲次辛丑

【辠】

《説文》：辠，犯法也。从辛从自，言辠人蹙鼻苦辛之憂。秦以辠似皇字，改爲罪。

睡·秦律十八種 196

○吏為失刑辠

睡·法律答問 33

○官必有辠

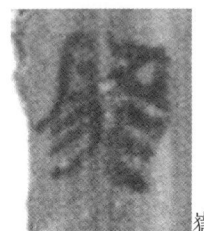

睡·日甲《門》146

獄·為吏 87

○欲毋辠皆不可

獄·癸瑣案 10

○治等何辠弗

里·第八層 136

○還耐辠以上觳

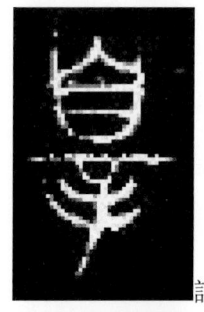

詛楚文·沈湫

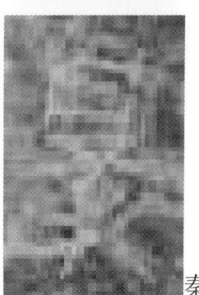

秦駰玉版

○余五辠也

東漢·孔宙碑陽

○兼禹湯之辠己

三國魏·三體石經尚書·古文

○燹(亂)罰亡辠

【辜】

《説文》：辜，辠也。从辛古聲。

【𣦵辜】

《説文》：𣦵辜，古文辜从死。

睡·日甲《詰》52

○是不辜鬼處之以庚

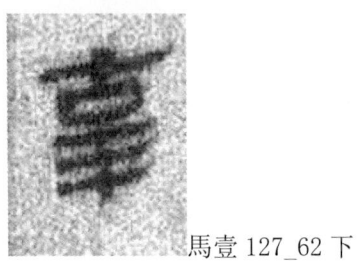

馬壹 127_62 下

○不辜

馬貳 11_8

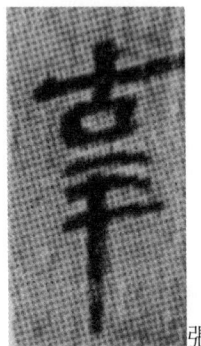

○辜罪

張·賊律 48

○粲以辜死

敦煌簡 0497

○伏辜

金關 T08：041

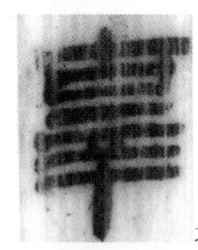

○舞陰辜里

北壹·倉頡篇 27

○請謁任辜禮節

詛楚文·巫咸

○刑剌不辜

東漢·皇女殘碑

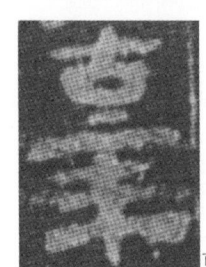

○方虤毀而緫

東漢·楊統碑陽

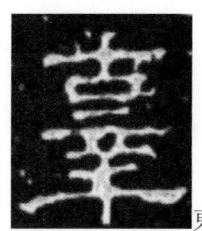

東漢·楊震碑

北魏·王僧男誌

○渡馬招辜

東魏·蕭正表誌

○未伏辜誅

【辥】

《說文》：辥，辠也。从辛𣥂聲。

漢印文字徵

○辥奉

漢印文字徵

○辥爵

漢印文字徵

○辥丞之印

秦文字編 2087

【𦍌】

《說文》：𦍌，不受也。从辛从受。受辛宜𦍌之。

【辭】

《說文》：辭，籒文𦍌从台。

馬壹 81_34

○𦍌爲臣於齊

馬壹 81_32

○𦍌事王怒而

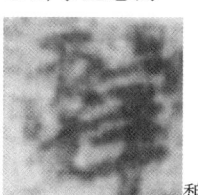

魏晉殘紙

○𦍌曹主

6737

魏晉殘紙

○奉辤

晉‧洛神十三行

○託微波以通辤

北魏‧李璧誌

○其辤曰

北魏‧元弼誌

○淹辤雅韻

北齊‧梁迦耶誌

○尤長辤牘

北齊‧韓裔誌

○孫通削跡辤秦

【辭】

《説文》：辭，訟也。从𠮟，𠮟猶理辜也。𠮟，理也。

【䛐】

《説文》：䛐，籀文辭从司。

秦代‧二世元年詔版一

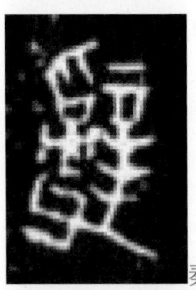

秦代‧元年詔版五

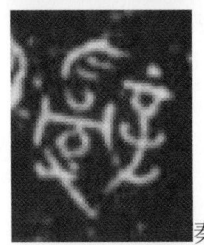

秦代‧元年詔版三

秦代‧元年詔版二

秦代‧美陽銅權

春早·有偏伯喪矛一
○又嗣白喪之車矛

睡·秦律雜抄 35
○募歸辭曰

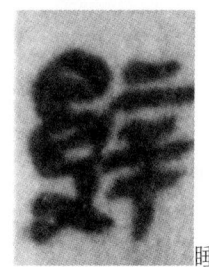

睡·封診式 38
○訊丙辭曰

獄·芮盜案 70
○共且辭爭

里·第八層 209
○訊歐辭

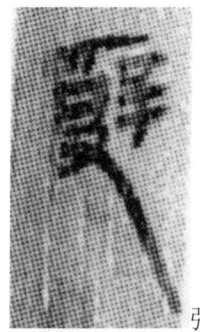

張·具律 116
○各辭在所縣

張·奏讞書 71
○辭鞫

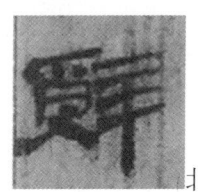

北貳·老子 129
○作而弗辭（始）

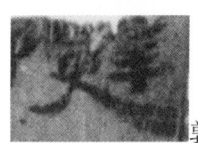

敦煌簡 0999A
○辭卿足下

金關 T23:784
○再拜辭

武·儀禮甲《士相見之禮》2
○某固辭不得命

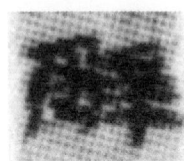

武·甲《特牲》5

○拜宗人擯辭如初卒

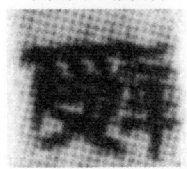

武·甲《有司》40

○辭尸對卒

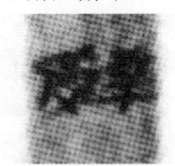

武·甲《泰射》9

○禮辭反命

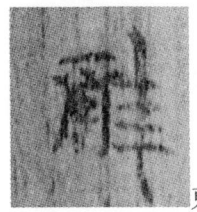

東牌樓 070 背

○屬右辭曹

泰山刻石

○刻辭

東漢·譙敏碑

東漢·肥致碑

東漢·夏承碑

東漢·建寧三年殘碑

○辭曰

東漢·熹平殘石

○必以疾辭

東漢·趙寬碑

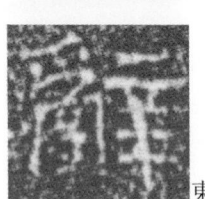

東漢·趙寬碑

東漢·趙寬碑

○辭榮抗介

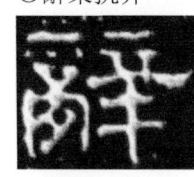

東漢·楊震碑

東漢·成陽靈臺碑

東漢・楊著碑額

○其辭曰

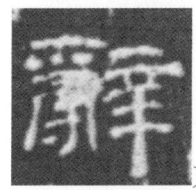

東漢・西岳華山廟碑陽

東漢・桐柏淮源廟碑

東漢・乙瑛碑

東漢・北海相景君碑陰

○乃著遺辭

東漢・從事馮君碑

東漢・從事馮君碑

○以辭戶

東漢・朝侯小子殘碑

西晉・趙氾表

北魏・穆亮誌

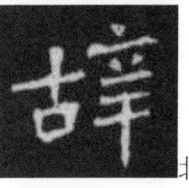

北魏・元颺妻王氏誌

○其辭曰

北魏・吐谷渾璣誌

○其辭曰

北魏・寇演誌

北魏・元纂誌

北魏・于仙姬誌

北魏・元繼誌

辡部

【辡】

《说文》：辡，辠人相與訟也。从二辛。凡辡之屬皆从辡。

【辯】

《说文》：辯，治也。从言在辡之閒。

北魏·丘哲誌

○其辭曰

北魏·元恩誌

○其辭曰

北魏·韓震誌

○其辭曰

北魏·元楨誌

東魏·慧光誌

北齊·法懃塔銘

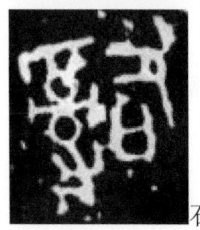

石鼓·作原

○導迁我□

睡·為吏 15

○有方辯短長

馬壹 103_23\192

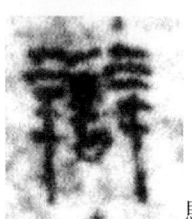

馬壹 89_216

張·奏讞書 42

銀壹 805
○以䛒辯入圍上

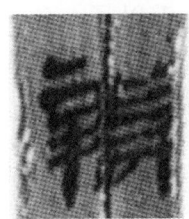

銀貳 1438
○一曰辯士

北貳・老子 121

敦煌簡 1461B

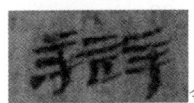

金關 T21:059

廿世紀璽印二-SY
○營辯

漢印文字徵
○賈辯私印

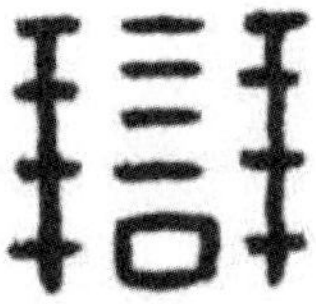

漢印文字徵
○劉辯印信

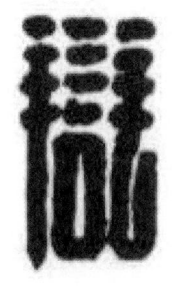

漢印文字徵
○周辯

漢印文字徵

漢印文字徵

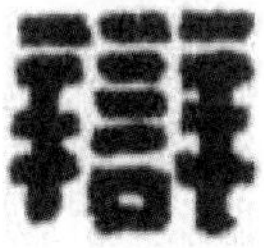

漢印文字徵

漢晉南北朝印風

東漢・熹平石經殘石五

○大人虎辯

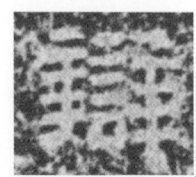

東漢・熹平石經殘石五

○大人虎辯

北魏・笘景誌

北魏・和邃誌

○辯惠早成

北魏・元維誌

○辯析秋豪

北魏・元子正誌

北齊・法懃塔銘

○說辯八音

北周・張子開造像

壬部

【壬】

《說文》：壬，位北方也。陰極陽生，故《易》曰："龍戰于野。"戰者，接也。象人裹妊之形。承亥壬以子，生之敘也。與巫同意。壬承辛，象人脛。脛，任體也。凡壬之屬皆从壬。

戰晚・十七年寺工鈹

○壬午

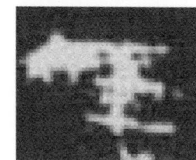

戰晚・七年相邦呂不韋戟

○工兢壬

睡・日甲 105

○壬癸

關・曆譜 26

○壬戌

獄・質日 2719

○壬辰

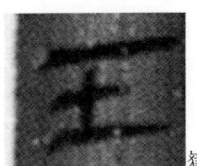

嶽・質日 3449

○壬午

里・第八層 673

○壬辰

馬壹 174_37 下

○壬癸

馬貳 3_17

○壬子

張・奏讞書 75

○六月壬午

張・歷譜 9

○二月壬午

銀貳 1995

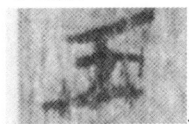

○壬辰

敦煌簡 0185

○壬寅

金關 T03∶109

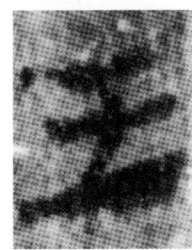

○壬申

武・日忌木簡甲 1

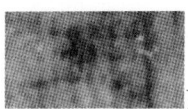

○壬庚

東牌樓 011

○壬寅

吳簡嘉禾・五・二三五

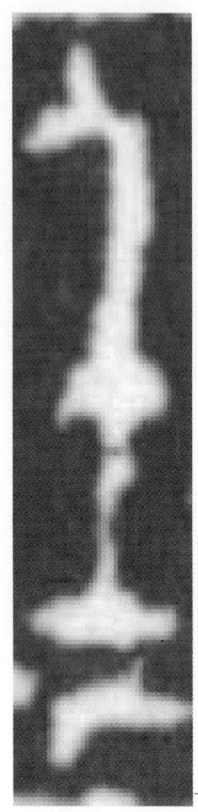

○壬轉絢

廿世紀璽印二-SY

漢印文字徵

○康壬之印

東漢・三老諱字忌日刻石

○歲在壬寅

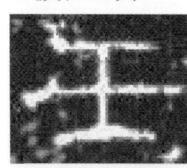

東漢・東漢・魯峻碑陽

東漢・圉令趙君碑

○壬寅卒

東漢・西狹頌

○壬寅造

東漢・鮮于璜碑陽

○壬戌

東漢・乙瑛碑

○壬寅詔書

東漢・乙瑛碑

○壬寅

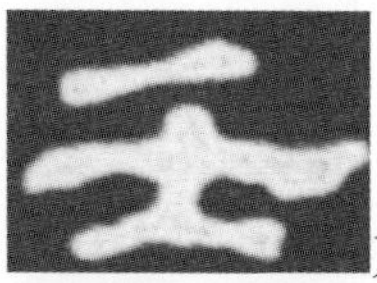

東漢・楊著碑額

北魏・元纂誌

北魏・元理誌

北魏・趙光誌

北魏・常襲妻崔氏誌

北魏・郭顯誌

東魏・趙紹誌

〇壬辰

〖現〗

金關 T10：088

北魏・元新成妃李氏誌

北魏・淨悟浮圖記

癸部

【癸】

《說文》：※，冬時，水土平，可揆度也。象水從四方流入地中之形。癸承壬，象人足。凡癸之屬皆從癸。

【癸】

《說文》：癸，籒文从癶从矢。

漢銘・陳彤鍾

漢銘・新鈞權

漢銘・新九斤權

漢銘・新一斤十二兩權

漢銘・新量斗

漢銘・新始建國尺三

漢銘・新承水盤

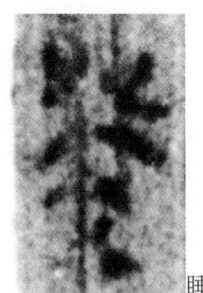

睡・編年記 19
○四月癸丑

睡・日甲《詰咎》135
○壬癸

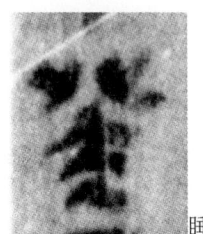

睡・日甲《秦除》17
○癸亥

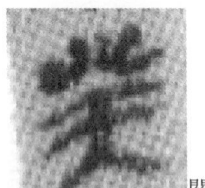

關・曆譜 1

獄・質日 272
○八月癸酉

里・第五層 1
○癸亥

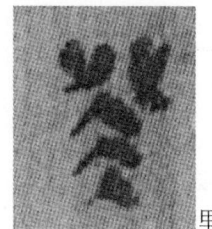

里・第八層 63
○癸卯

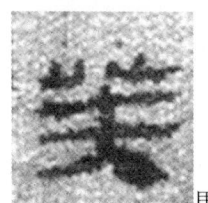

馬壹 174_37 下
○壬癸月立（位）

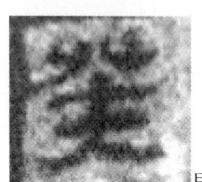

馬壹 221_圖中文字
○癸酉

馬壹 247_8 欄
○癸酉

馬貳 18_4 上
○壬癸

第十四卷

6748

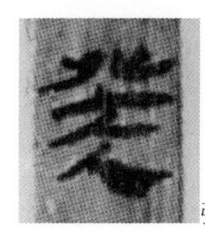

張·奏讞書 26
○癸亥

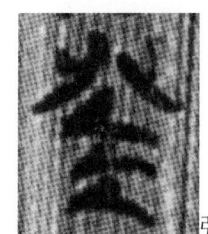

張·歷譜 14
○二月癸丑

銀貳 1997
○壬子癸丑

敦煌簡 1968A

金關 T03:001
○十月癸巳

金關 T03:058A
○癸酉

廿世紀璽印二-SP
○芷陽工癸

秦代印風
○趙癸印

歷代印匋封泥
○茝陽癸

歷代印匋封泥
○茝陽工癸

秦代印風
○癸㹴

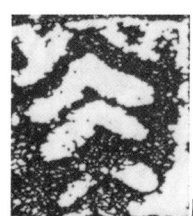

歷代印匋封泥
○癸

廿世紀璽印三-SY

○宣癸

漢印文字徵

○張癸

漢印文字徵

○郭癸

漢印文字徵

漢印文字徵

漢印文字徵

○張癸

漢印文字徵

○宣癸

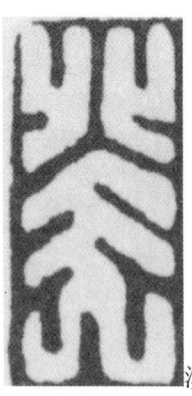

漢晉南北朝印風

○張癸

新莽・馮孺人題記

○十七日癸巳葬

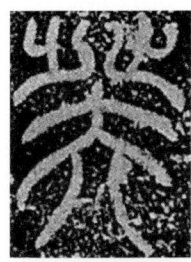

東漢・司徒袁安碑

東漢・夏承碑

○六月癸巳

東漢・許安國墓祠題記

東漢・孟孝琚碑

○十月癸卯

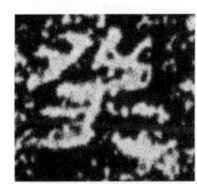

東漢・三老諱字忌日刻石

三國吳・浩宗買地券

三國魏・三體石經春秋・隸書

○癸巳

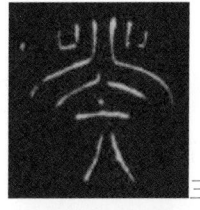

三國魏・三體石經春秋・篆文

○癸巳葬晉文公

三國魏・三體石經春秋・古文

○癸巳葬晉文公

西晉・荀岳誌

○十六日癸丑

西晉・裴祇誌

○七月四日癸卯薨

東晉・朱曼妻薛氏買地券

○北極壬癸

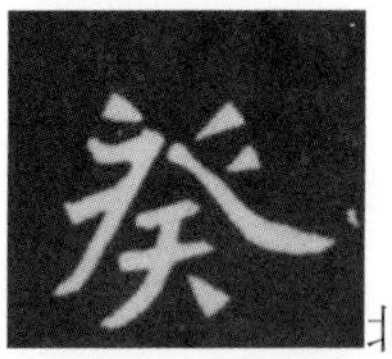

北魏・元簡誌

北魏・宋景妃造像

北魏·賈景等造像
北魏·張正子父母鎮石 
北魏·胡明相誌 
北魏·王神虎造像 
北魏·于纂誌 
北魏·康健誌 
北魏·王基誌 
北魏·寇憑誌 
北魏·元演誌 

北魏·趙充華誌
北魏·張相造像 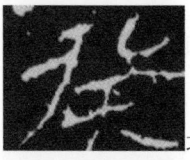
北魏·高伏德造像 
北齊·高阿難誌 
○五月癸亥
北齊·成犠生造像 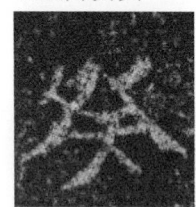
北齊·暴誕誌 
○五月癸丑
北齊·赫連子悅誌 
○歲次癸巳
北齊·高建妻王氏誌 
○十月癸巳

北齊·崔博誌

○歲次癸巳

北齊·高叡造像三段

○癸巳十五日丁亥

子部

【子】

《說文》：𢀖，十一月，陽气動，萬物滋，人以爲偁。象形。凡子之屬皆从子。（李陽冰曰："子在襁緥中，足併也。"）

【㜽】

《說文》：㜽，古文子从巛，象髮也。

【𢀖】

《說文》：𢀖，籀文子囟有髮，臂脛在几上也。

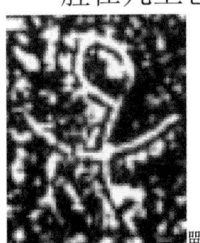

戰晚·十七年寺工鈹

春早·秦子戈

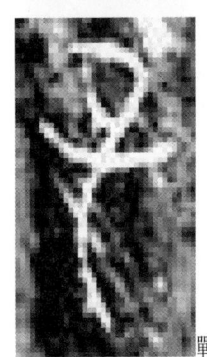

戰晚·十七年寺工鈹

漢銘·菑川太子家鑪

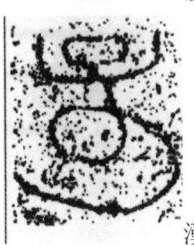

漢銘·宜子孫洗三

漢銘·富昌宜侯王洗

漢銘·富貴長宜子孫洗

漢銘·嚴氏造作洗

漢銘·嚴氏宜侯王洗

漢銘·蜀郡嚴氏富昌洗

漢銘·大吉宜子鈴

漢銘·宜子孫鈴二

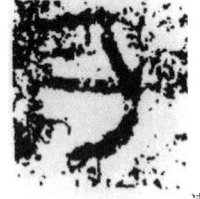

漢銘·大富貴鈴

漢銘·新嘉量二

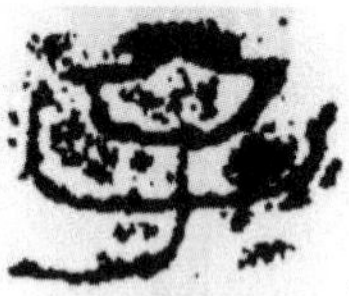

漢銘·初平五年洗

漢銘·宜子孫鹿轤鐙

漢銘·新銅丈

漢銘·永元熨斗

漢銘·新宜子孫熨斗一

漢銘·新宜子孫熨斗二

漢銘·宜子孫熨斗一

漢銘·宜子孫熨斗二

漢銘·大吉利熨斗

漢銘·大吉田器

漢銘·□君子兮器

漢銘·長宜子孫洗二

漢銘·富貴昌宜侯王傳子洗

漢銘·傳子孫洗

漢銘·宜子孫行鐙二

漢銘·平陽子家壺

漢銘·永初鍾

漢銘·王長子鼎

漢銘·宜子孫行鐙一

漢銘·光和七年洗

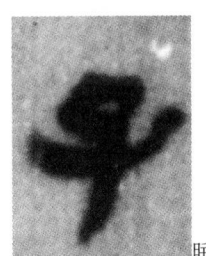

睡·秦律雜抄 6

睡·法律答問 116

睡・日甲《秦除》17

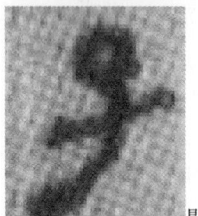

關・曆譜 50

獄・質日 2726

獄・質日 344

獄・癸瑣案 3

里・第八層 141

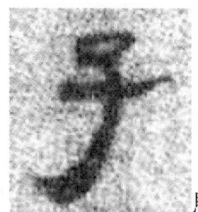

馬壹 14_84 下

馬壹 76_53

馬貳 261_39/59

張・算數書 186

銀壹 301

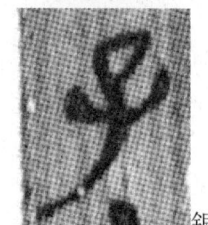

銀貳 1987

北貳・老子 45

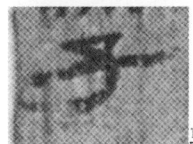

敦煌簡 0681

金關 T24:022

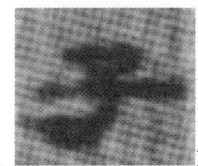

武・儀禮・甲本《服傳》6

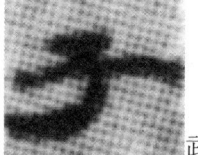

武・甲《特牲》6

東牌樓 070 正

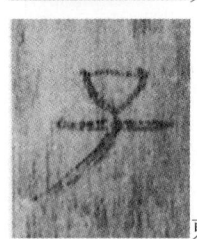

東牌樓 151

吳簡嘉禾・四・三二九

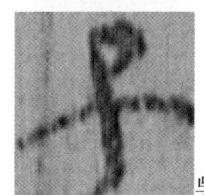

吳簡嘉禾・五・二二一

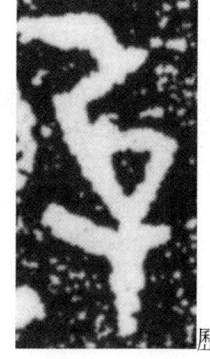

歷代印匋封泥

○子里□

秦代印風

秦代印風

秦代印風

秦代印風

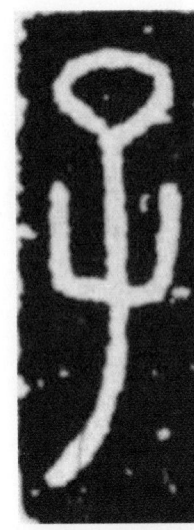

廿世紀鉨印三-GY

廿世紀鉨印三-SY

漢晉南北朝印風

廿世紀鉨印三-SY

〇孟子君

漢晉南北朝印風

歷代印匋封泥

歷代印匋封泥

歷代印匋封泥

歷代印匋封泥

廿世紀鉨印三-SY

〇任子孟印

廿世紀鉨印三-SY

漢晉南北朝印風

廿世紀璽印三-SY

〇唐子平

漢代官印選

漢代官印選

漢代官印選

〇太子少傅

漢代官印選

柿葉齋兩漢印萃

〇郭子康印

漢印文字徵

〇闕孔子

柿葉齋兩漢印萃

漢印文字徵

〇朱子寶印

漢印文字徵

〇田子孫

柿葉齋兩漢印萃

漢印文字徵

漢印文字徵

○郭子康印

漢印文字徵

○陳印女子

漢印文字徵

漢印文字徵

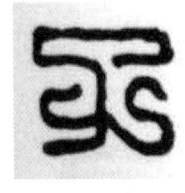

漢印文字徵

○杜幼子

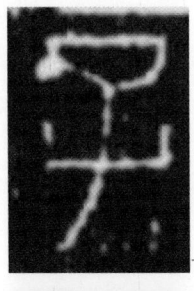

廿世紀璽印四-SY

漢晉南北朝印風

○蒲子令印

漢晉南北朝印風

○長利即子張

漢晉南北朝印風

漢晉南北朝印風

○異縣子章

漢晉南北朝印風

○城紀子章

漢晉南北朝印風

漢晉南北朝印風

漢晉南北朝印風

○蘇非子

漢晉南北朝印風

漢晉南北朝印風

○周子張印

漢晉南北朝印風

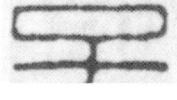

漢晉南北朝印風

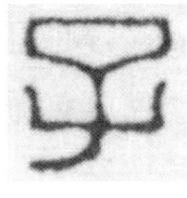

漢晉南北朝印風

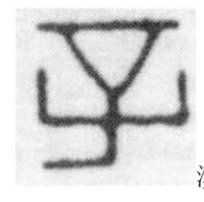

漢晉南北朝印風

○尹子林印

漢晉南北朝印風

漢晉南北朝印風

○杜子沙印

漢晉南北朝印風

○尚普私印字子良

漢晉南北朝印風

漢晉南北朝印風

○王子卿

漢晉南北朝印風

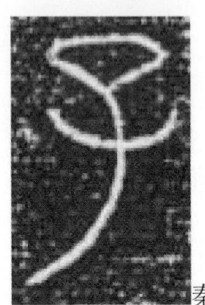

秦公大墓石磬

詛楚文・沈湫

石鼓・汧殹

懷后磬

東漢・朝侯小子殘碑

東漢・譙敏碑

東漢・楊子輿崖墓題記

東漢・建寧元年殘碑

東漢・佐孟機崖墓題記

東漢・乙瑛碑

東漢・禮器碑側

東漢・尚博殘碑

東漢・嗚咽泉畫像石墓題記

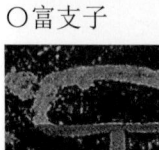

○富支子

東漢・袁敞殘碑

東漢・三老諱字忌日刻石

○次子但

東漢・三老諱字忌日刻石

○伯子玄

東漢・乙瑛碑

三國魏・三體石經尚書・古文

三國魏・三體石經尚書・篆文

西晉・司馬馗妻誌

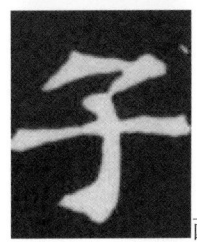

西晉・成晃碑

西晉・臨辟雍碑額

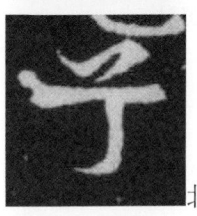

北魏・韓顯祖造像

○邑子張樹

北魏・張正子父母鎮石

北魏・元楨誌

北魏・元始和誌

北魏・元嵩誌

北魏・薛孝通敘家世券

○恐後之子

東魏·元仲英誌

東魏·修孔子廟碑額

北齊·唐邕刻經記

北周·宇文瓘誌蓋

【孕】

《說文》：孕，裹子也。从子从几。

睡·日書甲種《詰》41

○孕鬼貍（通埋）焉

詛楚文·沈湫

○刑戮孕婦

北魏·長孫子澤誌

【娩】

《說文》：娩，生子免身也。从子从免。

北魏·馮會誌

北魏·趙充華誌

○女儀婉娩

北魏·李慶容誌

【字】

《說文》：字，乳也。从子在宀下，子亦聲。

睡·封診式86

馬壹 148_66/240 上

馬壹 6_27 下

銀貳 1224

北貳・老子 188

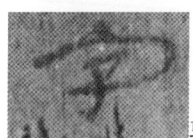

敦煌簡 1057B

金關 T10:278

金關 T03:044

○慶字守卒

武・儀禮甲《士相見之禮》16

○凡千二十字

北壹・倉頡篇 9

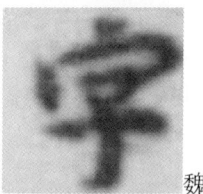

魏晉殘紙

漢晉南北朝印風

漢印文字徵

漢印文字徵

漢印文字徵

漢晉南北朝印風

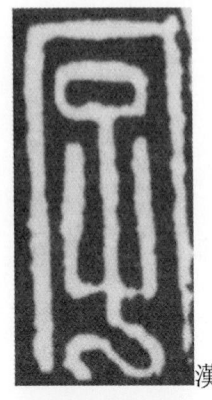

漢晉南北朝印風

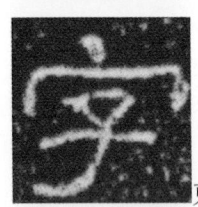

東漢・趙寬碑

東漢・趙寬碑

東漢・張遷碑陽

東漢・皇女殘碑

東漢・成陽靈臺碑

東漢・成陽靈臺碑

東漢・乙瑛碑

東漢・成陽靈臺碑

東漢・譙敏碑

東漢・肥致碑

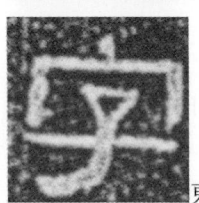

東漢・鮮于璜碑陰

東漢・孔宙碑陰

東漢・夏承碑

東漢・成陽靈臺碑

第十四卷

西晉·成晃碑

東晉·劉媚子誌

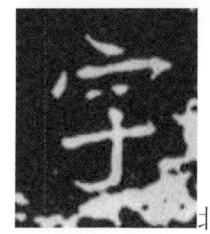

北魏·陶浚誌
○公諱浚字彩雲

北魏·元嵩誌

北魏·封昕誌

北魏·長孫瑱誌
○君諱瑱字珍奇

北魏·元引誌

北魏·薛孝通敘家世券
○字威明

北魏·高珪誌

北周·寇熾誌

【榖】

《說文》：𪐏，乳也。从子殼聲。一曰榖聲也。

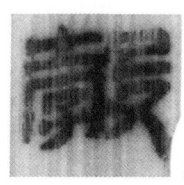

北壹·倉頡篇 25
○瓠瓜堅榖

秦文字編 2113

【孿】

《說文》：孌，一乳兩子也。从子䜌聲。

張·蓋盧30

○氣亂孌（變）濁

【孺】

《說文》：孺，乳子也。一曰輸也，輸尚小也。从子需聲。

漢銘·橐泉宮行鐙

漢銘·泆君孺壺

漢銘·君孺盆

漢銘·鄧中孺洗

張·置吏律221

○孺子

敦煌簡1972C

○趙孺卿

金關T09:013

○徐少孺所

北壹·倉頡篇50

○瘦兒孺早殤

廿世紀璽印三-SY

○桓中孺印

廿世紀璽印三-SY

廿世紀璽印三-SY

○司馬中孺

廿世紀璽印三-SY

○偃次孺　廿世紀璽印三-SY

○周孺　廿世紀璽印三-SY

○葛長孺印　廿世紀璽印三-SY

○周中孺　廿世紀璽印三-SY

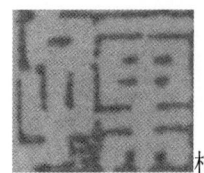

柿葉齋兩漢印萃

○公良長孺　柿葉齋兩漢印萃

○弓中孺　柿葉齋兩漢印萃

○王耿孺　漢印文字徵

○賁長孺　柿葉齋兩漢印萃

○肌少孺　漢印文字徵

○左次孺　漢印文字徵

○閻印張孺

漢印文字徵

漢印文字徵

○吳季孺

漢印文字徵

漢印文字徵

漢晉南北朝印風

○侯弟孺

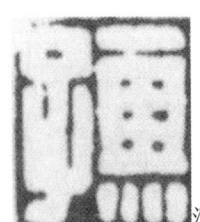

漢晉南北朝印風

○庚少孺印

漢晉南北朝印風

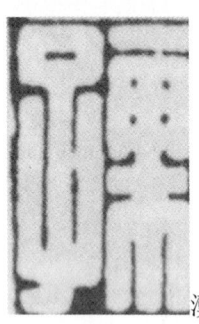

漢晉南北朝印風

漢晉南北朝印風

漢晉南北朝印風

○宋少孺

新莽・馮孺人題記

○馮君孺人

新莽・馮孺人題記

○馮君孺人

新莽·馮孺人題記

○馮君孺人中大門

北魏·張正子父母鎮石

北魏·元維誌

○稱奇孺子

北魏·李璧誌

○戚深孺慕

北魏·元朗誌

○哀深孺慕

北齊·崔芬誌

○漢儲孺子

【季】

《說文》：季，少偁也。从子，从稚省，稚亦聲。

里·第八層659

○問芒季得毋爲事

里·第八層1694

馬壹173_34上

張·奏讞書176

○柳下季爲魯君治之

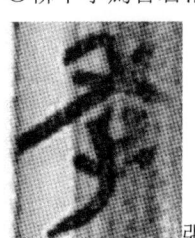

張·蓋盧55

6771

敦煌簡 1960

金關 T01:037

金關 T26:269A

○屈穉季

廿世紀璽印二-SY

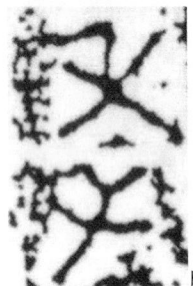

歷代印匋封泥

○尚畢里季

秦代印風

秦代印風

秦代印風

秦代印風

○季□

廿世紀璽印三-SY

漢印文字徵

○季倫

歷代印匋封泥

○季若私印

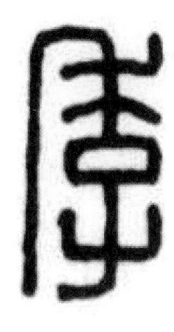

漢印文字徵

漢印文字徵

漢印文字徵

漢印文字徵

○武季來

廿世紀璽印四-SY

○劉和季

漢印文字徵

漢印文字徵

○季孫武印

廿世紀璽印四-SY

漢晉南北朝印風

○成稺季

漢晉南北朝印風

漢晉南北朝印風

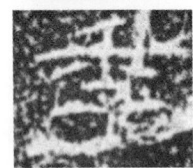

漢晉南北朝印風

東漢・石門頌

東漢・曹全碑陰

【孟】

《説文》：🅰，長也。从子皿聲。

【🅱】

《説文》：🅱，古文孟。

西晚・不其簋

漢銘・陽信家溫酒器一

漢銘・陽信家溫酒器一

里・第八層 1864

○孟雌

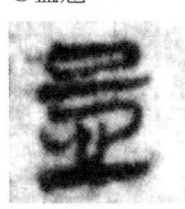

馬壹 85_132

○孟卯攻大梁

馬壹 48_13 下

馬壹 4_8 下

○孟（妄）之疾勿藥

6774

馬貳 11_4

○孟丑

銀貳 1190

○孟賁之所難

敦煌簡 0531

○孟晏

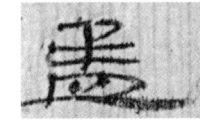

金關 T06:020

○亭卒孟楊

歷代印匋封泥

○東酤里孟喜

秦代印風

秦代印風

廿世紀璽印三-SY

○孟郤適印

廿世紀璽印三-SY

○少曲子孟

廿世紀璽印三-SY

○孟塍之印

廿世紀璽印三-SY

○孟甈之印

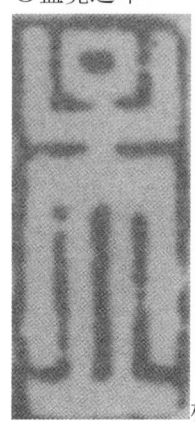

柿葉齋兩漢印萃

○孟廣都

柿葉齋兩漢印萃

○宋翁孟

漢印文字徵

○張文孟縑

歷代印匋封泥

○惠孟臣制

漢印文字徵

○孟慶

漢印文字徵

○黃長孟

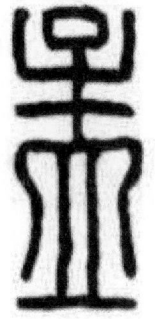

漢印文字徵

○孟如

漢印文字徵

○孟印奉常

漢印文字徵

○孟吉私印

漢晉南北朝印風

○段孟賁印

漢晉南北朝印風

○趙孟

漢晉南北朝印風
○孟罷之印

漢晉南北朝印風
○孟兔之印

漢晉南北朝印風
○孟廣私印

漢晉南北朝印風
○孟千秋印

漢晉南北朝印風
○袁君孟印

漢晉南北朝印風
○孟昌私印

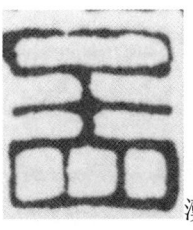

漢晉南北朝印風
○孟永印信

漢晉南北朝印風
○孟滕

漢晉南北朝印風
○孟滕之印

秦駰玉版
○孟冬十月

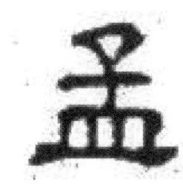

東漢・成陽靈臺碑

東漢・朝侯小子殘碑

東漢・禮器碑陰

東晉・孟府君誌

○孟府君

北魏・吳子璨妻秦氏誌

北魏・孫秋生造像

○孟廣達文

北魏・元瓚誌

北魏・元朗誌

北魏・常季繁誌

馬壹 139_6 下/148 下

○使庶孽疑（擬）焉

張・傅律 361

○妻子孽子

張・蓋盧 4

銀壹 879

○有庶孽毋煩其力事

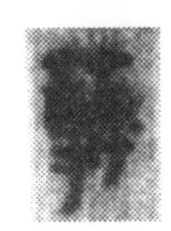

秦文字編 2115

【孽】

《說文》：孽，庶子也。从子辥聲。

北魏·元邵誌

○及妖起孳宗

【孳】

《說文》：孳，汲汲生也。从子兹聲。

【𤔐】

《說文》：𤔐，籀文孳从絲。

東漢·曹全碑陰

【孤】

《說文》：孤，無父也。从子瓜聲。

睡·為吏2
○孤寡窮困

獄·為吏75
○老病孤寡

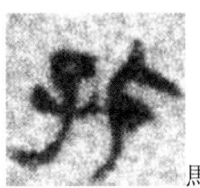

馬壹95_13
○惡唯孤寡

銀貳1587
○治孤其將湯（蕩）

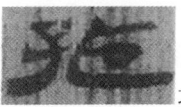

北貳·老子9
○自謂孤寡

敦煌簡1024
○梁如孤一高䣙里

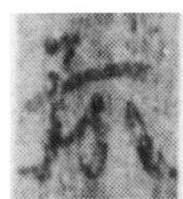

敦煌簡0119
○戊部孤軍大都護

金關T04:057
○都史孤山里

東牌樓120
○卻言孤絕

北壹·倉頡篇31

○鰥寡特孤

廿世紀璽印四-SY

○獨孤信白書

漢晉南北朝印風

○獨孤信白書

東漢・夏承碑

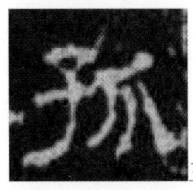

○咳孤憤泣

三國魏・上尊號碑

○於孤足矣

北魏・爾朱紹誌

○松節孤清

北魏・源延伯誌

○后跋匹孤

北魏・封魔奴誌

○孀孤飲惠

北魏・元澄妃誌

○轜旐孤返

北魏・張正子父母鎮石

○孤哀子張正子

東魏・王僧誌

○景行孤存

北齊・張世寶造塔記

○孤蓋雲峰

北周・獨孤信誌

○公姓獨孤

北周・寇嶠妻誌

○鞠孤孤之胤

【存】

《說文》：㤘，恤問也。从子才聲。

睡・秦律十八種 161

睡・法律答問 98

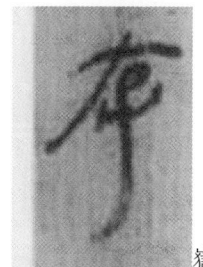

獄・芮盜案 78

里・第八層 135

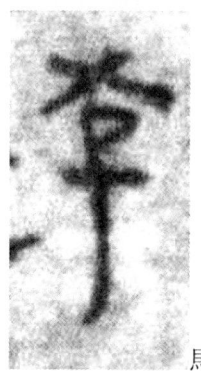

馬壹 92_292

馬壹 16_6 下\99 下

張・奏讞書 218

銀壹 596

北貳・老子 12

敦煌簡 1448

東牌樓 078 正

○唐存捕盜

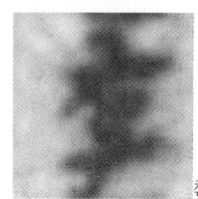

魏晉殘紙

漢印文字徵

漢印文字徵

○王存

漢印文字徵

東漢・曹全碑陽

東漢・西岳華山廟碑陽

○莫能存識

西晉・臨辟雍碑

○故使風流長存

北魏・元璨誌

北魏・堯遵誌

北魏・皇興五年造像

○現存眷屬

北魏・邢安周造像

北齊・僧齔造像

○存亡父母

【孳】

《說文》：孳，放也。从子爻聲。

秦文字編 2115

【疑】

《說文》：疑，惑也。从子、止、匕，矢聲。

戰晚・二十六年始皇詔書銅權

○歎疑者

戰中・商鞅量

秦代・北私府銅橢量

第十四卷

6782

第十四卷

秦代·元年詔版五

秦代·二世元年詔版一

秦代·大騶銅權

睡·秦律十八種 172
○有所疑

關·日書 209
○獄訟疑

獄·暨過案 105
○審疑暨不當

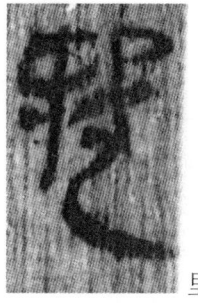

里·第八層 997
○程令疑它郡縣

馬壹 36_49 上
○初如疑（擬）之敬

張·奏讞書 60
○留疑罪

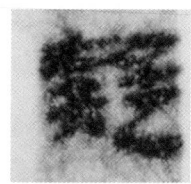

銀壹 267
○擊疑

敦煌簡 2279B
○逢火疑候望逢

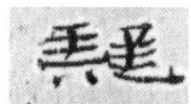

金關 T05:071
○塞吏疑子功絕從肩

武·儀禮甲《士相見之禮》10
○方不疑君

北壹·倉頡篇 71
○曠疑齰圉

魏晉殘紙
○可以決疑

秦代印風
○李疑

秦代印風
○李疑

廿世紀璽印三-GP
○疑者皆明

漢印文字徵

漢印文字徵
○周不疑

漢印文字徵
○任不疑

漢印文字徵
○賈疑

漢印文字徵
○孫不疑印

漢印文字徵

漢印文字徵

東漢・熹平石經殘石四
○則不疑其所行也

東漢・楊著碑額
○蠋歷世之疑

晉・洛神十三行
○悵猶豫而狐疑

北魏・元乂誌
○講論疑滯

北魏・元弼誌
○輔仁有疑

北魏・韓震誌
○平叔見疑粉色

北魏・元顥誌
○鼎命疑歸

北魏・元乂誌
○疑議紛綸

東魏・高盛碑
○反見疑患

北齊・高淯誌
○稽疑則折

北齊・高百年誌
○報施多疑

北齊・朱曇思等造塔記

○瞻疑似活

〖孖〗

東牌樓 157

○昌孖

〖尳〗

東魏・呂尳誌

○君諱尳字羌仁

〖倮〗

漢印文字徵

○晉倮

〖褱〗

張・賊律 31

○臣妾 褱（懷）子

了部

【了】

《說文》：了，𢒈也。从子無臂。象形。凡了之屬皆从了。

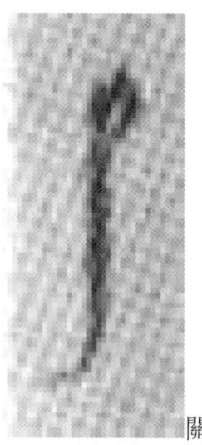

關・病方 330

○予若叔（菽）了（芓）而

東牌樓 068 正

○是分了愁

漢印文字徵

○雍了之印

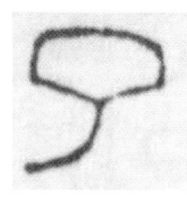

漢晉南北朝印風

○雍了之印

北魏・淨悟浮圖記

○姿性了悟

北齊・赫連子悦誌

○平生遂了

【孑】

《説文》：𡥅，無右臂也。从了，乚象形。

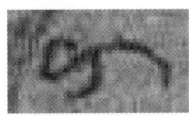

馬貳 159_72

○孑里卅戶

敦煌簡 0245A

○白孑子口

【孓】

《説文》：𡥇，無左臂也。从了，丿象形。

孨部

【孨】

《説文》：𡥕，謹也。从三子。凡孨之屬皆从孨。讀若翦。

歷代印匋封泥

○鐀里人孨

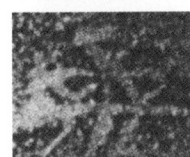

東漢・桓孨食堂畫像石題記

○桓孨終亡

【孱】

《説文》：孱，迮也。一曰呻吟也。从孨在尸下。

里・第八層 467

馬壹 77_74

○夕自孱日

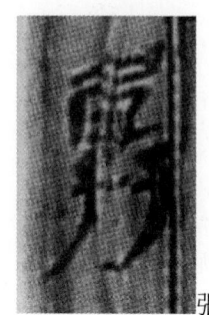

張·秩律456
○屠陵

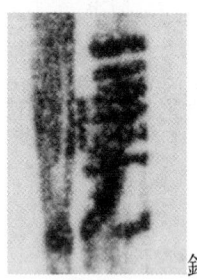

銀壹502
○信在屠兆

廿世紀璽印二-SY
○屠印

廿世紀璽印三-GY

漢印文字徵

東漢·譙敏碑
○屠並枱驅

南朝梁·程虔誌
○素品積屠

【䏌】

《說文》：䏌，盛皃。从弄从曰。讀若薿薿。一曰若存。

【䎶】

《說文》：䎶，籀文䏌从二子。一曰䎶即奇字簪。

去部

【去】

《說文》：去，不順忽出也。从到子。《易》曰："突如其來如。"不孝子突出，不容於內也。凡去之屬皆从去。

【㚎】

《說文》：㚎，或从到古文子，即《易》突字。

【育】

《說文》：育，養子使作善也。从去肉聲。《虞書》曰："教育子。"

【毓】

《說文》：毓，育或从每。

敦煌簡 1008

○王育年二十

吳簡嘉禾・五・三六五

○烝育佃田十一町

漢印文字徵

○矣育

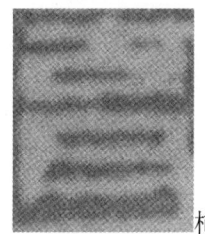

柿葉齋兩漢印萃

漢印文字徵

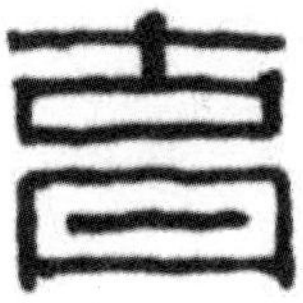

漢印文字徵

○育陽邑丞

漢印文字徵

漢印文字徵

○陳育

漢晉南北朝印風

廿世紀璽印三-SY

○蘇毓峰印

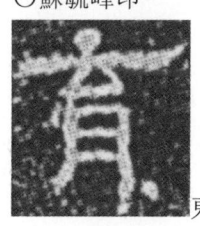

東漢・白石神君碑

東漢・成陽靈臺碑

北魏・慈慶誌

北魏・薛慧命誌

北魏・趙謐誌

北齊・傅華誌

○類馮姬之育子

秦駰玉版

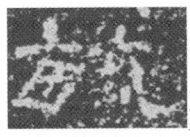

○余毓子伾（厥）惑

東漢・陽嘉殘碑陰

○故吏韋毓

東漢・郎中鄭固碑

○苗而弗毓

東漢・史晨前碑

東漢・譙敏碑

東漢・楊統碑陽

○則俟生毓

北魏・元斌誌

北魏・元毓誌

東魏・元仲英誌

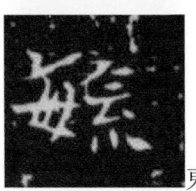

東魏・盧貴蘭誌

○魏司空毓之九世孫

北齊・赫連子悅誌

○朝廷以盧毓山壽

【疏】

《說文》：疏，通也。从㐬从疋，疋亦聲。

里·第八層 1517

○言之疏書

馬壹 89_233

○廢令疏服

馬壹 144_38/212 上

○疏而不失

馬貳 242_238

○象疏（梳）比（箆）

張·田律 256

○尺牒疏書

張·蓋廬 13

○軍恐疏遂（隊）

銀壹 414

○疏削（𠛎）

銀貳 1225

北貳·老子 100

武·儀禮甲《服傳》4

○有席食疎（疏）

東牌樓 007

○昏寴疏紀

北壹·倉頡篇 35

○鏡篰比疏

魏晉殘紙

○樓蘭白疏

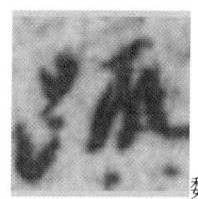

魏晉殘紙

○拜言疏

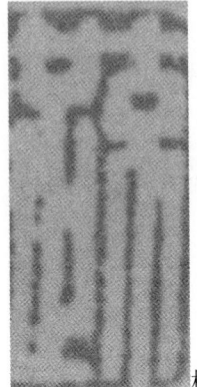

柿葉齋兩漢印萃

○疏達

漢印文字徵

○王疏中印

漢印文字徵

○智言疏

廿世紀璽印四-SY

○臣信上疏

廿世紀璽印四-SY

○羲之白疏

漢晉南北朝印風

○纂言疏

漢晉南北朝印風

○臣信上疏

漢晉南北朝印風

○曾言疏

漢晉南北朝印風

○女言疏

漢晉南北朝印風

○納言疏

東漢・曹全碑陽

○時疏勒國王和德

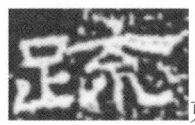

東漢・桐柏淮源廟碑

○疏穢濟遠

東漢・開母廟石闕銘

○疏河寫玄

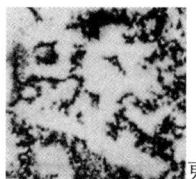

東漢・買田約束石券

○主疏

北魏・元文誌

○茂葉扶疏

北魏・邱元明碑

○志落落而疏放

北魏・馮邕妻元氏誌

○扶疏六合

北魏・緱光姬誌

○弊衣疏食

北魏・鮮于仲兒誌

○凡我疏屬

東魏・趙氏妻姜氏誌

○仁和疏戚

　　　北齊·雲榮誌

○疏河導源

　　　北周·李府君妻祖氏誌

○去日何疏

　　　北周·華岳廟碑

○巨靈疏壑

丑部

【丑】

《說文》：丑，紐也。十二月，萬物動，用事。象手之形。時加丑，亦舉手時也。凡丑之屬皆从丑。

漢銘·廢丘鼎

漢銘·大吉田器

漢銘·羽陽宮鼎

漢銘·新嘉量二

漢銘·滿城帳構

漢銘·新衡杆

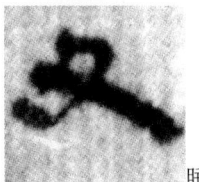

睡·日甲《除》4

睡·日甲《土忌》132

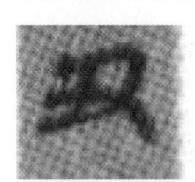

關·曆譜 28

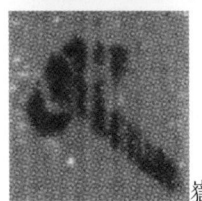

嶽·質日 273

○丁丑

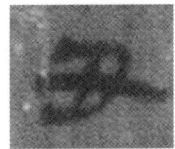

嶽·質日 3463

嶽·質日 3525

嶽·暨過案 99

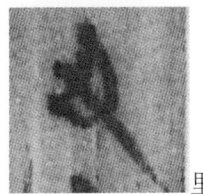

里·第八層 44

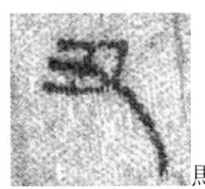

馬貳 20_28 上

○辛丑

張·奏讞書 1

張·曆譜 11

銀貳 1997

敦煌簡 0099

○朔丁丑

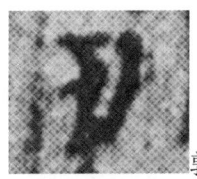

敦煌簡 1968A

○癸丑

金關 T31:050

○癸丑

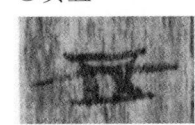

東牌樓 151

○乙丑

廿世紀璽印三-GP

○宮丑

漢印文字徵

○張丑印

漢印文字徵

漢印文字徵

漢晉南北朝印風

○張丑印

東漢・肥致碑

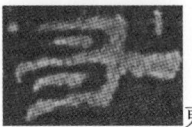

東漢・楊統碑陽

○癸丑遘疾而卒

東漢・成都永元九年闕題記

○七月己丑

東漢・司徒袁安碑

三國魏・三體石經春秋・古文

○丑公會晉侯

三國魏・三體石經春秋・篆文

○丑公會晉侯

西晉・荀岳誌

東晉・王建之誌

北魏・賈景等造像

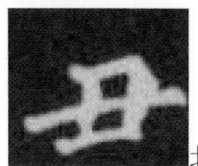

○乙丑

北魏・元新成妃李氏誌

○十月己丑朔

北齊・王福芝造像

○乙丑朔

【肚】

《說文》：肚，食肉也。从丑从肉。

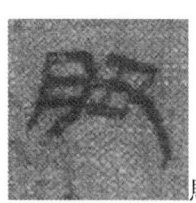

馬貳 111_53/53

○若鹿肚

秦文字編 656

【羞】

《说文》：羞，進獻也。从羊，羊，所進也；从丑，丑亦聲。

春中·仲滋鼎

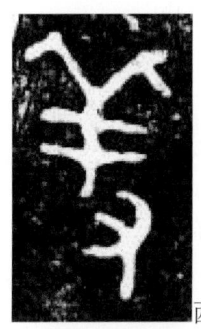

西晚·不其簋

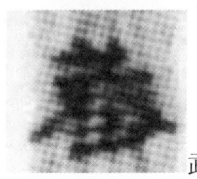

武·甲本《特牲》38

○乃羞賓坐舉

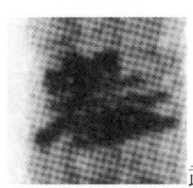

武·甲《有司》58

○乃羞庶羞于賓

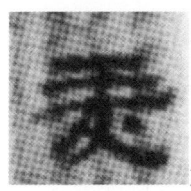

武·甲《有司》42

○房中之羞

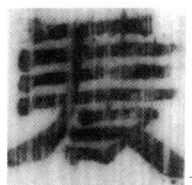

北壹·倉頡篇 27

○幣帛羞獻

廿世紀璽印三-GP

廿世紀璽印三-GP

○御羞

秦代印風

歷代印匋封泥

漢印文字徵

漢印文字徵

北魏·封君妻誌

○玉貌羞春

北魏·石婉誌

○陳王羞賦

北齊·高潤誌

○羞道桓文

寅部

【寅】

《說文》：寅，髕也。正月，陽气動，去黃泉，欲上出，陰尚彊，象宀不達，髕寅於下也。凡寅之屬皆从寅。

【𡭆】

《說文》：𡭆，古文寅。

戰晚·五年相邦呂不韋戈

○工寅

戰晚·五年呂不韋戈（一）

○工寅

漢銘·光和斛一

漢銘·大司農權

漢銘·中私府鍾

漢銘·滿城帳構

睡·日甲《秦除》22

睡·日甲《盜者》77

第十四卷

關·曆譜 7

獄·質日 2717

獄·質日 3419

里·第八層 140

馬壹 226_72

馬壹 242_1 上\9 上

馬貳 20_31 上

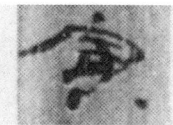

敦煌簡 1161

○庚寅

金關 T01:013

○龐寅年廿六

金關 T24:514

東牌樓 151

○丙寅

廿世紀璽印二-SY

○魏寅

廿世紀璽印三-SP

○宮寅

歷代印匋封泥

○任寅

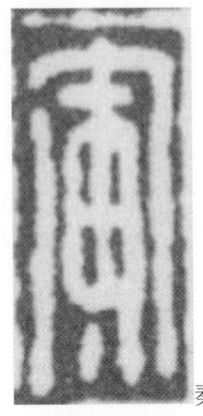

秦代印風

秦代印風

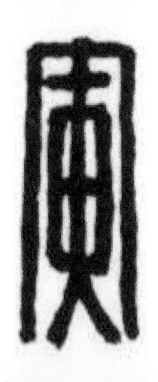

漢印文字徵

東漢・建寧三年殘碑

東漢・石祠堂石柱題記

東漢・乙瑛碑

東漢・乙瑛碑

東漢・楊著碑額

西晉・徐義誌

東晉・劉媚子誌

○壬寅

北魏・元詮誌

○再撫寅軒

北魏・寇臻誌

○壬寅

北魏・王誦妻元妃誌

○庚寅

北魏•盧令媛誌

○壬寅

北魏•康健誌

○壬寅

北魏•郭顯誌

○壬寅

北魏•元朗誌

○丙寅朔十九日

北魏•丘哲誌

○戊寅

北魏•元簡誌

○戊寅

卯部

【卯】

《說文》：卯，冒也。二月，萬物冒地而出。象開門之形。故二月爲天門。凡卯之屬皆从卯。

【丣】

《說文》：丣，古文卯。

戰晚•王四年相邦張義戈

○工卯錫

漢銘•尹續有盤

漢銘•永壽二年鑵

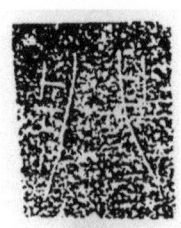

漢銘•滿城帳構

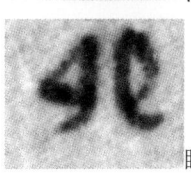

睡•日甲《秦除》16

睡•日甲《土忌》132

第十四卷

睡·日乙44

關·曆譜17

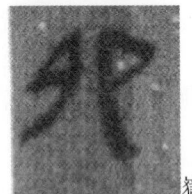

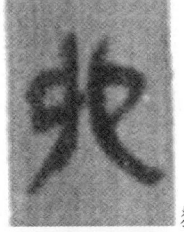

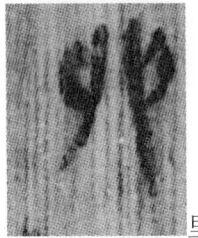

獄·質日2718

獄·質日3444

里·第八層1523

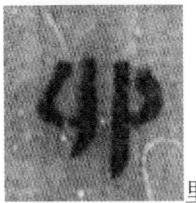

里·第八層背60

馬壹258_3上\29上

馬壹85_132

馬貳20_27上

張·奏讞書17

銀貳2006

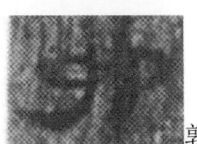

敦煌簡1252

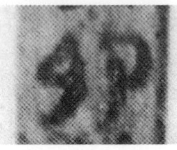

敦煌簡0528

金關T10:310

金關T10:400

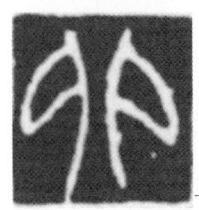

廿世紀璽印二-SY

秦代印風

漢印文字徵

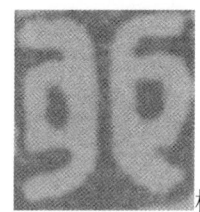

柿葉齋兩漢印萃
○治卯之印

漢印文字徵

漢晉南北朝印風
○韓卯印

漢晉南北朝印風
○楊卯私印

東漢·尹宙碑

東漢·史晨前碑

東漢·史晨前碑

東漢·孟孝琚碑
○癸卯

東漢·司徒袁安碑
○己卯，拜司徒

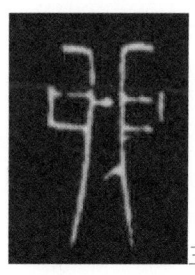

三國魏·三體石經春秋·篆文
○己卯

三國魏·三體石經春秋·古文
○己卯

西晉・荀岳誌

北魏・元譚妻司馬氏誌

北魏・韓顯宗誌

○己卯

北魏・元榮宗誌

北魏・元侔誌

○辛卯

北魏・元保洛誌

○月丁卯朔

北魏・侯剛誌

○丁卯朔十八日

北魏・長孫子澤誌

○己卯

北魏・元保洛誌

○歲次辛卯

東魏・高歸彥造像

○朔八日丁卯

東魏・楊顯叔再造像

○乙卯朔十四日

北齊・曹臺造像

○乙卯朔一日

北齊・潘景暉造像

○丁卯建

辰部

【辰】

《說文》：辰，震也。三月，陽气動，靁電振，民農時也。物皆生，从乙、匕，象芒達；厂，聲也。辰，房星，天時也。从二，二，古文上字。凡辰之屬皆从辰。

【𠨷】

《說文》：𠨷，古文辰。

漢銘・雕虢共廚鼎

漢銘・上林鼎一

漢銘・新嘉量二

漢銘・新衡杆

漢銘・新衡杆

睡・日甲《除》13

○辰巳

關・曆譜 11

○甲辰

嶽・質日 2737

○丙辰

嶽・質日 3434

○戊辰丁卯

里・第八層 135

○庚辰

第十四卷

馬壹 245_1下\2下
○亥子辰申

馬壹 5_31 上
○庚辰

張·歷譜 14
○庚辰

銀貳 2004
○庚辰

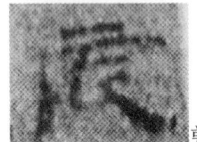

敦煌簡 2074
○壬辰

金關 T09:250
○丙辰

金關 T10:313A

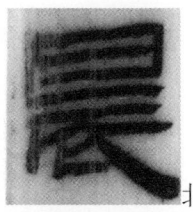

北壹·倉頡篇 59
○星辰紀綱

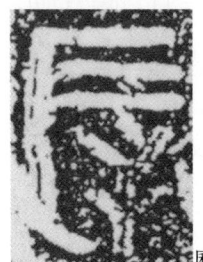

歷代印匋封泥
○咸里辰

秦代印風
○壺辰

漢印文字徵
○趙辰

漢印文字徵

6806

○宋辰

漢印文字徵

○李辰之印

漢印文字徵

○臣辰

漢印文字徵

○慶辰

漢印文字徵

○李辰之印

漢晉南北朝印風

○袁辰

漢晉南北朝印風

○馬丙辰印

漢晉南北朝印風

○関其辰

東漢・乙瑛碑

○六月甲辰朔

東漢・陽三老石堂畫像石題記

○二月甲辰朔

東漢・司徒袁安碑

東漢・尚博殘碑
東漢・北海太守爲盧氏婦刻石 
東漢・曹全碑陽 
○十月丙辰造
東漢・石祠堂石柱題記 
北魏・司馬紹誌 
○七月庚辰朔
北魏・孟元華誌 
○殞命之辰
北魏・元項誌 
○誕應辰昴
北魏・元誨誌 
○既而沸騰在辰

北魏・元琮誌
○歲次甲辰
北魏・劉保生造像 
○歲次壬辰
北魏・元引誌 
○風辰提鳥
北魏・元楨誌 
北魏・馮邕妻元氏誌 
○接於辰緒
北魏・趙光誌 
○永保遐辰
北魏・元廣誌 
○廿二日丙辰

北魏·山暉誌
○三月甲辰朔

北魏·元嵩誌
○麗續兩辰

北魏·元榮宗誌
○歲次庚辰

北魏·元定誌
○歲次庚辰

北魏·元瑑誌
○以甲辰歲冬

東魏·楊顯叔造像
○辰日

北齊·張海翼誌
○歲臨辰巳

北齊·宇文誠誌
○歲次壬辰

北齊·劉悅誌
○忽隨辰尾

【辱】

《說文》：辱，恥也。从寸在辰下。失耕時，於封畺上戮之也。辰者，農之時也。故房星爲辰，田候也。

睡·日甲《玄戈》59
○西北辱

嶽·占夢書12
○之禺辱夢

6809

馬壹 81_39

銀貳 1716

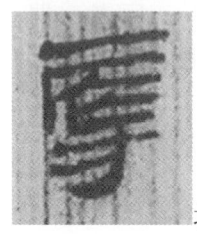

北貳・老子 152
○寵辱

敦煌簡 1659
○辱幸賜書

金關 T31:103

金關 T23:731A
○未久辱記

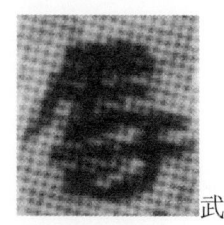

武・儀禮甲《士相見之禮》6
○拜其辱也

武・王杖 2

北魏・辛穆誌
○不以榮辱變心

北魏・慈慶誌
○由是忍辱精進

北齊・元賢誌
○榮辱誰改

北周・乙弗紹誌
○無所辱命

〖厎〗

廿世紀璽印二-SY

○侯㪍

巳部

【巳】

《說文》：𢀳，巳也。四月，陽气巳出，陰气巳藏，萬物見，成文章，故巳爲蛇，象形。凡巳之屬皆从巳。

漢銘・新銅丈

漢銘・新衡杆

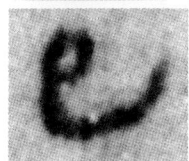

睡・日甲《秦除》16

睡・日甲《土忌》138

關・曆譜 22

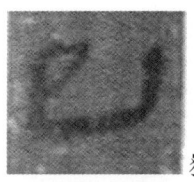

獄・質日 2729

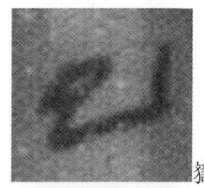

獄・質日 3411

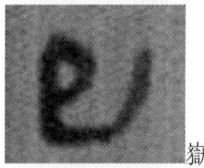

獄・質日 3510

獄・芮盜案 67

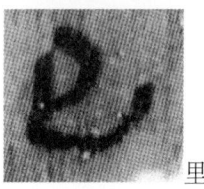

里・第八層 2093

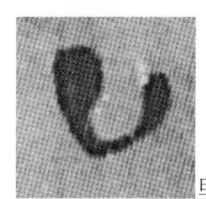

里・第八層背 133

○癸巳

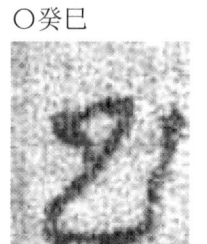

馬壹 246_2 欄

馬壹 83_95

馬貳 18_16 上

張·具律 115

張·算數書 187

張·歷譜 15

銀貳 2001

敦煌簡 0988A

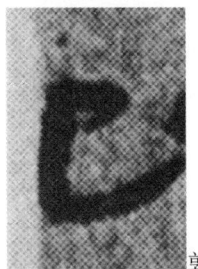

○辛巳

敦煌簡 1717A

金關 T10:224

武·甲《少牢》1

○丁巳筮

東牌樓 009 正

○癸巳朔

廿世紀璽印二-SY

○支悟巳

秦代印風

○臣巳

廿世紀璽印三-SY

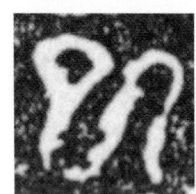

○王巳之印

廿世紀璽印三-SY

○王巳印

漢印文字徵

○王印病巳

漢印文字徵
○狡肱巳

漢印文字徵
○許巳

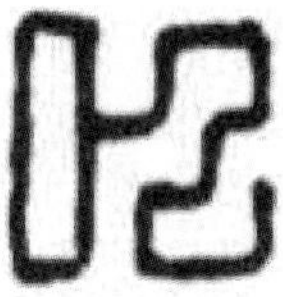

漢印文字徵
○巳湛私印

漢印文字徵
○巳達

漢印文字徵

漢印文字徵
○孔巳

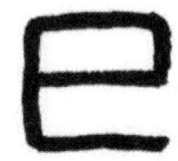

漢印文字徵

漢晉南北朝印風
○支悟巳

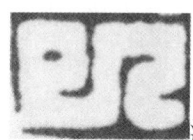

漢晉南北朝印風
○王乾巳

漢晉南北朝印風
○王女巳印

漢晉南北朝印風
○王病巳印

東漢·司徒袁安碑

東漢·夏承碑

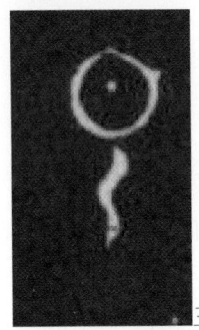

○六月癸巳

三國魏·三體石經春秋·古文

○癸巳葬晉文公

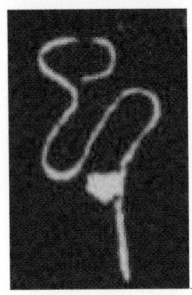

三國魏·三體石經春秋·篆文

○癸巳葬晉文公

三國魏·三體石經春秋·隸書

西晉·王君殘誌

北魏·元誘誌

北魏·張正子父母鎮石

【㠯（以）】

《說文》：㠯，用也。从反巳。賈侍中說，巳，意巳實也。象形。

西晚·不其簋

春晚·秦公鎛

戰晚·新鄭虎符

第十四卷

春早・秦公鎛

漢銘・大司農權

漢銘・大司農權

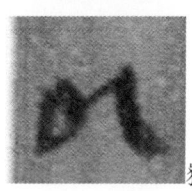

獄・數 10

○而以七爲法

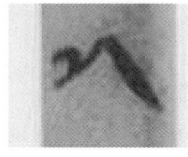

獄・癸瑣案 29

○出購以死辠

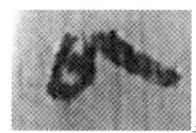

里・第五層 17

○以得律令

里・第六層 19

○遷陵以郵行

里・第八層 70

○繆失以縱不直論

里・第八層背 78

○臣以

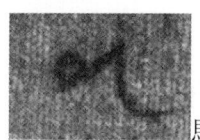

馬貳 86_365/355

○冶之以戠職（職）

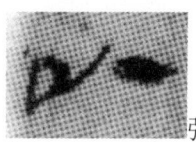

張・具律 100

○以其罪論之完

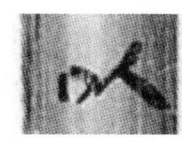

張・脈書 52

○蠹以其勤

北貳・老子 88

○茲（慈）以陳（陣）則正

敦煌簡 0132

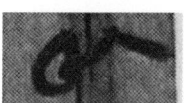

敦煌簡 1460A

○作書以教後嗣幼子

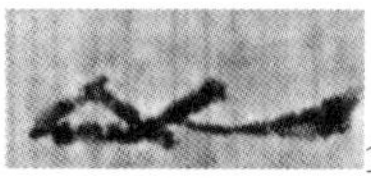

金關 T10:175

○以食驪口

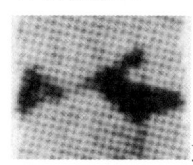

武・儀禮甲《士相見之禮》1

○某子以命

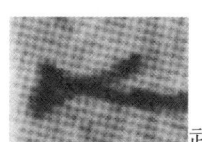

武・儀禮甲《服傳》35

○言其以道去君

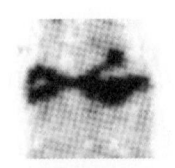

武·甲《泰射》25

○興以州（酬）

廿世紀璽印二-GP

○亳十一年以羞

秦代印風

○王以

廿世紀璽印三-SY

○王以明印

廿世紀璽印三-SY

○陳君以

漢印文字徵

○脩躬德以俟賢世興顯令名存

漢印文字徵

○邢印君以

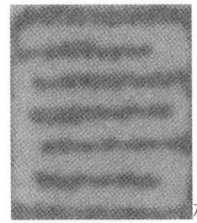

柿葉齋兩漢印萃

○閭丘以印

漢晉南北朝印風

○福祿進日以前乘浮雲

詛楚文·巫咸

○以臨加我百姓

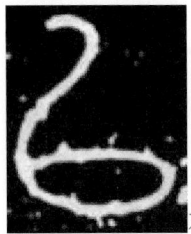

石鼓·汧殹

秦公大墓石磬

秦駰玉版

懷后磬

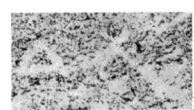

新莽·蘇馬灣刻石

○諸山以南

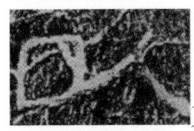

東漢·開通襃斜道摩崖刻石

東漢·北海相景君碑陽

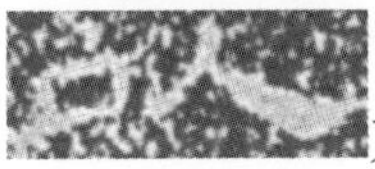

東漢·張景造土牛碑

○以省賦斂

東漢·禮器碑

○以注水流

東漢·石祠堂石柱題記

○以次仕學

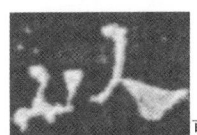

東漢·西岳華山廟碑陽

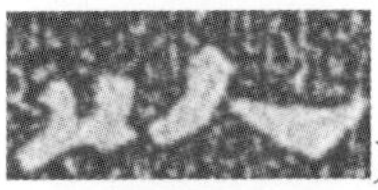

東漢·尚博殘碑

東漢·從事馮君碑

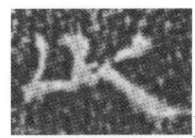

東漢·白石神君碑

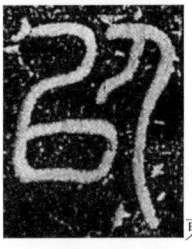

東漢·司徒袁安碑

○以孝廉除郎中

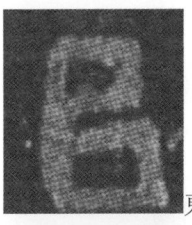

東漢·楊統碑陽

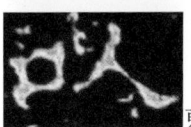

東漢·楊震碑

○所在先陽春以布化

東漢·西狹頌

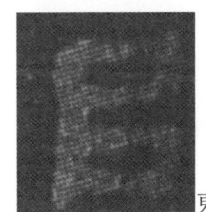

東漢·楊統碑陽

東漢·譙敏碑

○且以毓姿

東漢·營陵置社碑

○以社以方

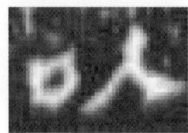

東漢・營陵置社碑
〇以社以方

東漢・成陽靈臺碑

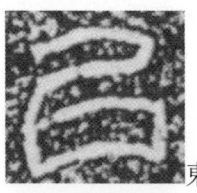

東漢・西狹頌

東漢・曹全碑陽
〇以河平元年

東漢・北海太守爲盧氏婦刻石
〇俾以不朽

東漢・景君碑

東漢・夏承碑

東漢・肥致碑

東漢・史晨後碑
〇參以符驗

東漢・楊著碑額
〇以昭厥勳

東漢・楊著碑額
〇德以柔民

東漢・圉令趙君碑

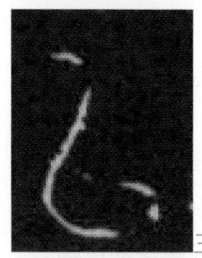

三國魏・三體石經尚書・古文

三國魏・三體石經尚書・篆文
〇于田以萬

西晉・管洛誌
〇接物以誠

北魏・張正子父母鎮石

北魏・韓顯宗誌

北魏・張整誌

北魏・劉氏誌

○以表玉潔

北魏・王遺女誌

北魏・封魔奴誌

北魏・馮邕妻元氏誌

○以其年十月廿五

北魏・于景誌

○但以讒人罔極

北魏・寇治誌

○以父憂解任

東魏・元均及妻杜氏誌

○乃以公爲關中大都督

北齊・婁黑女誌

○以疾薨於鄴都允忠里第

北齊・是連公妻誌

○訝因教以爲工

【已】

睡・語書 3

○律令已具矣而吏民

睡・秦律十八種 153

○賜其已拜

睡・秦律雜抄 35

○日已備致

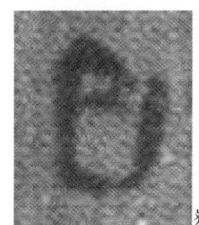

獄・為吏 82

○為與已鈞（均）

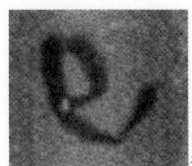

第十四卷

獄·數 156
○爲六已

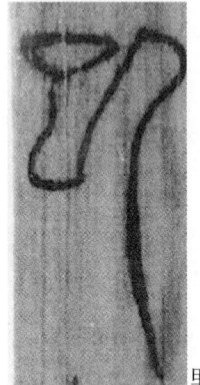

里·第八層 214
○吏戶已事

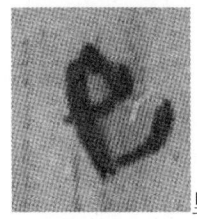

里·第八層 135
○義事已

馬壹 80_13
○不如已（巳）願

馬壹 77_75
○刑伐已加

馬貳 134_14/69
○之病已

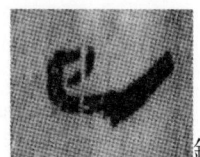

銀貳 1856
○已成爲憂立

北貳·老子 7
○天毋已精（清）

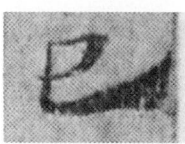

敦煌簡 0502
○詐讀已不歸之耶

金關 T03：055
○徒事已

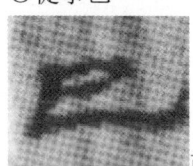

武·儀禮甲《服傳》32
○焉而已者

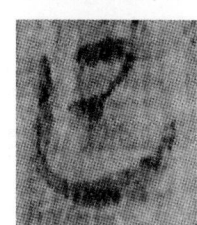

東牌樓 055 正
○婦已去

東漢·朝侯小子殘碑
○五百萬已上

東漢·夏承碑

午部

【午】

《説文》：午，啎也。五月，陰气午逆陽。冒地而出。此予矢同意。凡午之屬皆从午。

戰晚・寺工矛

○戊午

戰晚・上皋落戈

漢銘・大吉田器

漢銘・午鉤

睡・為吏 22

○令問不已

東漢・楊著碑額

○皆所已紀盛德

東漢・乙瑛碑

○事已即去

西晉・臨辟雍碑

○大晉其是也已

北魏・元暐誌

○長瀾不已

北魏・元澄妃誌

○松門已閟

北魏・元弼誌

○祿願已終

北齊・高百年誌

○故已價傾朱邸

睡·日甲《秦除》16

睡·日甲《土忌》132

睡·日乙192

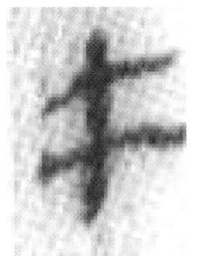

關·曆譜23

○戊午

獄·質日2721

獄·質日3445

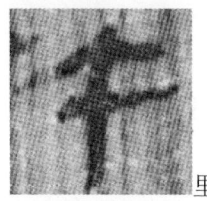

里·第八層155

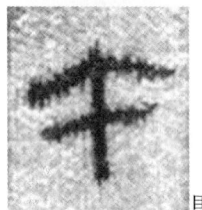

馬壹175_43上

馬壹262_6欄

馬貳3_11

○奇以午與德合

張·曆譜9

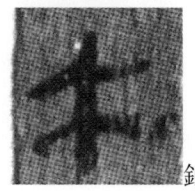

銀貳1632

○卯巳午未戌陽也申

敦煌簡 1642

金關 T15:025

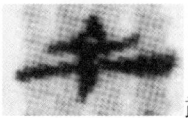

武·甲《特牲》48

○本末午創之實

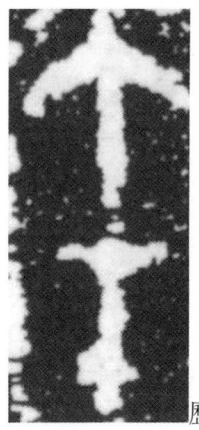

歷代印匋封泥

○左午

廿世紀璽印三-SY

秦代印風

○焦午

秦代印風

○趙午

漢印文字徵

○李午

漢印文字徵

○程午之印

漢印文字徵

○華午

西漢·李后墓塞石

○佐崖午

東漢・肥致碑
○畢先風

東漢・司徒袁安碑
○十一月庚午

東漢・公乘田魴畫像石墓題記
○甲午

東漢・石堂畫像石題記

東漢・北海相景君碑陰

東漢・石門頌
○子午復脩

東漢・石祠堂石柱題記
○廿七日甲午

東漢・許阿瞿畫像石題記
○三月戊午

東漢・孫仲隱墓刻石
○戊午

東漢・曹全碑陰

東漢・秥蟬縣平山神祠碑
○四月戊午

東漢・和平元年畫像石墓題記
○十月五日甲午

西晉・荀岳誌
○戊午

西晉・孫松女誌

北魏・元嵩誌

北魏・元倪誌

北魏·寇治誌

〇歲次丙午

北魏·王誦誌

東魏·蕭正表誌

東魏·閭叱地連誌

北齊·韓裔誌

〇而日移庭午

北齊·淳于元皓造像

【牾】

《說文》：牾，逆也。从午吾聲。

漢印文字徵

〇馬牾

漢印文字徵

〇莊牾

漢印文字徵

〇張牾

漢印文字徵

〇王牾

未部

【未】

《說文》：未，味也。六月，滋味也。五行，木老於未。象木重枝葉也。凡未之屬皆从未。

漢銘・尚浴府行燭盤

漢銘・禺氏洗

漢銘・陽泉熏鑪

漢銘・乘輿缶

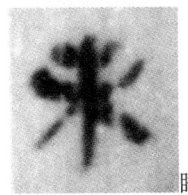

睡・語書 2

睡・秦律十八種 16

關・曆譜 1

○月乙未六月甲午

獄・質日 2711

里・第六層 10

○丁未

馬壹 5_29 上

張・具律 115

張・具律 90

銀壹 351

○服之未必用也

北貳・老子 74

敦煌簡 2045

金關 T07:100A

○石麥未

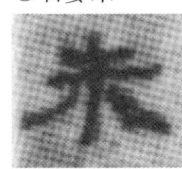

武・儀禮甲《服傳》24

東牌樓 066 正

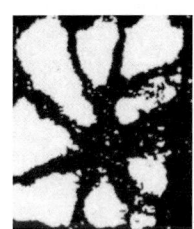

廿世紀璽印二-SP

○未

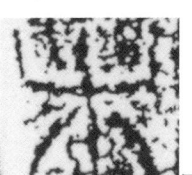

歷代印匋封泥

○安未

歷代印匋封泥

秦代印風

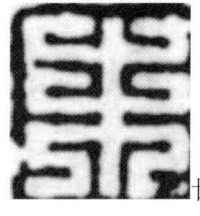

廿世紀璽印三-SY

○龍未央印

漢晉南北朝印風

廿世紀璽印三-SY

廿世紀璽印三-SP

○富貴昌樂未央

柿葉齋兩漢印萃

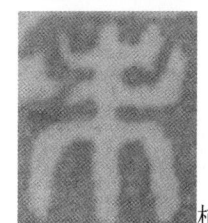

柿葉齋兩漢印萃

漢印文字徵

漢代官印選

漢印文字徵

○周未央

漢印文字徵

漢印文字徵

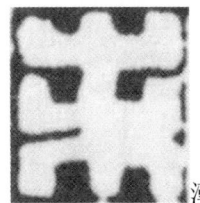

漢印文字徵

漢晉南北朝印風

○臣未央

漢晉南北朝印風

漢晉南北朝印風

漢晉南北朝印風

○趙未印

東漢・成陽靈臺碑

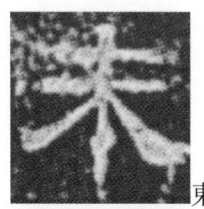

東漢・西岳華山廟碑陽

東漢・景君碑

東漢・孔彪碑陽

北魏・吐谷渾璣誌

北魏·乞伏寶誌

北魏·元顯魏誌

北齊·赫連子悅誌

北齊·斛律氏誌

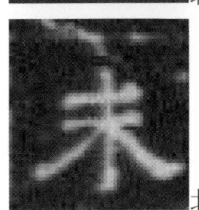

北周·王榮及妻誌

申部

【申】

《說文》：申，神也。七月，陰气成，體自申束。从臼，自持也。吏臣（段注"臣"作"以"）餔時聽事，申旦政也。凡申之屬皆从申。

【𢑚】

《說文》：𢑚，古文申。

【𦥔】

《說文》：𦥔，籀文申。

西晚·不其𥯛

戰晚·四年呂不韋矛
○申工𢑚

戰晚·三年相邦矛
○申工

戰晚·二十五年上郡守廟戈
○丞申工

漢銘·建武泉範一

漢銘·申銅牌

漢銘・漢建武鈃

漢銘・申銅牌

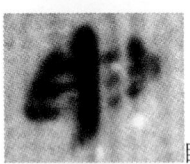

睡・日甲《除》5

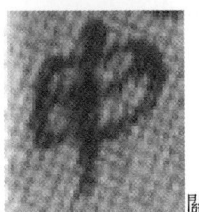

關・曆譜 12

嶽・質日 2720

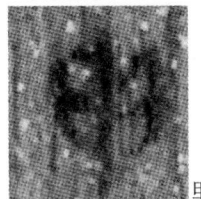

里・第五層 1
○戊申

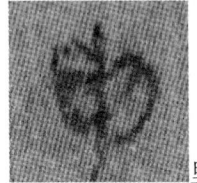

里・第八層 63
○即走申行司空

馬壹 211_11

張・秩律 472

張・奏讞書 1

銀壹 208
○令已申卒長

敦煌簡 0811

金關 T03:001

武・儀禮甲《士相見之禮》12

武・日忌木簡丙 6

東牌樓 117 正

廿世紀璽印二-SP
○咸原少申

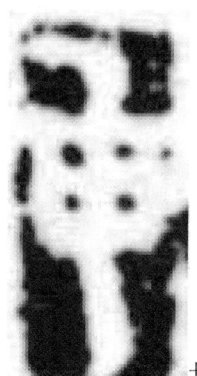

廿世紀璽印三-SY
○杜申

秦代印風
○申晐

秦代印風
○殷申

漢印文字徵
○陳申

漢印文字徵
○救申

漢印文字徵
○申陽私印

漢印文字徵
○馬申

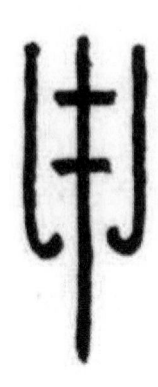

漢印文字徵
○申遂

漢印文字徵
○申賜私印

漢印文字徵
○吳申私印

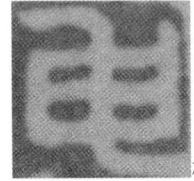

柿葉齋兩漢印萃
○申屠義

漢印文字徵
○申徒朗

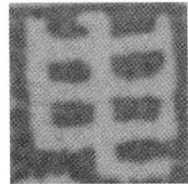

柿葉齋兩漢印萃
○申譚私印

漢晉南北朝印風
○申徒褒印

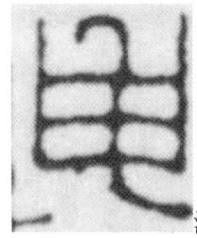

漢晉南北朝印風
○隋申生印

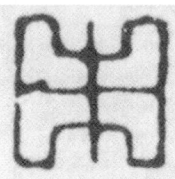

漢晉南北朝印風
○申宗印信

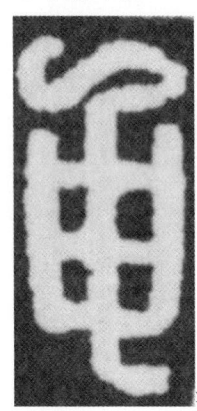

漢晉南北朝印風
○申鼻

漢晉南北朝印風
○申啐

漢晉南北朝印風

○申遂

秦公大墓石磬

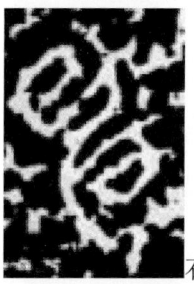

石鼓・吾水

東漢・司徒袁安碑

○十七年八月庚申

東漢・司徒袁安碑

○建初八年六月丙申

東漢・永壽元年畫像石墓記

東漢・張景造土牛碑

東漢・白石神君碑

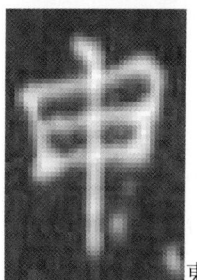

東漢・司馬芳殘碑

三國吳・買冢城磚

○大吳神鳳元年壬申

西晉・孫松女誌

北魏・元詳造像

北魏·韓顯宗誌
○壬申朔

北魏·元順誌
○五日庚申

北魏·爾朱紹誌

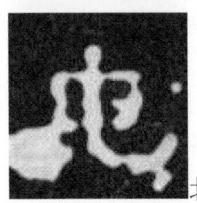

北魏·邸元明碑
○不屈申(伸)於行藏

北周·李雄誌
○九日庚申

【𢾭】

《說文》：𢾭，擊小鼓，引樂聲也。从申束聲。

【臾】

《說文》：𦥔，束縛捽抴爲臾。从申从乙。
（字形參見第331頁）

【曳】

《說文》：𦥔，臾曳也。从申丿聲。

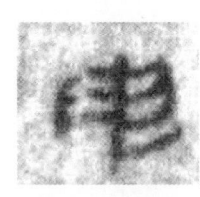

馬壹148_68/242上
○是胃（謂）曳明

北魏·元誨誌
○垂旒曳裒

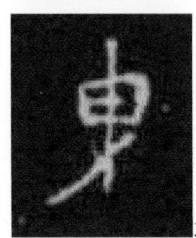

北魏·王翊誌
○曳裾兔園

北魏·韓曳雲造像
○曳雲等共造供養

〖暢〗

廿世紀璽印四-SY
○张畅

北魏・元誨誌

北魏・元瓚誌

北魏・元嵩誌

北魏・元定誌

東魏・元仲英誌

戰中・商鞅量

○乙酉

漢銘・新始建國尺二

漢銘・新承水盤

漢銘・新一斤十二兩權

漢銘・新量斗

漢銘・中山內府銅鑊

睡・秦律十八種 13

酉部

【酉】

《說文》：酉，就也。八月黍成，可爲酎酒。象古文酉之形。凡酉之屬皆从酉。

【丣】

《說文》：丣，古文酉。从卯，卯爲春門，萬物已出。酉爲秋門，萬物已入。一，閉門象也。

睡·日甲《除》4

睡·日甲《土忌》131

睡·日甲《病》87

睡·日乙 33

關·日書 135

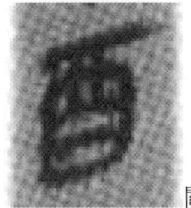

關·曆譜 24

獄·質日 272

獄·質日 346

里·第八層 78

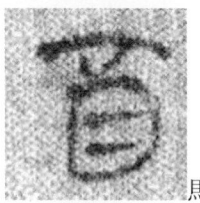

馬壹 245_6 下\7 下

馬貳 20_28 上

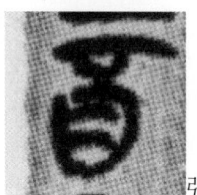

張·奏讞書 75

張·曆譜 12

銀貳 1990

孔·日書殘 22

敦煌簡 1413

敦煌簡 1811

金關 T08:008

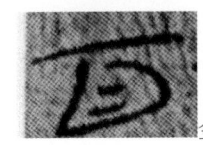

金關 T10:120A

○朔乙酉

秦代印風

廿世紀璽印四-GY

漢印文字徵

○冬酉□印

歷代印匋封泥

漢印文字徵

東漢·桐柏淮源廟碑

東漢·建寧元年殘碑

東漢·四神刻石

東漢·韓仁銘

東漢·袁敞殘碑

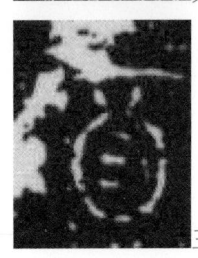

三國魏·三體石經尚書·古文

○酌于酉（酒）德

北魏·元彬誌

○廿日辛酉

北魏·張整誌

北魏·楊氏誌

東魏·廣陽元湛誌

東魏·崔令姿誌

北齊·□忝□措誌

○二日己酉銘記

北齊·朱曇思等造塔記

北周·李明顯造像

○歲次乙酉

【酒】

《說文》：酒，就也，所以就人性之善惡。从水从酉，酉亦聲。一曰造也，吉凶所造也。古者儀狄作酒醪，禹嘗之而美，遂疏儀狄。杜康作秫酒。

漢銘·富平侯家溫酒鐎

漢銘·梁鍾

漢銘·聖主佐宮中行樂錢

漢銘·大中宜酒酒器

漢銘·二年酒鋗

睡·日甲《馬禖》157

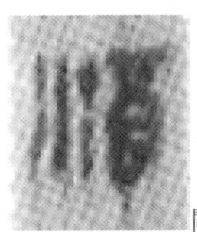

關·病方 313

嶽·占夢書 40

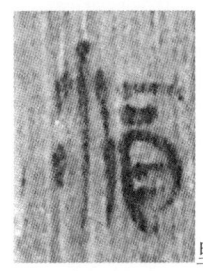

里·第八層 1221

○温醇酒

馬壹 12_77 下

馬貳 236_173

○盛米酒

馬貳 69_26/26

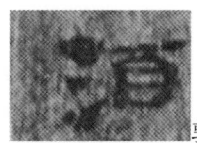

○一醇酒

張·賜律 287

敦煌簡 0779

○數進酒食

金關 T09:104

○張掖酒泉

金關 T24:009A

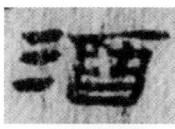

○行水酒

金關 T24:149

武·甲《特牲》26

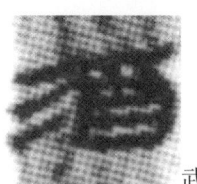

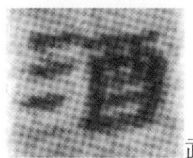

武·甲《少牢》35

武·甲《有司》76

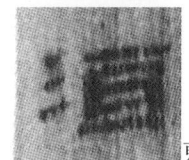

東牌樓 110

○大酒于一枚

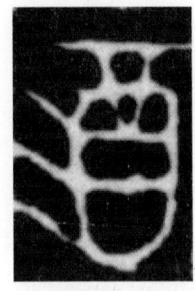

第十四卷

廿世紀璽印三-SY
○多酒
漢晉南北朝印風 
廿世紀璽印三-GY 
○沙遂酒平
漢印文字徵 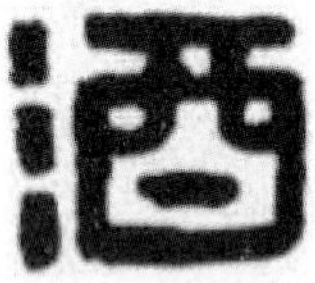
漢印文字徵 
漢印文字徵 

漢印文字徵
○新成左祭酒
漢代官印選 
漢晉南北朝印風 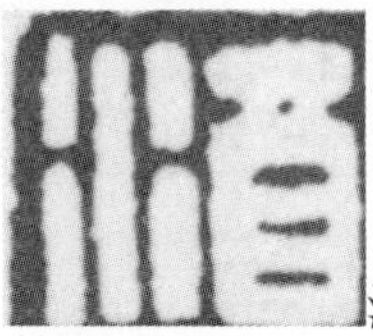
○韓多酒印
東漢・曹全碑陽 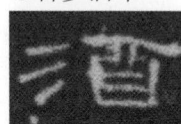
三國魏・三體石經尚書・隸書 
三國魏・三體石經尚書・篆文 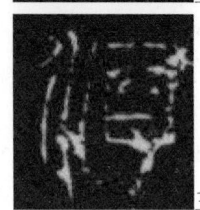
○酗于酒
西晉・臨辟雍碑

北魏·元尚之誌

北魏·盧令媛誌

北魏·唐耀誌

北魏·陸紹誌

○酒泉公

北魏·元譿誌

北周·崔宣默誌蓋

北周·華岳廟碑

【酴】

《說文》：酴，籀生衣也。从酉冢聲。

【醯】

《說文》：醯，孰籀也。从酉甚聲。

【釀】

《說文》：釀，醯也。作酒曰釀。从酉襄聲。

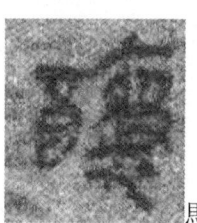

馬貳118_166/165

○中即釀黍

【醖】

《說文》：醖，釀也。从酉㮊聲。

北周·李綸誌

○醖藉閒雅

【䬼】

《說文》：䬼，酒疾孰也。从酉弁聲。

【酴】

《說文》：酴，酒母也。从酉余聲。讀若廬。

【釃】

《說文》：釃，下酒也。一曰醇也。从酉麗聲。

馬貳 118_167/166

○即發勿釀

【酧】

《說文》：酧，酧酒也。从酉𠁁聲。

【䣧】

《說文》：䣧，酧也。从酉鬲聲。

【醴】

《說文》：醴，酒一宿孰也。从酉豊聲。

獄・猩敞案 48

○醴陽

里・第八層 2319

○醴陽

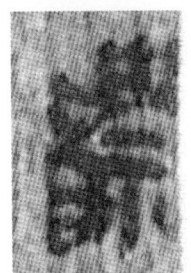

里・第八層 761

○醴陽

馬貳 212_2/103

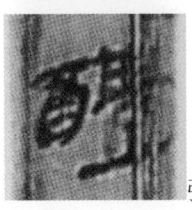

張・秩律 456

○醴陵

東牌樓 160 正

○醴陵

柿葉齋兩漢印萃

北魏・元彧誌

北魏・元徽誌

北齊・盧脩娥誌

北周·華岳廟碑

【醨】

《說文》：醨，汁滓酒也。从酉翏聲。

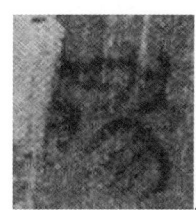

馬貳 118_163/162
○爲醨細斬

東漢·曹全碑陽
○分醨之惠

東魏·公孫略誌
○投醨醉士

北周·匹妻歡誌
○投醨感惠

【醇】

《說文》：醇，不澆酒也。从酉𦎧聲。

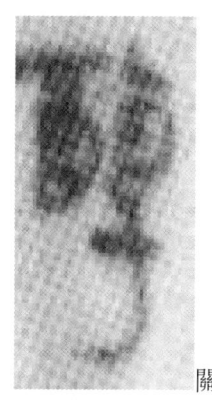

關·病方 323
○醇酒中

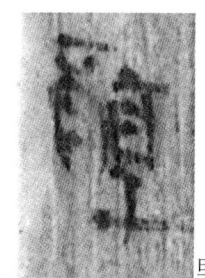

里·第八層 1221
○二溫醇酒

馬貳 130_43
○取醇酒

東漢·東漢·婁壽碑陽
○禮義滋醇

東漢·孔宙碑陽
○天姿醇嘏

北魏·封君妻誌

北魏·楊胤誌

○資物既醇

北魏·嵩高靈廟碑

○刑簡化醇

【醹】

《說文》：醹，厚酒也。从酉需聲。《詩》曰："酒醴惟醹。"

北魏·元廞誌

○助調醹味

【酎】

《說文》：酎，三重醇酒也。从酉，从時省。《明堂月令》曰："孟秋，天子飲酎。"

北魏·元子正誌

北魏·郭顯誌

北魏·元謐誌

【醠】

《說文》：醠，濁酒也。从酉盎聲。

【醲】

《說文》：醲，厚酒也。从酉農聲。

【醰】

《說文》：醰，酒也。从酉覃聲。

【酤】

《說文》：酤，一宿酒也。一曰買酒也。从酉古聲。

北壹·倉頡篇 32

東漢·史晨後碑

【䤖】

《說文》：䤖，酒也。从酉，䉛省。

【醴】

《說文》：醴，泛齊，行酒也。从酉

監聲。

【䤝】

《說文》：䤝，酒味淫也。从酉，贛省聲。讀若《春秋傳》曰"美而豓"。

【酷】

《說文》：酷，酒厚味也。从酉告聲。

歷代印匋封泥

〇東酷里安

北魏·元恭誌

北魏·元舉誌

北魏·元誘誌

北魏·張盧誌

【醰】

《說文》：醰，酒味苦也。从酉覃聲。

【酺】

《說文》：酺，酒色也。从酉市聲。

【配】

《說文》：配，酒色也。从酉己聲。

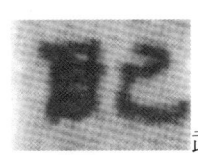

武·儀禮甲《服傳》10

〇母之配父

漢印文字徵

〇韓配印信

秦公大墓石磬

〇乍寰配

懷后磬

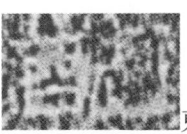

東漢·三公山碑

〇德配五岳

東漢·永壽元年畫像石闕銘

〇十六適配

三國魏·孔羨碑

三國魏·三體石經尚書·隸書

三國魏·三體石經尚書·篆文

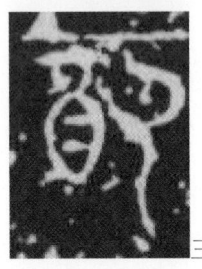

三國魏·三體石經尚書·古文

○殷豊（禮）陟配天

西晉·臨辟雍碑

北魏·趙光誌

○既配帝胄

北魏·元颺妻王氏誌

○作配魏宗

東魏·馮令華誌

北周·王榮及妻誌

【酏】

《説文》：酏，酒色也。从酉弋聲。

【醆】

《説文》：醆，爵也。一曰酒濁而微清也。从酉㦮聲。

【酌】

《説文》：酌，盛酒行觴也。从酉勺聲。

馬壹3_13上
○酌損之

武·甲《特牲》34
○卒洗酌

武·甲《有司》66
○爵洗酌受（授）

東漢·熹平石經殘石五

○咎酌損之

東漢·尚博殘碑

東漢·尚博殘碑

東漢·楊震碑

○咸共飲酌其流者

北魏·元徽誌

北魏·元誨誌

北魏·元斌誌

東漢·三公山碑

○月醮酒脯

東漢·祀三公山碑

○醮祠稀罕

北魏·宋靈妃誌

○婦功茂於已醮

北魏·元純陀誌

○將循一醮

北魏·元願平妻王氏誌

北周·寇嶠妻誌

【醮】

《說文》：醮，冠娶禮。祭。从酉焦聲。

【禩】

《說文》：禩，醮或从示。

【醋】

《說文》：醋，酨酒也。从酉昔聲。

【酌】

《說文》：酌，少少歙也。从酉勺聲。

6847

第十四卷

【醻】

《说文》：醻，主人進客也。从酉壽聲。

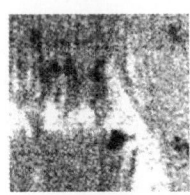

【酬】

《说文》：酬，醻或从州。

馬貳 31_66

○衆人莫酬

西漢・群臣上醻碑

○群臣上醻

東漢・孔宙碑陽

○復長幼於酬酢

西晉・石尠誌

北魏・元子正誌

北魏・張盧誌

北魏・元鑒誌

【醋】

《说文》：醋，客酌主人也。从酉昔聲。

【醓】

《说文》：醓，歓酒俱盡也。从酉監聲。

【醔】

《说文》：醔，歓酒盡也。从酉，嚼省聲。

【酣】

《说文》：酣，酒樂也。从酉从甘，甘亦聲。

【酖】

《说文》：酖，樂酒也。从酉冘聲。

北魏・元天穆誌

【醧】

《说文》：醧，私宴歓也。从酉區聲。

【醵】

《说文》：醵，會歓酒也。从酉豦聲。

【酖】

《说文》：酖，醵或从巨。

北壹·倉頡篇 33

○羣鼓歌酖盨娶

【酺】

《说文》：酺，王德布，大歠酒也。从酉甫聲。

北壹·倉頡篇 32

○差費歠酺細小

漢印文字徵

○楊酺信印

漢印文字徵

【醅】

《说文》：醅，醉飽也。从酉音聲。

【醉】

《说文》：醉，卒也。卒其度量，不至於亂也。一曰潰也。从酉从卒。

獄·占夢書 1

○醉飽而夢雨

馬壹 257_4 下

○寢必醉訶（歌）

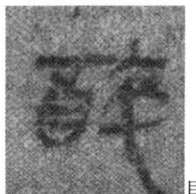

馬貳 112_62/62

○瓠而醉（淬）鐵

張·脈書 10

○癰爲醉字

北壹·倉頡篇 32

○頼勃醉酤

6849

柿葉齋兩漢印萃

○醉湯私印

東晉·潘氏衣物券

○以即日醉酒

東魏·公孫略誌

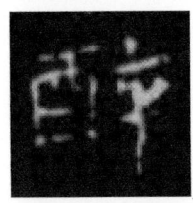

○投醪醉士

東魏·李挺誌

○故知挹河所以稱醉

北齊·吳遷誌

○使戎徒醉滿

【醺】

《說文》：醺，醉也。从酉熏聲。《詩》曰："公尸來燕醺醺。"

【醤】

《說文》：醤，酗也。从酉，熒省聲。

【酗】

《說文》：酗，醉營也。从酉句聲。

【酲】

《說文》：酲，病酒也。一曰醉而覺也。从酉呈聲。

北壹·倉頡篇72

○私鹽救酲

【醫】

《說文》：醫，治病工也。殹，惡姿也；醫之性然。得酒而使，从酉。王育說。一曰殹，病聲。酒所以治病也。《周禮》有醫酒。古者巫彭初作醫。

漢銘·醫工盆

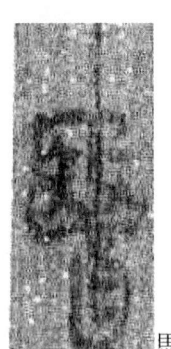

馬貳207_53

○巫醫

張·算數書72

○醫治病者

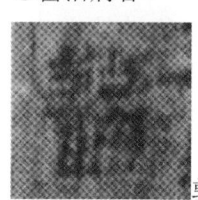

敦煌簡1018

○醫縣里

北壹·倉頡篇3

○毒藥醫工

廿世紀壐印二-SY

○醫擑

歷代印匋封泥

○泰醫左府

秦代印風

秦代印風

廿世紀壐印三-GP

漢晉南北朝印風

漢印文字徵

○許醫

漢印文字徵

漢晉南北朝印風

漢晉南北朝印風

東漢・衛尉卿衡方碑
○大醫令

東漢・楊淮表記
○大醫令

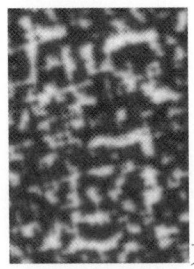

東漢・許安國墓祠題記
○卜問醫藥

北魏・吐谷渾璣誌
○醫治無救

北魏・于仙姬誌
○醫不救命

東魏・趙秋唐吳造像
○社民大醫校尉

【茜】

《説文》：茜，禮祭，束茅，加于裸圭，而灌鬯酒，是爲茜。象神歆之也。一曰茜，榹上塞也。从酉从艸。《春秋傳》曰："尔貢包茅不入，王祭不供，無以茜酒。"

秦文字編 128

戰晚・寺工師初壺
○茜府

馬貳 114_86/86
○茜（糟）洎孰（熟）煮

張・史律 486
○疇尸茜御

漢印文字徵

○茜況私印

北魏·宋虎誌

○曾祖茜

【䣌】

《說文》：䣌，薄酒也。从酉离聲。讀若離。

北魏·劉璿等造像

【醶】

《說文》：醶，酢也。从酉僉聲。

【酸】

《說文》：酸，酢也。从酉夋聲。關東謂酢曰酸。

【酸】

《說文》：酸，籀文酸从畯。

馬貳 115_104/103

○酸棗

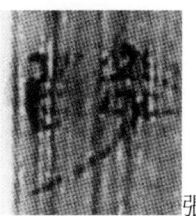

張·秩律 457

○酸棗

漢印文字徵

○酸棗右尉

西晉·趙氾表

○莫不哀酸

北魏·元繼誌

北魏·青州元湛誌

○朋舊酸辛

北魏·元悌誌

北魏·楊乾誌

○道俗齊酸

酸 北魏·元熙誌

酸 北魏·封魔奴誌

○朝野酸嗟

酸 北魏·馮迎男誌

○酸感路人

酸 北魏·封昕誌

○有識酸嗟

酸 北齊·等慈寺殘塔銘

○五濁之長酸

【截】

《說文》：𪘟，酢漿也。从酉弐聲。

【醶】

《說文》：醶，酢漿也。从酉僉聲。

【酢】

《說文》：酢，醶也。从酉乍聲。

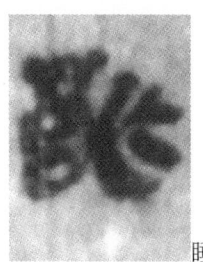

酨 睡·秦律雜抄32

酨 武·甲《特牲》29

【酏】

《說文》：酏，黍酒也。从酉也聲。一曰甜也。賈侍中說，酏爲鬻清。

酏 北魏·高猛妻元瑛誌

○醴酏程品

酏 東魏·妻李豔華誌

○蘋蘩醴酏

【醬】

《說文》：醬，醢也。从肉从酉，酒以和醬也；爿聲。

【牆】

《說文》：牆，古文。

【䀁】

《說文》：䀁，籀文。

第十四卷

睡·秦律十八種 179
○半斗醬駰（四）

睡·日甲《詰》26
○醯醬

馬貳 267_107/124
○瓜醬一資

張·傳食律 233
○（醬）四分升一

敦煌簡 0246
○醬二斗

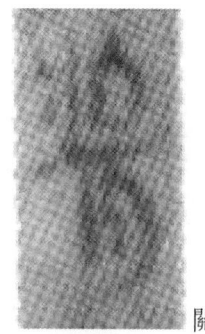

關沮·蕭·遣冊 7
○小醬杯十方

金關 T24:044
○酒醬二石

武·甲《少牢》27
○醬亦用瓦豆設

漢印文字徵
○王騎牆印

漢晉南北朝印風
○王騎將印

【醢】

《說文》：醢，肉醬也。从酉、盍。

【䀛】

《說文》：䀛，籀文。

武·甲《有司》69

○醢祭于豆間

武·甲《燕禮》31

○脯醢弗祭

北壹·倉頡篇8

○膴類菹醢

北魏·弔比干文

○鬼侯已醢

【䤅】

《說文》：䤅，䤅䤎，榆醬也。從酉
敊聲。

【䤎】

《說文》：䤎，䤅䤎也。從酉俞聲。

【酹】

《說文》：酹，餟祭也。從酉孚聲。

【醳】

《說文》：醳，擣榆醬也。從酉畢聲。

【醹】

《說文》：醹，醬也。從酉矞聲。

【䣧】

《說文》：䣧，雜味也。從酉京聲。

北齊·傅華誌

○醴䣧（醇）

【䤃】

《說文》：䤃，闕。

【䣍】

《說文》：䣍，闕。

【酪】

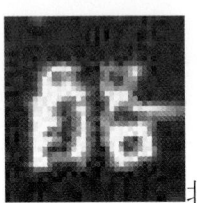

《說文》：酪，乳漿也。從酉各聲。

北齊·高叡修定國寺碑

○抨酪求蘇

【醐】

《說文》：醐，醍醐，酪之精者也。
從酉胡聲。

【酩】

《說文》：酩，酩酊，醉也。從酉名
聲。

【酊】

《説文》：酊，酩酊也。从酉丁聲。

【醒】

《説文》：醒，醉解也。从酉星聲。

按：醒字注云：一曰醉而覺也。則古醒，亦音醒也。

北魏·元純陀誌

北魏·元順誌

【醍】

《説文》：醍，清酒也。从酉是聲。

〖猷〗

馬壹 177_61 上
○猷（猶）是也

馬壹 149_74/248 下

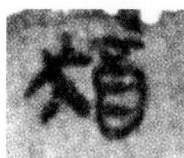

馬壹 109_146\315

馬壹 88_200
○猷（猶）不能

馬壹 87_184
○猷（猶）不信齊也

馬壹 40_7 下
○吾年歲猷（猶）少

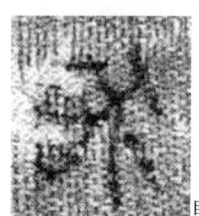

馬貳 74_126/126
○雖有人（仁）猷（猶）可用殹（也）

北貳·老子 173
○屯（沌）=虜猷（俗）人

〖畬〗

銀壹 936
○其食畬（飲）之

〖酗〗

第十四卷

三國魏・三體石經尚書・隸書

三國魏・三體石經尚書・篆文

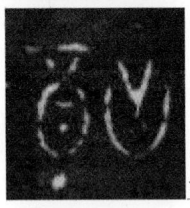

三國魏・三體石經尚書・古文

○酗于酒（酒）

〖歟〗

敦煌簡 1788

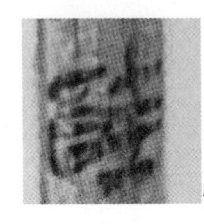

○竊樂之歟

〖醓〗

張・奏讞書 121

○人居汧醓中

〖醢〗

馬壹 133_28 下\105 下

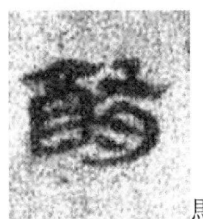

○吾醢（醢）毋亂

馬壹 132_28 上\105 上

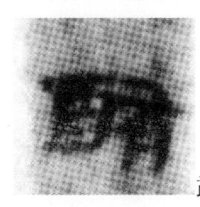

○苦酨（醢）

武・甲《有司》20

○葅酨（醢）

〖酪〗

馬貳 221_4

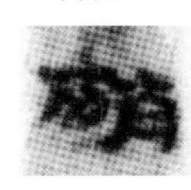

○酪羹一鼎

〖酯〗

武・甲《少牢》30

○乃酯（酳）尸

〖酳〗

武・甲《特牲》44

○升酌酳上

〖酳〗

【醅】

廿世紀璽印三-SY

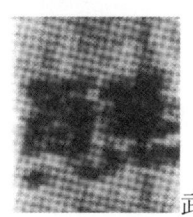

【醃】

武·甲本《燕禮》46

○君固曰不醃（腆）

【醆】

廿世紀璽印二-GP

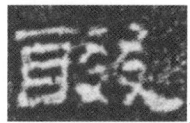

○醆平

【醊】

東漢·史晨前碑

○脩上案食醊具

北齊·雋敬碑

【醎】

馬貳 86_357/347

○并以醎斗煮之

【醖】

北魏·元譚誌

○中山豈醖

【醑】

北魏·宋靈妃誌

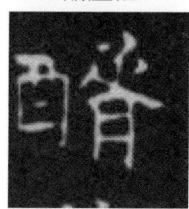

○玉醑虛湛

東魏·元顯誌

【醳】

東漢·析里橋郙閣頌

○又醳散關之嶄漯

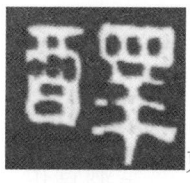

東漢·楊著碑陽

○醳（釋）榮投觶

東漢·石門頌

○醳（釋）艱即安

東漢・北海相景君碑陽

○農夫醳（釋）耒

〖醻〗

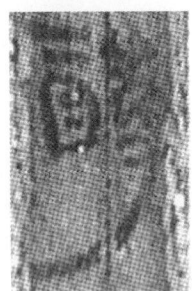

銀貳 1535

○在後中之醻

〖醼〗

北魏・元子正誌

北齊・房周陁誌

○因醼言之

酉部

【酉】

《説文》：酉，繹酒也。从酉，水半見於上。《禮》有"大酉"，掌酒官也。凡酉之屬皆从酉。

北魏・爾朱襲誌

○酉望之胤

北魏・爾朱紹誌

東魏・劉懿誌

○酉長敷城縣開國

北齊・庫狄業誌

○酉牧相承

【尊】

《説文》：尊，酒器也。从酉，廾以奉之。《周禮》六尊：犧尊、象尊、著尊、壺尊、太尊、山尊，以待祭祀賓客之禮。

【尊】

《説文》：尊，尊或从寸。

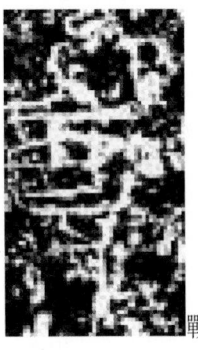

戰中・商鞅量

○積十六尊（寸）五分尊

戰中・商鞅量

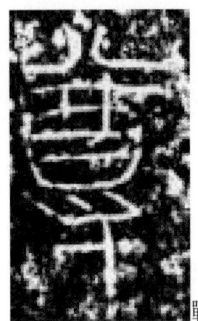

漢銘・竟寧鴈足鐙

張・奏讞書 187

敦煌簡 0285

金關 T23:217A

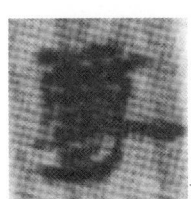

武・儀禮甲《服傳》19

○尊之統也

武・甲《燕禮》2

○上公尊瓦泰

武・乙本《服傳》13

○則知尊璽（禰）

魏晉殘紙

廿世紀璽印三-GY

漢晉南北朝印風

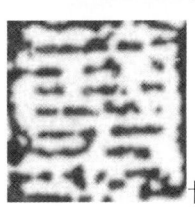

廿世紀璽印三-SY

○鄭尊私印

漢晉南北朝印風

漢晉南北朝印風

漢晉南北朝印風

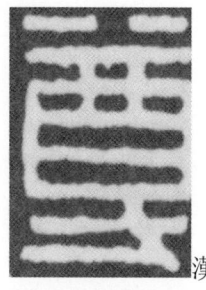

漢晉南北朝印風

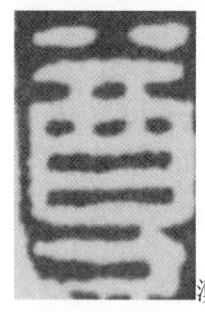

漢晉南北朝印風

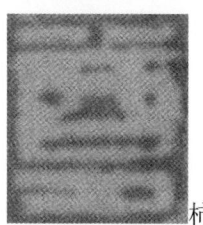

柿葉齋兩漢印萃

○左尊私印

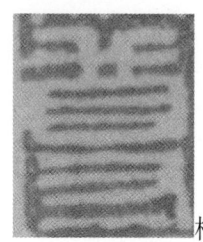

柿葉齋兩漢印萃

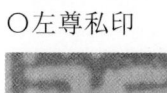

廿世紀璽印三-SP

漢印文字徵

歷代印匋封泥

漢印文字徵

漢印文字徵

漢印文字徵

漢印文字徵

漢印文字徵

漢晉南北朝印風

漢晉南北朝印風

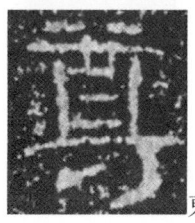

漢晉南北朝印風

東漢・元嘉元年畫像石題記一

〇執尊杯桉柈

東漢・西岳華山廟碑陽

東漢・孔宙碑陽

東漢・桐柏淮源廟碑

〇尊神敬祀

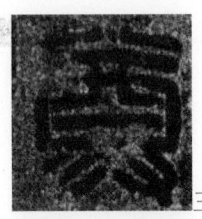

三國魏·上尊號碑額

北魏·元繼誌

○極人臣之尊貴

北魏·元舉誌

北魏·元濬嬪耿氏誌

北魏·鄭君妻誌

東魏·高歸彥造像

東魏·元玕誌

北齊·石佛寺迦葉經碑

北齊·婁黑女誌

北齊·唐邕刻經記

北齊·鼓山佛經刻石

北周·寇嶠妻誌

戌部

【戌】

《説文》：戌，滅也。九月，陽气微，萬物畢成，陽下入地也。五行，土生於戌，盛於戌。从戊含一。凡戌之屬皆从戌。

秦代・元年相邦疾戈

○師誠工戌

漢銘・平都犁斛

漢銘・大吉田器

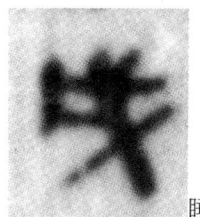

睡・語書 1

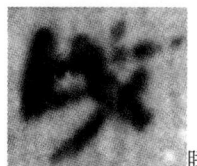

睡・日甲《除》5

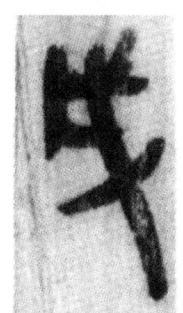

睡・日甲《盜者》73

睡・日甲《病》84

睡・日乙 30

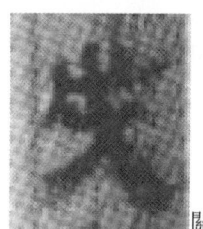

關・曆譜 3

○己亥戊戌

嶽・質日 2747

嶽・質日 3437

嶽・質日 353

第十四卷

里·第八層 163

馬壹 262_6 欄

馬壹 178_64 下

馬貳 20_32 上

張·奏讞書 8

張·曆譜 9

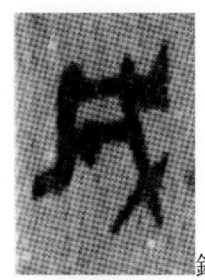

銀貳 1990

孔·日書殘 37

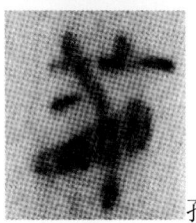

孔·日書殘 37

○□戌午

孔·曆日 60

○甲戌

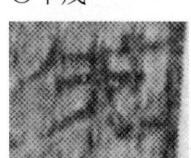

敦煌簡 0483A

○六月甲戌

金關 T26:115

○壬戌

金關 T10:125

○甲戌

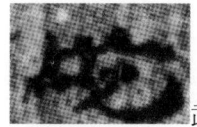

武・日忌木簡丙 7
○戌毋內（納）畜

廿世紀璽印二-GP
○戌

秦代印風
○李戌

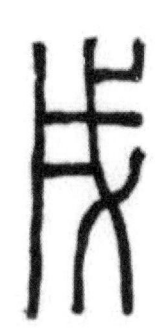

漢印文字徵
○侯戌

東漢・鮮于璜碑陽
○壬戌

東漢・上計史王暉石棺銘
○甲戌葬

東晉・劉媚子誌
○戊戌

北魏・慧雙等造像
○庚戌

北魏・元顯俊誌
○丙戌

北魏・李伯欽誌
○丙戌

北魏・冗從僕射造像
○丙戌

東魏・王令媛誌
○壬戌

東魏・劉目連造像

○壬戌

北齊・張景暉造像

○甲戌

北齊・歐伯羅造像

○庚戌

北齊・高潤誌

○二月庚戌

南朝宋・陳又之造像

亥部

【亥】

《說文》：󰀀，荄也。十月，微陽起，接盛陰。从二，二，古文上字。一人男，一人女也。从乙，象褢子咳咳之形。《春秋傳》曰："亥有二首六身。"凡亥之屬皆从亥。

【󰀀】

《說文》：󰀀，古文亥爲豕，與豕同。亥而生子，復從一起。

漢銘・平都犁斛

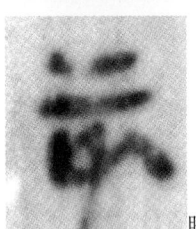

睡・語書1

○丁亥

睡・為吏22

○辛亥

睡・日甲《取妻》155

○辛亥

睡・日甲《盜者》74

○西己亥旦

○[亥]

睡·日甲83

○亥子

睡·日乙43

○毋以戌亥遠去室

關·曆譜91

○乙亥

獄·質日273

○乙亥甲戌

獄·質日3430

○癸亥

獄·質日3513

○乙亥

獄·暨過案99

○乙亥

里·第五層22

○己亥

里·第八層110

○辛亥

馬壹177_71上

○出亥亡扁（偏）地

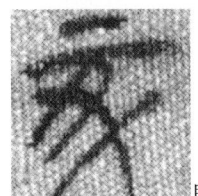

馬壹242_2上\10上

○亥（師）則將死

第十四卷

馬壹 245_3下\4下
○未亥

馬貳 20_29上
○己亥

張·奏讞書 26
○朔癸亥

張·歷譜 14
○辛亥

銀貳 1992
○乙亥

孔·日書殘 38
○癸亥

敦煌簡 0803A
○己亥

金關 T23:316
○己亥

武·甲《少牢》2
○丁亥

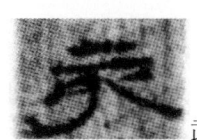

武·日忌木簡丙 7
○亥毋內（納）婦

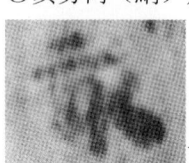

東牌樓 002
○乙亥

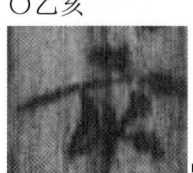

吳簡嘉禾·五·七五三
○男子潘亥

廿世紀璽印二-SY
○董亥

6870